KB068269

THE SOURCE

THE SOURCE

THE SOURCE
부의 원천

타라 스와트 지음 | 백지선 옮김

RHK
알에이치코리아

나의 단짝이자 영혼의 반쪽인 남편, 로빈과

깜짝 선물처럼 태어난 나의 아들, 톰에게

이 책을 바칩니다.

타라 스와트

어떤 사람들은 아주 조금만 노력만 해도 쉽게 성공과 힘, 부를 얻고 목표를 달성하지만 어떤 사람들은 굉장히 많은 노력을 기울여야 한다. 야망과 소망, 이상을 이루는 데 완전히 실패하는 사람들도 있다. 왜 그럴까? 육체적 차이는 원인이 될 수 없다. … 따라서 창조적 힘은 정신이며 정신이야말로 사람마다 성공과 실패를 가르는 유일한 요인이다. 환경을 비롯한 모든 제약을 뛰어넘는 것은 정신이다.

– 찰스 해낼Charles Haanel의 《성공의 문을 여는 마스터키》 중에서

| Contents |

완전히 새롭게 태어나라

허나 오랜 세월이 나를 위협할지라도
나는 지금도 앞으로도 두려워하지 않을 것이다…
나는 내 운명의 주인이요
내 영혼의 선장이니.

윌리엄 어니스트 헨리(William Ernest Henley)의 《인빅터스》 중에서

인생을 바꿀 기회가 매일 우리를 스쳐 지나간다. 누군가를 우연히 만나고 누군가에게 조언을 듣는 찰나의 순간들은 동업이나 이직의 중요한 계기가 될지 모르는데도 바쁜 일상 속에서 쉽게 간과되거나 잊힌다. 그러나 적절한 도움을 받아 정신을 훈련하고 찰나의 순간에 집중해 영속적인 변화를 일구는 법을 배우면 누구나 그러한 기회를 알아보고 잡을 수 있다. 우리가 삶에서 가장 원하는 건강과 행복, 부와 사랑은 생각하고 느끼고 행동하는 능력, 다시 말해 우리의 뇌에 달려 있기 때문이다.

사실 뉴에이지 신봉자들은 정신을 개조하면 운명을 통제할 수 있다고 이미 오래 전부터 장담해 왔다. 회의적인 시각이 있긴 하나, 셀 수 없이 많은 사람들이 수세대 전부터 《시크릿》에 소개된 방식을 믿고 따랐다. 왜 그랬을까? 신비주의적 측면을 제거하고 보면 매우 효과적인 방식이었기 때문이다. 게다가 최근 신경과학 및 행동심리학계에서 밝혀진 바에 따르면 그 방식은 과학적으로도 설득력이 있다.

지금은 임원들의 정신력을 강화해주는 코칭 전문가 및 강연가로 활동하고 있지만, 원래 나는 정신과 전문의 겸 신경과학자였다. 당시 행했던 수많은 연구와 훈련 덕분에 나는 인간은 누구나 정신의 작동 방식을 자발적으로 바꾸는 능력이 있다고 확신하게 되었다. 근거 기반 심리학계와 신경과학계에서 밝혀진 바에 따르면, 우리는 모두 자신이 갈망하는 삶을 실현할 힘을 이미 지니고 있다.

의뢰인들뿐 아니라 나도 내가 꿈꾸는 삶을 이룰 열쇠, 즉 내가 '소스'라 칭하는 것이 뇌 속에 숨어 있다는 사실을 이해하기까지 오랜 여정을 거쳤다. 이 책에는 나와 내 의뢰인들에게 효과가 있었던 사고 기법뿐 아니라 최신 심리학 및 신경과학 연구 결과를 바탕으로 고안된, 정신의 잠재력을 끌어내는 방법들이 소개되어 있다. 삶을 바꾸겠다는 각오로 이 책에 소개된 간단한 단계들을 따른다면, 앞서 말한 인생을 바꿀 기회를 전보다 더 많이 포착해 본인이 지닌 잠재력을 극대화할 수 있을 것이다.

인도계 이민 1세대였던 부모님의 맏이로 태어난 나는 1970년대와 1980년대에 런던 북서부에서 문화적 신념과 음식, 언어가 특이하게 뒤섞인 유년 시절을 보냈다. 현기증이 날 만큼 다양한 사고방식에 빠르게 적응했지만 마음속 깊은 곳은 늘 혼란스러웠다. 집에서는 요가와 명상이 일상이었고 인도의 전통 의학인 아유르베다를 권장하며 강황이 만병통치약인 엄격한 채식주의 식단을 따랐다. 또한 음식을 먹을 때는 먼저 신에게 그 음식을 바치는 의식을 행해야 했다. 부모님은 이러한 생활 습관이 왜 유익한지 설명해주시려 했지만 나에게는 억지스럽게 느껴질 뿐이었다. 나는 그저 친구들과 잘 어울리고 싶었고, 가정과 바깥세상의 분위기가 일치하는 단순한 삶을 꿈꿨다.

남동생과 나는 학교에서는 환생이라는 개념을 입 밖에 꺼내지도 않았지만, 집에서는 제단에 음식을 올리고 향을 피우며 조상에게 기도하는 삶을 살아야 했다. 조상들이 다른 차원에서 살아 움직이고 있으며 우리의 삶에 영향을 미칠 수 있다는 확신을 갖고 말이다. 놀랍게도 우리 집안사람들은 돌아가신 할머니가 나로 환생했다고 굳게 믿었다. 인도의 어느 시골 마을에서 자라 정규 교육을 받지 못한 것이 한이었던 할머니가 환생한 몸이라, 나는 가족의 기대를 한몸에 받았다. 우리 가족은 내가 인도에서 가장 존경 받는 직업이자 삶과 죽음을 다루는 신성한 존재인 의사가 되길 바랐고, 나는 두말없이 내 앞에 놓인 길을 성실히 걸어 대학에 합격했다.

대학에 입학하고 처음 몇 년은 정신의학과 신경과학에 끌렸다. 나는 누구이며 나에게 결정권이 주어진다면 어떤 삶을 추구하고 싶은지 알고 싶었기 때문이다. 20대 때는 어릴 때부터 짊어진 가족의 과도한 기대에서 벗어나고 싶어 내가 타고난 문화적 유산을 거부했다. 집에서 나와 대학 친구들과 살았고 패션에 관심이 생겨 옷차림으로 나를 표현했으며 유럽과 남아프리카로 여행을 다녔다. 연애에도 조심스레 발을 들여 나처럼 정신의학을 공부한 남자를 만났다. 그와 결혼을 하고 함께 호주를 거쳐 버뮤다 제도에서 살면서, 세계관을 넓히고 다양한 사람들과 그들의 문화를 이해하게 되었다. 그러나 내 삶의 진짜 전환점은 내가 개인적으로나 직업적으로 심각한 위기에 처했던 30대 중반에 찾아왔다.

정신과 의사로 일하던 30대 중반, 나는 점점 더 불행해졌다. 오랜 근무 시간과 과도한 업무에 지쳤고 내가 아무리 노력해도 환자들은 바뀌지 않으리라는 무력감에 시달렸다. 나는 인간의 고통을 무수히 목격했고 정신적으로 취약한 사람들에게 삶이 얼마나 가혹하고 잔인한지 목도했다. 무엇보다 정신과 의사로서 최선을 다했지만 환자들에게 약물이나 입원 치료 이상의 도움이 필요하다는 생각을 떨칠 수 없었다. 건강식 위주의 식이 요법을 따르고 정신적으로 행복감을 느끼면 그 효과가 쌓여 회복에 도움이 될 것 같았다.

나는 병증을 치료해 환자를 정상적인 생활로 복귀시키는 것만을 목표로 삼는 데 만족하지 못했다. 그보다 더 좋은 결과를 얻고 싶었고 그럴 수 있다고 믿었다. 급성이 된 증상을 뒤늦게 치료하는 데 머무르지 않고 환자의 건강 자체를 최적화할 수 있다면 세상에 더 큰 기여를 할 수 있다고 생각했다. 결국 나는 병원을 떠나 새로운 길을 모색하기로 했다. 당시는 하필 남편과의 불화로 나의 정체성과 자신감이 한없이 무너지고 있을 때였다. 매달릴 곳 하나 없이 깜깜한 물속으로 가라앉는 기분이었다. 타인뿐 아니라 나 자신을 위해서라도 마음의 회복 탄력성을 높이는 법을 배워야 했다.

나는 내가 어떤 사람이고 앞으로 어떻게 살 것이며 어떤 이유로 결혼 생활이 파탄 났는지 이해하려고 안간힘을 썼다. 인격이 형성되는 성년기의 주춧돌과 같았던 동반자가 사라지니 자아 정체성도 함께 무너졌다. 절망과 상실감에 빠져 울부짖었다고 밖에는 표현하지 못할 힘든 시기였다. 그러나 삶이 바닥을 치니 오히려 정신이 맑아졌다. 나에게 있는지조차 몰랐던 투지가 샘솟았고 내 안의 잠재력을 실현하려면 나 홀로 삶을 개척해야 한다는 깨달음을 얻었다.

바닥을 치기 몇 년 전, 그러니까 삶이 무탈하던 서른 살 즈음 우연히 긍정적 사고와 시각화라는 개념을 접한 적이 있었다. 정신과 의사로 일하며 종종 세계 여행을 다니고 남편과도 사이가 좋아 근심 걱정이 별로 없던 시기였다. 당시 나는 불교와 분석 심리학에 관심이 생겨 자기계발 서적을 많이 읽었다. 자기계발서를 무시하는 대부분의 동료 의사들에게는 '대체의학'으로 인식되는 이론을 배우기 위해서였다. 그러나 나는 어떤 이념이든 적절한 때와 장소를 만나면 의미 있는 효과를 발휘한다고 믿었다.

그때 읽은 책 중 하나가 다소 난해하긴 하지만 '긍정적 사고의 경전'이자 찰스 F. 해낼Charles F. Haanel이 썼고 1916년에 처음 출판된 《성공의 문을 여는 마스터키》였다. '끌어당김의 법칙'과 시각화 및 명상의 힘과 같은 개념을 모아 설명한 책이었다. 책의 내용에 깊이 공감한 나는 당시에는 실행에 옮기지 않았지만 후에 '꼭 해야 할 때가 되면' 책에 소개된 단계별 방법을 따라해 보기로 마음먹고는 몇 년을 흘려보냈다. 그러다 결혼 생활이 실패로 끝나고 전혀 다른 진로를 택하게 되는 등 성실히 쌓아 올린 삶이 무너지는 위기를 겪으니 자연스레 그 책을 다시 찾게 되었다.

책에 나온 방법은 실제로 따라해 보니 그 효과가 놀라우리만큼 강력했다. 나는 책의 훈련법을 따라하는 동안 매주 새롭고 심오한 깨달음을 얻었다. 내 어떤 사고방식이 삶을 통제 불능의 상태에 빠지게 만들었는지, 그리고 이를 바로잡으려면 감정에 압도되지 않고 감정을 활용하는 법을 배워야 한다는 사실을 깨달았다. 모든 것은 내 선택에 달려 있었던 것이다!

특히 시각화를 하니, 안 좋은 상황을 사소한 부분까지 확대해석해 암울해졌던 마음이 강력한 계시를 받은 듯 한순간에 밝아졌다. 시각화를 하면서 나는 물에 빠져 죽는 장면이 아니라 언제까지고 의지할 수 있는 작은 구명보트를 머릿속에 그렸다. 보트를 타고 가다 섬을 발견해 황금빛 모래사장에 발을 딛고 물을 뚝뚝 흘리며 온몸에 따뜻한 햇볕을 쬐는 상상을 하면 어느새 안도감이 들고 기운이 났다. 매년 액션 보드를 만드는 습관을 들이기도 했다. 곧 함께 살펴보겠지만, 액션 보드는 나만의 목표와 포부를 상징하는 이미지를 모은 판이다. 나의 액션 보드는 처음에는 작은 목표뿐이었지만 나중에는 이전이라면 감히 꿈꾸지 못했을 포부로 채워졌다. 몇 년 전부터는 액션 보드에 붙인 원대한 꿈이 실현되기 시작했다. 액션 보드에 붙인 꿈이 얼마나 많이, 사소한 부분까지 실현됐는지 생각해보면 정말 놀라울 따름이다.

그때부터 나는 열정적인 코칭 전문가로서 타인과 더 나아가서는 온 세상에 긍정적인 영향을 미칠 수 있을 뿐 아니라, 나 자신의 삶도 내 뜻대로 바꿀 수 있다는 확신이 생겼다. 나는 예전부터 항상 풍요의 관점과 너그러움을 삶의 본질적 가치라 생각해 우선시했다. 그러다 보니 친구나 가족, 환자에게 그 가치를 실현하느라 나 자신의 생존을 위한 노력은 등한시하게 되었다. 그러나 인생의 전환점 이후로 나는 근본적으로 달라졌고 무엇보다 신경과학자 겸 정신과 의사로서 쌓은 기존의 지식을 바탕으로 대단히 흥미롭고 새로운 지식을 쌓을 수 있었다. 덕분에 나의 뇌는 새로운 삶의 방식을 지지하는 방향으로 작동했다.

새 삶을 개척하고 뇌의 최적화를 과학적으로 연구하면서 나는 뇌의 힘을 활용해 원하는 삶을 사는 법을 완전히 터득하게 되었다. 또한 뇌의 비밀을 밝히는 데 내 평생을 바치겠다는 결심이 점차 굳어지면서 나만의 해석과 이론을 세우고 다듬었다.

내가 어른이 된 이후로 신경과학은 뇌 영상 촬영 기술의 도래와 함께 비약적으로 발전했다. 신경과학의 발전은 그동안 내가 직관적으로는 깨달았지만 선뜻 믿기 어려웠던 사실에 신빙성을 부여했다. 또한 현대 서구 사회의 삶과 맞지 않았던, 내 조상이기도 한 고대 인도인들의 지혜도 설득력을 갖추게 되었다. 뇌 영상 촬영 기술은 뇌의 영향력과 정신력 및 정신 건강의 중요성을 바라보는 현대인들의 시각을 완전히 바꿔놓았다. 그뿐 아니라 뇌의 가소성이 얼마나 엄청난 힘을 발휘하고 그 힘을 활용하면 우리 모두의 삶이 어떻게 바뀌는지 깨닫게 해주었다.

개인적으로나 정서적으로 완전히 새로 태어난 나는 나의 정체성과 완벽히 일치하는 일을 할 수 있었고, 타인도 그렇게 되도록 도울 수 있다고 믿게 되었다. 내가 이 세상에 태어난 이유를 불현듯 깨닫게 된 것이다. 그리고 나에게 주어진 소명을 다하려면 실패하거나 잘못된 일보다 나의 강점에 집중하고 내 삶의 긍정적인 면을 찾기만 하면 되었다. 그렇게 사고방식을 바꾸니 무슨 일을 하든 내가 원하는 대로 풀렸다.

신경과학을 공부한 사람으로서 난해한 철학을 탐구하려니 처음에는 두 사상이 극과 극처럼 느껴졌으나, 결국에는 두 개의 원자가 결합해 새로운 전하를 발생시키듯 시너지를 일으켰다. 그렇게 구축한 이론을 친구와 가족, 환자, 의뢰인들에게 적용했고 그들의 사연은 내 이론이 진실임을 거듭 입증해주었다. 그뿐 아니라 진정으로 원하는 일을 하니, 어딜 가나 내 목표를 지지하는 사람들을 만날 수 있었다. 그때부터 나는 매년 어김없이 액션 보드를 만들었다. 나에게 일어나는 모든 일에 대한 생각과 감정을 꾸준히 일기에 적으면서 비난과 책임 회피에서 신뢰와 감사로 서서히 생각을 바꾸었다. 그러자 이전이었다면 도저히 견딜 수 없었을 상황에서도 나만의 내적 자원만으로 오롯이 홀로 설 수 있었다.

동양 철학과 인지 과학에 관한 지식을 융합하니 새로운 통찰이 쌓였고 이는 새로운 삶의 선언문으로 귀결되었다. 덕분에 시간이 지날수록 내가 하는 일의 가능성과 범위가 엄청나게 넓어졌고, 이전에는 생각지도 못했던 방식으로 개인적인 성취감과 안도감을 느낄 수 있었다.

나는 이 책을 통해 과학적으로 입증되고 최신 경향에 맞으며 대중적인 방식으로 그동안 내가 배우고 경험한 것을 공유할 것이다. 또한 가장 간절한 소망을 실현하도록 뇌를 재훈련해 행동과 감정을 통제하는 나만의 방식을 제시할 것이다. 핵심은 자신의 뇌를 이해하고 제어하는 것, 다시 말해 소스의 힘을 활용하는 것이다. 나는 9년간의 대학 공부와 7년간의 임상 경험, 10년간의 경영자 코칭을 거치고 나서야 그 사실을 깨달았다. 그렇게 얻은 깨달음, 즉 뇌를 통제해 삶을 바꾸는 비결을 지금부터 독자들에게 공개하겠다.

타라 스와트 박사

런던에서

부의 원천이란 무엇인가?

어떤 일을 할 수 있다고 믿든
할 수 없다고 믿든,
당신이 믿는 대로 이루어질 것이다.

헨리 포드Henry Ford

오랜 옛날 인간은 다른 영장류는 물론이고 자기보다 훨씬 더 크고 강하고 민첩한 동물들과 생존을 다투었다. 인간은 특별하거나 비범하지 않았고 지구상의 여느 동물과 다를 바 없었다. 그때는 인간의 뇌가 지금보다 작았다. 뇌의 깊숙한 곳에 위치하며 원시적 감정과 직관을 담당한 변연계가 대부분을 차지했고 이를 감싸고 있는 대뇌 피질은 더없이 얇았다. 그러던 어느 날… 인간은 불을 발견했다.[1]

대뇌 피질이 진화해 커지면서 자연스럽게 도구를 사용하고 불을 피우는 능력이 생겼는지, 아니면 우연히 불꽃이 튀는 걸 발견했는지는 밝혀지지 않았다. 어쨌든 인간은 불을 잘 다스렸다. 불로 온기를 유지할 뿐 아니라 고기를 익혀 먹어 단백질을 더욱 효율적으로 소화했다. 덕분에 소화관이 줄어들었고 소화를 위한 자원이 대뇌 피질을 키우는 데 쓰였다. 결국 대뇌 피질은 피질이 감싸고 있던 변연계만큼 커졌다. 대뇌 피질의 빠른 성장은 인류의 인지 능력 발전에 기여한 가장 중요한 사건이었다. 인간이 지구상에서 가장 성공한 동물이 된 건 급격히 성장한 대뇌 피질 때문이었다.

대뇌 피질, 즉 이성을 담당하는 뇌의 부위가 커지자 언어 능력과 미래를 예상하고 계획하는 능력이 발달했다. 논리력과 의사소통 능력이 발달하고 부족의 규모가 커지면서 인간의 언어는 더욱 발달했고 감정은 더욱 제어되었다. 감정보다 논리와 사실이 중시되었고, 경쟁은 목적을 이루는 수단으로 인식되었다. 자원은 모두가 쓰고 남을 만큼 풍요로우며 인간이 진화한 것은 그 때문이라는 믿음은 힘을 잃었다.

운명과 소통하기보다는 운명을 통제하고 남보다 더 많이 가져야 직성이 풀렸다. 모닥불을 피우고 둘러앉아 이야기를 나누고 별을 바라보며 공상에 잠기거나 맨발로 자연을 거니는, 단순한 삶의 소통 방식이 사라졌다. 더 많은 작물을 재배하고 협력이나 평화로운 공존보다 권력이나 신분이 더 중요한 산업을 발전시키려면 어쩔 수 없었다. 인간은 살아 있는 그 자체보다 그저 많은 일을 하는 데에만 집중했다. 내 마음대로 스위치를 끌 수 없는 일종의 자동 조종 장치에 기대어 살기 시작했다.

　수천 년이 흐른 지금, 우리의 논리는 지나치게 과대평가되고 감정은 약점으로 치부되며 직관으로 내린 결정은 무시되는 세상에 살고 있다. 현대인들은 인류의 기원을 잊어버렸다. 시간이 갈수록 인간은 진화에서 가장 중요한 단계의 시발점이 된 변연계를 무시하고 대뇌 피질을 숭상했다. 깊이와 열정, 본능은 경시하고, 시험을 잘 보거나 암기를 잘하거나 업무상 관계를 잘 유지하는 등의 피상적인 능력, 즉 진정한 기쁨보다 물질적 이익을 낳는 능력을 중시했다. 결국 스트레스에 지배된 삶을 살 뿐 아니라 너무 바빠 나는 누구고 어디로 가고 있고 내가 진정으로 원하는 삶은 무엇인지 들여다볼 시간이 없어졌다. 급기야는 기술이 상상을 초월하는 수준으로 심신을 좀먹는 지경에 이르렀다. 격변의 문턱에 선 것이다.

과학적 근거가
있는 믿음 :

　　　　　　　이 격변의 시대에 인간의 뇌 속에서는 무슨 일이 벌어지고 있을까? 내가 어릴 때는 뇌 영상 촬영 장치 같은 건 있지도 않았다. 지금은 뇌의 영상을 정교하게 촬영하는 기술이 발달해 분노와 슬픔, 기쁨과 같은 감정과 생각이 뇌에서 어떤 '모양'을 띠는지

볼 수 있다. 뇌 영상 촬영 기술과 학자들의 연구 덕분에, 부모의 양육 행동과 부모와 자녀와의 관계가 아이들의 뇌에 얼마나 큰 영향을 미치는지 밝혀졌다. 성인의 뇌도 운동과 명상부터 인간관계와 스트레스에 이르기까지 수많은 요인들에 의해 끊임없이 형태가 달라진다는 사실 또한 입증되었다. 예부터 전해져 내려오는 사상을 제대로 이해할 토대가 마련된 것이다.

지금까지는 사고방식을 바꾸기만 해도 원하는 삶을 살 수 있다는 사상은 아무리 저명한 사람이 설파해도 과학자들의 비판을 피할 수 없었다. 생각이 '자석'과 같으며 진동하는 주파수를 갖고 있어 우주로 뻗어나가며 그로 인해 어떤 결과를 불러온다는 믿음을 과학자들은 비과학적이라고 치부했다. 생각이 '진동'하고 '공명'한다는 주장은 경험 과학의 근거로 뒷받침되지 못했다. 그 결과 지금까지는 무턱대고 맹신하지 않고서는 그런 사상을 지지하기 어려웠다. 사고방식을 긍정적으로 바꾸기만 해도 인생에서 원하는 바를 끌어당길 수 있다는 사상을 믿으려면 무조건적으로 받아들여야 했다. 그러다 보니 집이나 사막에 앉아 있기만 해도 세상을 기적적으로 바꿀 수 있다는 오해도 생겼다. 물론, 그런 일은 불가능하다. 회의론자들에게 '끌어당김의 법칙'이나 '실현', '풍요의 관점'은 그저 주술적 사고를 옹호하는 주장으로 들릴 뿐이다.

그러나 현대에 들어 고대 전통 의학인 아유르베다의 원칙이나 마음챙김과 같은 수련법의 효과가 과학적으로 입증되었듯, 위의 사상들도 신빙성을 얻었다. 사고방식을 바꾸면 '현실' 인식뿐 아니라 물리적인 생활환경과 인간관계, 내가 스스로 끌어당기거나 참고 살았던 상황을 바꿀 수 있다는 사실이 신경 가소성(경험에 의해 유연하게 변하는 뇌의 능력)에 관한 연구를 통해 입증되었다. 사고방식이 인생을 좌우한다는 사상은 단순해 보이지만 실로 놀라운 사실을 시사한다. 인간의 뇌는 유년기에 활발히 성장하고 변하지만, 의식적으로 생각을 통제하면 성인기에도 인간으로서 성장하고 발전할 수 있다. 뇌의 타고난 유연성을 잘만 활용하면 인생이 달라지다니, 이 얼마나 신나는 일인가. 이는 이 책의 모든 이론과 훈련법을 뒷받침하는 근거가 될 것이다.

'끌어당김의 법칙'을 뒷받침하는 기존의 사이비 과학과 달리, 나는 신경과학자이자 정신과 의사로서 근거에 입각한 주장을 할 것이다. 내가 하려는 주장은 과학적으로 입증된 뇌와 몸의 연관성에 기반을 두고 있다. 뇌와 몸은 떼려야 뗄 수 없는 관계로 서로 연쇄 반응을 일으킨다. 주로 분비선과 호르몬을 주관하는 신경 내분비계와 뇌 및 척수와는 별개로 존재하는 자율 신경계를 통해 서로에게 파급 효과를 미친다. 행복하고 성공적인 삶을 사는 능력은 감정과 논리를 주관하는 뇌의 건강 상태와 우리의 허락 하에 뇌에서 일어난 사고의 질에 좌우된다. 그러나 오늘 뇌의 상태와 사고의 질이 어떻든, 뇌의 탄력성을 이용해 신경 경로를 바꾸면 얼마든지 더 나은 삶과 더 나은 내일을 맞이할 수 있다.

진화적 이유로 '고정'된 뇌의 회로를 재배치해 사고방식을 민첩하고 긍정적으로 바꾸는 일은 결코 쉬운 일이 아니다. 그러나 지금 당장 행동으로 옮겨야 한다. 끌어당김의 법칙은 맹목적인 믿음이 아니라 과학적 근거가 있는 믿음이라는 걸 잊지 말자.

자동 조종 상태로
굴러가는 뇌 :

우선 우리가 뇌를 어떻게 인식하는지 생각해보자. 뇌의 힘을 끌어내리면 제일 먼저 뇌를 당연시하지 말아야 한다. 뇌는 인간에게 주어진 최고의 자산이다. 가장 중요하게는 생명을 주관하며, 자신감과 인간관계, 창의성, 자존감, 삶의 목표, 회복탄력성 등 수많은 요소를 좌우한다.

뇌를 구성하는 860억 개의 뉴런(뇌세포)은 1,000분의 1초마다 우리의 몸과 외부 세계로부터 쏟아지는 감각 피드백을 해석하고 반응하며, 뇌가 부여하는 의미에 따라 입력된 정보를 처리하고 정리해 보관한다. 뉴런은 감정과 행동, 기억, 연관성을 통합적으로 해석하면서 끊임없이 서로 연결하고 '경로'를 형성한다.

잠재의식 속에서 자극에 대한 반응을 실시간으로 조정하고 재조

정하는 이 과정을 피드백 루프라 하는데, 인간은 항상 뇌의 '피드백 루프'에 따라 행동한다. 외부 세계의 정보가 입력되면 뇌는 정보의 패턴을 인식해 반응 방식을 결정한다. 이 패턴 인식 체계는 자랄수록 고착화되고 그와 함께 행동방식도 점점 더 고정된다. 출근할 때 매일 같은 길로 가거나(대부분 차창으로, 혹은 걸을 때 보이는 풍경을 주의 깊게 보지 않는다), 만족스럽지는 않지만 늘 해오던 방식으로 인간관계를 맺는 등, 삶의 많은 부분이 뇌의 '자동 조종 장치'에 의해 굴러간다. 어떤 행동을 장기간에 걸쳐 반복해 그 행동과 관련된 신경 경로가 기본 경로로 굳어지면, 그 행동에 의문을 제기하기 어려워진다. 가장 좋아하는 색깔을 말할 때 뿐 아니라 평생의 반려자를 선택할 때도 마찬가지다.

뇌가 자동 조종되도록 내버려 두면, 익숙한 패턴에서 벗어나지 않는 삶을 살게 된다. 뇌의 입장에서는 에너지 소모가 적으니 훨씬 효율적이다. 또한 뇌는 안전을 위해 변화를 피하도록 설계되어 있다. 뇌는 변화를 '위험'으로 인식하므로 변화에 직면하면 스트레스 반응을 일으킨다. 스트레스 반응이 일어나면 뇌는 위험을 회피하고 고차원적 사고(감정을 조절하거나 편견을 무시하거나 복잡한 문제를 해결하거나 유연하고 창의적으로 생각하는 능력과 같은 뇌의 집행 기능)를 차단한다.

뇌는 우리에게 유익하든 유익하지 않든, 즉각적인 만족을 주는 가장 쉬운 길을 선택한다. 뇌가 자동 조종 상태로 굴러가게 두는 사람은 깊이 뿌리박힌 자신의 습관이 어디에서 왔고 그 습관이 자신에게 도움이 되는지 해가 되는지 묻지 않는다. 어차피 인생은 마음대로 되지 않는 것이라며 삶이 어떻게 흘러가든 그냥 내버려 둔다. 뇌가 자동 조종 상태로 작동할 때는 어떤 행동을 할 때마다 해당 신경 경로가 강화돼 그 행동이 습관으로 굳어진다. 그러다 보면 현실은 바꿀 수 없다는 생각이 뇌를 완전히 장악해 삶은 우연의 연속이며 인간은 대개 우연 앞에 무력하다고 믿게 된다. 그러나 신경과학계의 연구 결과, 뇌의 신경 경로를 재배치하면 누구나 정신을 통제해 지속적이고 긍정적인 변화를 일굴 수 있다.

부의 원천,
소스 :

'소스'는 놀랍고 복잡하고 정교하며 통합적인 뇌의 힘이다. 소스는 대뇌 피질, 즉 계획하고 데이터에 입각해 결정을 내리는 능력만을 뜻하지 않는다. 뇌의 진정한 힘은 대뇌 피질과 변연계, 다시 말해 감정과 육감과 온몸의 감각을 생각과 통합하는 능력에 있다. 이 힘을 활용하면 내가 삶의 진정한 주인이 되는 경험을 하게 된다. 몸과 정신이 완벽하게 조화를 이루고 삶에 완전히 몰입한 상태로 상황을 헤쳐 나가는 놀라운 능력이 자신에게 있음을 진심으로 믿게 된다.

인생이 꼭 두려움과 미봉책, 불안, 후회로 점철될 필요는 없다. 우리는 모두 수치심과 슬픔이 없는 충만하고 대담한 삶을 살게 해줄 뇌를 갖고 있다. 타고난 문화유산과 현대 의학 및 신경과학에 대한 지식을 조합할 수 있었던 나는 뇌의 잠재력을 최대한 발휘하면 누구나 이전과는 전혀, 완전히 다른 삶을 살 수 있다는 사실을 깨달았다.

소스를 끌어내리려면 무엇보다 뇌의 신경 경로와 패턴에 따라 촉발 사건에 무의식적으로 반응하는 방식이 달라진다는 사실을 인식해야 한다. 뇌의 신경 경로에 따라 우리는 이성을 잃고 화를 낼 수도 있고 분노의 감정을 차단할 수도 있으며, 먹는 데서 위안을 삼을 수도 있고 힘들 때 주변 사람에게 도움을 청할 수도 있다. 평소 자신의 행동을 의식하기 시작하면 시련에 대한 반응을 더욱 잘 통제할 수 있다. 자기 자신과 타인의 정신 상태를 자각하는 것은 인간이 지닌 가장 복잡하고 중요한 사회적 상호 작용 능력, 즉 타인의 인식을 이해하는 능력의 토대가 된다. '마음 이론'이라 불리는 이 능력을 이용해 우리는 주변 사람들의 행동을 해석하고 이해하고 예측한다.

타인의 행동 동기를 잘 파악하는 사람은 그렇지 않은 사람에 비해 확실히 유리하다. 이 능력이 없는 사람은 극단적으로는 자폐 스펙트럼 장애(사회적 상호 작용의 장애, 언어 발달의 장애, 반복되고 제한된 행동·관심·활동 등을 특징으로 하는 질환)가 생길 수 있다. 타인의 마음을 이해하는 능력을 개발하려면 신경 가소성, 즉 학습하고 발전하는 능력과 다양한 상황에서, 혹은 다양한 사람들을 상대로 민첩하게 전뇌 사고를 하는 뇌의 능력을 활용해야 한다.

소스의 주요 목표는 뇌를 자동 조종 상태로 두지 않고 상위 인지(자신의 인지 과정을 한 차원 높은 시각에서 관찰·발견·통제하는 정신 작용), 즉 '생각에 대해 생각'하고 '자신의 의식을 의식'하는 능력을 개발하는 것이다. 상위 인지(metacognition, '메타meta'는 '초월한'을 뜻한다)를 담당하는 뇌 부위는 전전두엽 피질이다. 전전두엽 피질은 뇌의 다른 부위에서 받은 감각 신호를 주시하는 동시에, 외부 세계에서 일어나는 일을 관찰해 뇌에 끊임없이 새로운 정보를 입력하는 피드백 루프를 통해 사고를 통제한다. 상위 인지는 사고를 통제하고 인식을 극대화하는 매우 중요한 능력이자 뇌의 학습과 발전에 필요한 기억 모니터링과 자기 통제, 의식, 자기 인식을 모두 아우르는 지적 능력이다.

나는 오랜 시간 신경과학과 정신 의학계에 종사하면서 얻은 뇌에 관한 지식과 인지 과학계의 최신 연구 결과를 조합해 뇌를 각성시키고 뇌의 잠재력을 최대치로 끌어내는 4단계 프로그램을 개발했다. 여기에 비밀리에 전해지는 영적 수련을 기반으로 한 훈련법을 더하는 것이 나의 코칭 기법이다.

이 책에서 우리는 끌어당김의 법칙을 따르고 뇌를 훈련해 꿈을 '실현'하는 비법, 즉 미래를 '창조하는' 능력에 숨은 신경과학적 근거를 자세히 파헤칠 것이다. 21세기 과학이 밝혀낸 시각화의 힘과 시각화가 효과적인 이유뿐 아니라 긍정적 사고를 주도적으로 하면 뇌에서 어떤 변화가 일어나는지도 알아볼 것이다. 또한 액션 보드를 이용해 목표에 집중함으로써 간절히 바라는 삶을 실현하는 법을 살펴볼 것이다. 이 모든 과정을 거치고 나면 내가 그랬듯 독자들도 새로운 사고방식과 동기 부여 시스템이 작동되어 더는 부정적 사고를 하지 않게 될 것이다.

나의 소스
돌아보기 :

이 책은 편협하지 않고 현실적인 방식으로 과학과 영성을 접목하는 법을 안내하는 길잡이 역할을 할 것이다. 독자들도 나처럼 뇌의 자동 조종 장치를 끄고 잠든 뇌를 깨워 뇌의 잠재력을 최대한 실현함으로써 진정으로 원하는 삶을 살고 매 순간 정신적 성장에 도움이 되는 결정을 내리길 바란다. 인간은 누구나 부정적 사고 패턴과 행동, 삶이 쉬워지기는 하나 행복해지는데 도움이 되지 않는 습관, 인생의 중요한 선택을 방해하는 감정 때문에 고통 받는다. 지금 여러분의 삶이 앞서 말한 부정적 요인들에 좌우되고 있다면 극복할 방법을 찾아야 한다. 마음속 깊이 가장 염원하고 필요로 하는 것을 직시해, 흘러가는 삶이 아니라 스스로 개척하는 삶을 살 기회를 놓치지 말길 바란다.

아래의 글 중에 공감이 가는 문장이 있는가? 읽으면서 고개를 끄덕이고 있다면 이 책을 읽기를 잘한 것이다.

인간관계

- 나는 나 자신보다 타인에게 더 많은 신경을 쓴다.
- 건강한 인간관계를 맺고 유지하기가 너무 어렵다. 내 삶의 장기적인 행복을 위협하는 문제가 비슷한 패턴으로 계속 발생하는 것 같다.
- 과거에 마음의 상처를 심하게 입은 적이 있어 특별한 인간관계를 맺는 걸 극도로 꺼린다.
- 독신으로 살거나 짝을 찾으려 애쓰느니 아무나와 사귀는 게 낫다.
- 친구들 사이에서 자식이 없는 사람은 나밖에 없는 날이 오기 전에 빨리 누군가를 만나고 싶다.
- 불행한 인간관계에 오랫동안 갇혀 있고, 벗어날 길이 보이지 않는다.
- 새로운 친구를 사귀지 못하고 기존의 친구들과 교감을 나누지도 않는다. 현재 상황에서 벗어나 '앞으로 나아가고' 싶지만 방법을 모르겠다.
- 배우자를 만나 가정을 꾸리고 싶지만 나에게는 그 꿈을 이룰 힘이 전혀 없는 것 같다.

일

- 어떤 결정을 내려야 할지 고민된다.

- 나에게 잠재력이 있다는 건 알지만 그 잠재력을 극대화하는 방향으로 나아가고 있다는 확신이 들지 않는다.
- 임금 인상이나 승진을 요구해본 적이 한 번도 없다.
- 내가 하는 일은 생계를 유지해주긴 하지만 재미가 없다.
- 내가 할 수 있는 일과 할 수 없는 일이 정해져 있고, 이를 바꾸는 것은 불가능하다고 생각한다.
- 너무 피곤해서 침대를 벗어나지 못할 때가 가끔 있다.
- 원하는 진로에 대해 이리저리 생각해보았지만, 그 생각을 실현할 방법을 모르겠다.

자기계발
- 내 사고를 지배하는 단어는 '절대 안 돼'와 '언제나', '반드시'다.
- 지금보다 더 내 뜻대로 살았으면 좋겠다.
- 내 인생은 목표가 없는 것 같다. 이대로 인생이 흘러가 버릴까 봐 두렵다.
- 극단적인 감정을 주체하지 못할 때가 많다.
- 몸과 외모에 대한 인식이 그날의 기분에 따라 달라진다.
- 나보다 멋지게 사는 사람을 보면 그 사람이 친한 친구더라도 화가 난다.
- 내심 내 삶이 별로라고 생각해, 주변 사람들에게 좋은 면만 보여주려 애쓴다.
- 사업을 시작하거나 여행을 떠나는 등 색다른 도전을 해보고 싶지만 자

꾸미룬다.

본인에게 해당되는 문장이 하나라도 있는가? 있다면 신경 가소성이 작동하는 방식을 이해하기만 해도 기존의 잘못된 사고방식과 추정, 깊이 뿌리박힌 자기 신념을 바꿀 수 있으니 이 책을 주의 깊게 읽길 바란다. 더 나은 미래를 위한 의도나 목표, 꿈을 설정하는 법과 진정으로 원하는 삶을 실현하는 법을 배울 수 있을 것이다.

일기 쓰기

시작하기 전에 우선 중요한 습관부터 하나 들이자. 바로 일기 쓰기다. 이제 곧 여러분은 자기 자신에게 수많은 질문을 던지고 심신을 좀먹는 패턴과 습관을 파악한 뒤 더 밝은 미래를 향해 나아갈 단계적 방법을 찾아갈 것이다. 그 과정에서 일기장을 한 장씩 채워가면 행복감과 자신감을 얻을 수 있을 것이다. 그러니 먼저 일기장을 한 권 준비해라.

일기 쓰기 습관의 효과를 극대화하려면 주변 사람들과 사건에 대한 반응과 생각을 매일 적어야 한다. 길게 적을 필요는 없지만 자신의 감정과 동기, 행동을 열린 마음으로 솔직하게 털어놓는 것을 목표로 삼아라.

직업적으로는 승승장구했지만, 이혼한 뒤로 나는 늘 두려움으로 경직돼 이성과의 친밀한 관계를 전염병 피하듯 피해 다녔다. 이혼하고 몇 년은 가벼운 연애만 했고 이후 2년 동안은 데이트조차 하지 않았다. 그러다 어느 순간, 내가 또 다시 상처를 입을지 모른다는 두려움과 타인을 믿지 못하는 불신에 사로잡혀 있다는 사실을 깨달았다. 이혼한 뒤 나는 다시는 결혼하지 않는 것이 최선이라고 확신했고, 애정 관계에 쓸데없는 시간과 에너지를 낭비하지 않겠다고 결심했다. 나 자신의 감정이 변화의 가장 큰 걸림돌이었다. 나는 잘못된 믿음을 깨기 위해 많은 노력을 기울였고 일기를 쓰기 시작했다.

일기를 쓰다 보니, 내가 타인에 대한 불신 때문에 친밀한 관계를 회피하고 있으며 부정적인 예상을 하면 그 예상이 현실로 이루어지는 일이 반복되고 있음이 드러났다. 나는 과거에 발목이 잡힌 채 가장 두려워하는 일이 현실이 될까 봐 늘 전전긍긍하며 과거의 나처럼 생각하고 행동하지 않으려고 안간힘을 쓰고 있었다. 그러나 내가 두려워하는 일은 일어나지 않았다. 간혹 좌절할 일이 생기긴 했지만, 그럴 때도 다 잘 풀릴 때까지 믿음을 갖고 헤쳐나갈 수 있었다. 마음을 닫는 것은 나에게 어떤 도움도 되지 않았다.

소스 활용하기

신경과학계에는 인간은 평생 뇌의 10퍼센트밖에 쓰지 못한다는, 좀처럼 사라지지 않는 속설이 있다. 사실이 아니지만 흥미를 유발하는 이런 속설 때문에 중요한 과학적 사실이 가려지고 있다. 성장하고 발전하는 뇌의 능력을 잘 활용하면 지금껏 우리가 짐작해온 정도보다 훨씬 극적으로 삶을 바꿀 수 있다는 사실이 묻히고 있는 것이다.

이 책은 터무니없는 주장이나 어렵고 애매모호한 이론이 아니라, 과학적 근거가 충분한 이론을 다룰 것이다. 또한 내가 환자와 의뢰인에게 적용했던 4단계 프로그램과 일기 쓰기나 꿈을 실현하는 액션 보드 만들기처럼 내가 개인적으로 효과를 본 훈련법들을 소개할 것이다.

우선 '1부 부를 끌어당기는 힘'에서는 끌어당김의 법칙과 시각화의 힘을 입증하는 과학적 근거를 소개할 것이다. '2부 삶의 질이 높아지는 훈련법'에서는 신경 가소성의 원리와 어떻게 하면 뇌의 작동 방식을 바꿀 수 있는지 알아볼 것이다. '3부 완전한 나를 찾는 비법'에서는 민첩하고 균형 잡힌 뇌가 삶의 방식에 얼마나 큰 영향을 미치는지 살펴볼 것이다. 마지막으로 '4부 운명을 바꾸는 4주의 실천'에서는 소스를 끌어낼 구체적인 실천 로드맵을 소개할 것이다. 4부는 물론이고 책 곳곳에 나올 다양한 훈련법은 꼭 직접 따라 해보길 바란다.

이 책은 과학과 영성을 융합하고 깨달음을 원동력으로 삼아 무의식적 행동을 의식적 행동으로 바꾸는 여정을 안내할 것이다. 소스의 힘을 끌어내는 첫 단계는 누구나 자신의 운명을 통제할 수 있다는 사실을 깨닫는 것이다. 이 책의 단계를 하나씩 밟으면 여러분도 '새롭고 자신감 넘치는 나'와 '새롭고 마법 같은 삶'을 찾게 될 것이다.

1부
부를 끌어당기는 힘

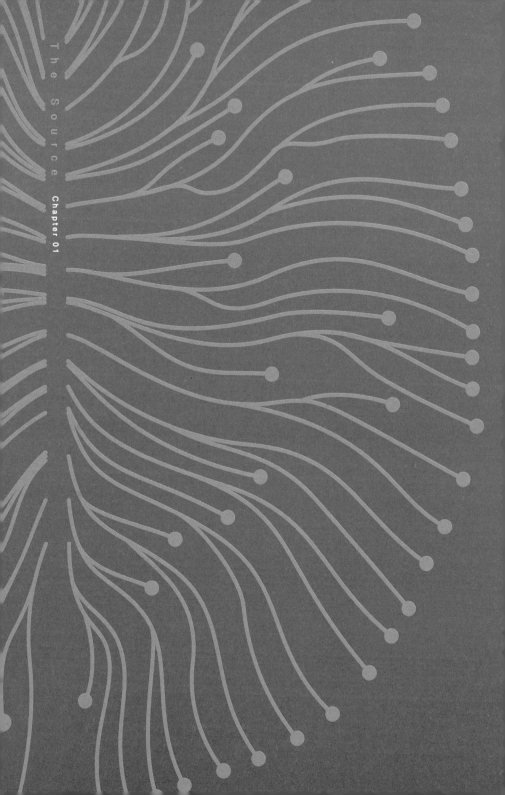

01 ──────────────────────

잠재력을 최대치로 끌어내는
여섯 가지 도구

───────────────────────

기대하는 것을 끌어당기고, 바라는 것을 숙고하며,
존경하는 사람을 닮고, 선망하는 사람을 본받으라.

작자미상

왠지 모르게 일이 잘 풀리는 날이 있지 않은가? 자명종이 울리기도 전에 잠에서 깨 맑은 정신으로 여유롭게 아침을 먹거나 오랫동안 눈독들이던 물건을 싼값에 사거나 직장에서 능력을 인정받아 좋은 기회를 얻는 그런 날 말이다. 이럴 때 우리는 흔히 '일진이 좋은데?', 또는 '오늘따라 일일 술술 풀리는군.'이라고 생각하며 대수롭지 않게 넘긴다. 좋은 기회는 우연히 오는 것이라 내 의지와는 상관없다고 단정한다. 혹은, 주변에 늘 '운'이 좋은 사람이 있지 않은가? 마침 친구가 여분의 표를 갖고 있어 매진된 콘서트에 갈 수 있게 되거나 비행기를 탈 때마다 항공사가 좌석의 등급을 높여주거나 뜻이 잘 맞는 동업자와 늘 만족스러운 관계를 유지하는 그런 사람 말이다.

그러나 '행운'은 결코 우연의 산물이 아니다. 끌어당김의 법칙이 작동한 결과일 뿐이다. 최근 당신에게 있었던 '행운'을 떠올려보라. 직장에서 좋은 기회를 얻었는가? 뜻밖의 행운 같겠지만, 그동안의 업무 성과가 좋았기 때문일 것이다. 새로운 동업자를 만났는가? 운 좋게도 성공으로 가는 '황금 티켓'을 얻었다고 생각하겠지만, 평소 인맥 관리에 애쓴 당신의 노력이 때와 장소를 잘 만나 빛을 발했을 뿐일 것이다. 삶은 공짜가 아니다. 우리가 하는 행동 하나하나가 빚어낸 결과물이다.

이 책의 핵심 주제는 끌어당김의 법칙이다. 간단히 말하자면, 끌어당김의 법칙은 사고방식이 삶의 중요 요소인 인간관계와 상황, 물질에 얼마나 직접적으로 영향을 미치는지 설명하는 법칙이다. 끌어당김의 법칙에 따르면, 집중하고 시각화하고 에너지를 쏟아 행동으로 옮기면 원하는 인간관계와 상황, 물질이 '실현'된다. 어떤 일에 의도적으로 에너지와 관심을 쏟으면 그 일이 실제로 벌어진다는 것이다.

사실 '실현'은 비현실적이라고 치부되곤 하는, 논란의 여지가 많은 개념이다. 끌어당김의 법칙을 논할 때 대부분 결과에만 관심을 갖기 때문이다. 그러나 나는 단어 자체의 의미에 주목해야 한다고 생각한다. 《시크릿》과 《성공의 문을 여는 마스터키》 같은 책들이 '생각의 진동'과 '전능한 힘'을 성공의 비결로 내세우면서, '실현'은 종교적 증거나 맹목적 믿음을 연상시키는 단어로 굳어졌다. 그러나 '실현'은 단순히 '어떤 일을 이룬다.'는 뜻이며, 의도보다는 행동과 더 큰 관련이 있다. 놀랍고 신기한 일이 벌어지리라는 기대감을 불러일으키는 개념이라기보다는, 뚜렷한 목적의식을 갖고 의도를 행동으로 옮긴 결과로 보아야 하는 것이다. 그러려면 앞서 언급한 자기계발서들이 주장하는 개념을 뒷받침할 과학적 근거를 찾아야 한다.

　이 책에서는 끌어당김의 법칙을 구성하는 여섯 가지의 핵심 원칙을 과학적 근거를 들어 설명할 것이다(50~83쪽). 각 원칙과 관련된 뇌의 작동 과정을 알아보고 그 원칙을 개개인의 상황에 맞게 활용하는 법, 즉 독자들의 뇌에 잠재된 '소스'를 최대한 끌어내 이상적인 삶을 설계할 구체적인 방법을 알아볼 것이다. 여섯 가지 원칙은 기존의 관련 서적에 이미 여러 가지 형태로 설명되어 있지만, 이 책은 한 걸음 더 나아가 각각의 원칙에 담긴 놀라운 과학적 근거를 제시할 것이다.

의도를 정하라

　　　여섯 가지 원칙을 살펴보기 전에 우선 끌어당김의 법칙을 주장하는 사람들이 '의도점intention point'이라고 부르는 개념을 알아보자. 끌어당김의 법칙 신봉자들은 의도점을 '마음'과 '정신'

이 만나는 지점이라고 정의하지만, 사실 의도점에는 끌어당김의 법칙을 맹목적으로 믿지 않는 사람들도 납득할 수 있는 과학적 근거가 있다. 의도점에서 목표를 정하는 사람의 뇌는 직관과 감정, 이성적 사고가 조화롭게 작동한다. 이 세 가지 차원이 조화를 이루지 못하면 목표를 이루는 것은 거의 불가능하다.

그러나 흥미롭게도 사람들은 삶에서 무언가를 선택할 때 흔히 이성과 감정, 육감을 구별 짓는다. 논리적 사고와 신체적 반응과 정서적 반응은 서로 전혀 다른 차원이라고 생각한다(하고 싶은 일을 할지 출세를 할지 정하는 중요한 결정을 할 때뿐 아니라, 고가의 재킷을 세일 때 살지 말지 정하는 사소한 결정을 할 때도 마찬가지다). 그러나 최근 들어 뇌와 몸, 즉 정신과 육체가 밀접한 관계를 맺고 있다는 사실이 과학적으로 입증되고 있다. 신경 세포와 호르몬의 상호작용 때문에 우울하거나 스트레스를 받으면 수면과 식욕, 체중을 비롯한 수많은 신체적 징후가 달라질 뿐 아니라, 배고픔이나 피로가 기분과 의사결정에 영향을 미친다는 사실이 밝혀졌다. 따라서 정신과 육체 모두 거부 반응을 일으키지 않는 의도를 정하는 것은 과학적으로도 타당한 전략이다.

어려운 선택을 한 피파

코칭을 시작할 당시 피파는 결혼 생활의 위기를 겪고 있었다. 그녀는 매우 불행했다. 변호사인 남편이 지독한 일벌레라 결혼한 지 10년이 다 되도록 집보다 사무실에서 자는 날이 더 많았기 때문이다. 피파는 출근하거나 출장을 간 남편을 대신해 주말에도 두 어린 자녀를 홀로 돌봐야 했다. 그녀는 자신의 결혼 생활은 전부 '가짜'라며 극심한 외로움을 호소했고 수없이 이혼을 고민했다. 그러나 양가 부모님은 남편이 승진을 하고 아이들이 자라면 괜찮아질 거라면서 그녀에게 조금만 참으라고 충고했다. 사실 피파도 선뜻 용기가 나지 않았다. 이혼을 하면 본인도 직업 전선에 뛰어들어야 했는데 그로 인해 자신과 아이들에게 닥칠 엄청난 변화가 두려웠다.

나는 피파에게 원하는 삶을 시각화할 수 있도록 이미지를 활용한 액션 보드를 만들어오라고 했고, 이는 피파의 인생에 중대한 전환점이 되었다. 한 주 만에 피파는 강력하고 인상적인 액션 보드를 만들어왔다. 보드의 중앙에는 산기슭에 홀로 서 있는 여자의 뒷모습이 찍힌 사진이 붙여져 있었다. 여자는 이제 산을 오를 준비가 됐다는 듯 양 허리에 두 손을 올리고 산을 바라보고 있었다. 가야 할 길이 험난하리라는 걸 알면서도 자신감이 넘치는 모습이었다. 아이들의 사진과 가고 싶은 곳이나 가족 여행에 관한 사진도 붙여 있었다.

액션 보드를 통해 피파는 자신이 진정으로 원하는 것과 의

사결정에 방해가 되는 현실적인 문제들을 직시했다. 덕분에 그녀는 단기적으로는 상황을 악화시키겠지만 결과적으로는 가족 모두에게 이로울 선택을 당당히 내릴 수 있었다. 그동안 피파는 늘 최악의 상황을 상상하며 지레 겁을 먹은 탓에 현명한 결정을 내릴 수 없었다. 현실적인 문제와 한계에 대한 불안과 두려움이 감정을 담당하는 뇌 부위를 장악해 합리적인 사고를 방해했다. 그러나 액션 보드를 만들고 코칭을 받으면서 피파는 이성과 감정이 조화를 이룬 상태로 자신이 진정으로 지향하는 미래가 무엇인지 깨달았다.

그날 밤 피파는 남편에게 헤어지고 싶다고 말했다. 처음에는 충격을 받았지만 남편도 결국 이혼에 합의했다. 4년이 지난 지금 그녀는 행복한 삶을 살고 있으며 전남편과 좋은 관계를 유지하고 있다. 그녀는 자신이 올바른 결정을 내렸다고 확신한다.

진정으로 원하는 것 끌어당기기

의도를 정하는 일은 신비주의와는 거리가 멀다. '삶이 내가 원하는 대로 흘러가고 있나?'라는 질문에 '아니요.'라는 답이 나올 때, 진정으로 원하는 삶을 마음속에 그리고 행동으로 옮기는 과정일 뿐이다.

뇌의 힘, 소스를 최대치로 끌어내면 마음속에 그린 삶을 실현하는 데 도움이 되는 방식으로 생각하고 행동할 수 있다.

단, 자신이 가장 중요시하는 가치와 삶의 선택에 부합하는 목표를 세워야만 의지와 집중력을 극대화할 수 있다는 사실을 명심해야 한다. 가령 진로와 관련된 선택을 할 때 목적의식을 갖고 타인을 돕고 싶은 진심 어린 마음 대신 돈만 고려한다면, 진정한 자아와 일치하지 않은 삶을 사는 것이므로 몸과 마음, 영혼이 병들어 스트레스와 불안과 같은 부정적인 증상에 시달릴 것이다. 혹은 나이가 많다는 이유로 배우자를 고를 때 적당한 선에서 타협한다면, 결국 마음속 깊은 곳의 욕구를 충족하지 못하며 살게 될 것이다.

이러한 증상은 '이건 내가 원하는 게 아니야!'라는 내적 외침이 표면으로 드러난 것이다. 내면의 갈등은 면역 체계를 어지럽혀 신체의 회복력에 영향을 미친다. 가령 스트레스를 계속 받으면, 백혈구에 연쇄 반응을 일으키는 스트레스 호르몬으로 우리 몸의 면역 체계에서 제1방어선 역할을 하는 코르티솔이 뇌와 신체에 지나치게 많이 분비된다.

그에 반해, 목표와 행동이 진정한 자아와 일치해 심신이 안정되면 성공에 이를 가능성은 커지고, 불안감이나 부정적인 생각 때문에 딴 길로 샐 가능성은 줄어든다. 게다가 스트레스 호르몬의 수치가 낮아져 면역력이 강해지므로 잔병치레는 물론 심각한 질병까지도 피할 수 있다. 또한 기분을 조절하는 호르몬과 기분이 좋아지게 만드는 엔도르핀이 분비돼 소스가 더욱 자유롭게 힘을 발휘할 수 있다.

코칭 일을 하다 보면 이를 입증하는 사례를 매일 목격한다. 매사에 의욕적이고 출세한 사람들은 대부분 스트레스를 즐기고 아드레날린과 코르티솔이 과다 분비된 상태가 지속되어야 성공할 수 있다고 믿는다. 이런 사람들은 가슴 두근거림이나 중압감, 소화 불량, 우울감과 같은 몸이 더는 견딜 수 없다며 보내는 신호를 무시하기 십상이다. 이런 상태가 수년간 지속되기도 한다. 코칭을 시작할 때 나는 제일 먼저 의뢰인에게 몸의 증상을 무시해서는 안 되며 증상의 근본적인 원인을 반드시 알아야 한다고 말한다. 마음과 육감이 하는 말에 귀를 닫고, 융통성 없는 사고에 사로잡혀 심신이 쇠약해지는 한이 있더라도 무조건 앞만 보고 달리는 사람이 많기 때문이다. 그런 사람들에게 나는 제일 먼저 잠시 멈춰 몸과 마음이 하는 말에 귀를 기울이고 자신이 진정으로 원하는 삶이 무엇인지 내면을 들여다보라고 설득한다.

나는 뇌와 몸의 통합을 은유적으로 표현한 '의도점'은 소스가 최대 출력으로 작동하는 순간을 뜻하며, 우리 모두가 도달하려 애써야 하는 지점이라고 생각한다. 몸과 마음을 완전히 통합할 수 있게 되면 (3부에서 더 자세히 다룰 것이다), 강력한 에너지를 원동력으로 삼아 목표를 이룰 수 있다.

의도 정하기

이제 의도를 설정해보자. 앞으로 이루고 싶은 일들을 모두 아우르는 가장 중요한 목표를 정해라. 목표는 대담해야 하며, 본인이 바꾸고 싶은 삶의 영역을 반영하는 장기적인 포부여야 한다. 의도가 정해지면 일기장의 첫 장에 적어라.

의도대로 삶이 달라졌을 때를 상상하면 흥분이 되고 의욕이 샘솟아야 한다. 눈을 감고 목표가 이루어졌을 때를 상상해보라. 머릿속의 장면이 선명하고 직관적으로 느껴져야 한다. 얼른 목표를 이루고 싶은 욕구로 가슴이 벅차올라야 한다. 올바른 의도의 예는 다음과 같다.

- 자신감을 키워 사업을 번창시키고 훌륭한 반려자를 찾는다.
- 지금 이 순간부터 두려움에서 벗어나 용기 있게 나의 비전에 맞는 결정을 내린다.
- 어려운 인간관계나 가족 문제를 해결하고 감정을 조절하는 법을 익힌다.
- 자기 관리를 더 잘하고 삶의 목표를 찾아 행복해진다.
- 나 자신에게 관대한 태도를 취하고 자기비판적인 내면의 목소리를 차단해 내가 꿈꾸고 누릴 자격이 있는 삶을 산다.

목표는 과감하게 높게 잡아라. 이 책을 통해 소스를 원동력으로 활용하는 법을 배우면 원하는 것은 무엇이든 이룰 수 있을 것이다. 가장 간절한 소망을 상상하는 법은 2장(85쪽)에서 자세히 알아볼 것이다. 이 책의 이후 단계에서, 또는 액션 보드를 만들 때 의도를 수정하거나 좀 더 명확하게 바꿀 수도 있다. 지금부터 본인의 이상적인 삶이 어떤 모습일지 생각하며 액션 보드에 붙일 이미지를 모으기 시작해도 좋다.

이제 끌어당김의 법칙을 뒷받침하는 여섯 가지 원칙을 하나씩 살펴보고 그와 관련된 신경과학적 근거를 알아보자.

원칙 1 : 풍요

'풍요로운 우주'의 자원을 활용하자는 생각은 끌어당김의 법칙의 핵심이자 소스를 끌어내려면 꼭 받아들여야 하는 첫 번째 원칙이다. 비과학적인 영적 지도자들의 입에 워낙 자주 오르내린 탓에, '풍요'라는 단어를 자기계발서의 사탕발림으로 치부하고 싶을지도 모른다. 그러나 진지하게 들여다보면 과학적으로 근거가 있는 매우 상식적인 개념임을 알게 될 것이다.

풍요를 향한 내적 투쟁

사람들의 마음속에서는 흔히 풍요의 관점과 결핍의 관점이 투쟁을 벌인다. 인생에는 두 가지 길이 있고, 어떤 길을 택하느냐에 따라 완전히 다른 삶이 펼쳐진다.

긍정적 사고 및 너그러운 마음과 밀접한 관련이 있는 풍요의 관점은 이 세상의 자원은 우리 모두가 나눠쓰고도 남을 만큼 충분하며 내 몫을 차지해 성공에 이르면 오히려 가능성의 범위가 더 커진다고 믿는 시각이다. 풍요의 관점으로 세상을 바라보면 자존감과 자신감이 커지고 힘든 시기에도 회복탄력성을 유지할 수 있다. 이 관점은 전염성이 강해 주변 환경과 사람들도 번창하게 만든다. 긍정은 긍정을 끌어당긴다. 풍요의 관점을 가진 사람의 주위에는 그와 비슷하게 긍정적이고 자신감 있는 친구나 배우자, 동업자가 모인다.

반면에 결핍의 관점으로 세상을 보는 사람들의 주된 동기는 두려움이다. 이들은 매사를 부정적으로 보며, 본인과 본인이 처한 상황의 결점은 물론이고 가지지 못한 것과 실패할 확률에 집중한다. 이분법적 사고에 갇혀 있고 장애물이나 한계에 부딪치면 자신에게 가장 익숙한 세계로 도망쳐 숨으며 위험을 회피하고 변화에 저항한다. 이들은 '구관이 명관이다.'나 '여우를 피하려다 호랑이를 만난다.'와 같은 속담에 공감한다. 풍요의 관점으로 행동한다고 꼭 좋은 일이 일어나는 건 아니지만, 위험을 감수한다고 나쁜 일이 일어나리라는 법도 없는데 말이다.

여러분의 삶은 어떠한가? 불확실성과 변화에 대한 두려움 때문에 불행한 직장 생활이나 파탄난 인간관계, 더는 도움이 되지 않는 친구 관계에서 벗어나지 못한 적이 있지 않은가? 새로운 일을 시작해야 하는데 과거의 나쁜 경험 때문에 실패할까 봐 두렵지 않은가? 배우자를 만나고 싶은 마음은 간절하지만 연이은 실패로 두려움이 커져 최근 아예 남자를 만나지 않기로 마음먹은 내 친구도 그랬다. 결핍의 관점이 완전히 뿌리박힌 탓이다. 최악의 상황이 벌어질지 모른다는 생각에 사로잡혀 살면 뇌에서 부정적인 신경 경로가 강화된다.

두려움은 인간의 뇌에서 가장 오래된 원시 뇌가 관장하는 강력한 감정이다. 두려움에 빠지면 감정과 기억을 조합하는 뇌가 경계경보를 울린다. 뇌는 위험으로부터 주인을 보호하기 위해 방어기제를 작동시켜 과거의 나쁜 기억과 실패를 들춘다. 이 과정이 반복되면 피드백 루프가 만들어지고 피드백 루프는 위험을 피해 도망치는 반응을 촉발한다.

흥미롭게도 손실은 이익보다 뇌에 두 배 더 큰 영향을 미치고, 그래서 사람들은 보상을 얻기보다는 잠재적 손실을 피하는 데 더 큰 노력을 기울인다.[1] 기업의 책임 추궁 문화는 이러한 행동 편향에 기인한다. 비난받을까 두려워 잘못된 의사 결정이나 현재 상태에 이의를 제기하지 않는 것이다. 임금 인상을 요구했다가 퇴짜를 맞았거나 상사의 미움을 산 적이 있는가? 혹은 당신의 마음에 쏙 드는 남자가 세 번 만난 뒤 당신의 연락을 피한 적이 있는가? 그런 경험이 쌓이면 뇌는 주인을 보호하기 위해, "또 나섰다가는 같은 일이 벌어질 위험이 아주 큽니다."라고 경고한다. 그러나 결핍의 사고는 긍정적인 변화를 가로막아 현재 상태를 지속시킨다. 소유하지 못한 것을 지나치게 의식해 소유한 것에 매달리게 만든다. 결핍의 사고에 갇히면 무언가를 잃는 걸 두려워하고 위험을 극도로 회피하게 된다. 그러나 위협에 과민 반응하는 뇌는 유연하고 풍부한 사고를 하지 못하고 몸과 뇌가 조화를 이루는 의사 결정을 내릴 수 없다.

명심할 점은 상황에 따라 사고방식이 바뀐다는 사실이다. 누구나 스트레스 요인에 따라, 삶의 영역에 따라 상황을 보는 시각이 바뀐다. 가령 만성적으로 스트레스에 시달릴 때는 위험을 감수하려는 의욕이 크게 줄어들기 마련이다. 마감일을 꼭 맞춰야 하는 중요하고 까다로운 프로젝트에 장시간 집중하고 있는 상황이라면 집을 살 절호의 기회가 와도 선뜻 잡기 어렵다. 이 시기에 진지하게 연애를 해봐야겠다고 마음먹는 사람도 없을 것이다. 이는 자연스럽고 어느 정도는 합리적인 반응이다. 문제는 스트레스를 받지 않는 날이 거의 없는 현대인들은 틀에 박힌 삶에 갇혀 다음 단계로 발전하지 못하게 만드는 결핍의 사고에 사로잡히기가 너무 쉽다는 데 있다.

결핍의 사고는 스트레스 요인과 관계없이 특정한 삶의 영역에 뿌리내릴 수도 있다. 각자의 삶을 돌아보자. 풍요의 사고방식이나 결핍의 사고방식이 가장 잘 작동되는 영역은 무엇인가? 교우 관계를 비롯한 인간관계를 맺거나 일을 하거나 새로운 일에 도전할 때 어떤 관점으로 상황을 인식하는가? 각각의 사고방식이 본인의 현재와 미래의 꿈에 어떤 영향을 미치고 있는지 생각해보라.

그렇다면 어떻게 해야 사고방식을 바꿔 풍요로운 삶을 살 수 있을까? 풍요의 사고방식으로 바꾸려면 사고의 패턴을 바꾸고 새로운 것을 수용하겠다는 의지가 있어야 한다. 과거의 믿음과 추정을 버리고 새로운 증거와 생각을 받아들이겠다고 마음먹어야 한다. 신경과학자들은 이 문제와 관련해 말뿐이 아닌 근거를 찾아냈다. 과학이 발전한 덕분에 이전에는 사실로 여겨졌던 이론들의 오류를 밝혀낸 것이다. 최근 재평가된 이론 중 몇 가지만 예로 들자면, 성인이 되면 뇌가 '굳고', 좌뇌와 우뇌의 기능이 분화돼 한쪽이 더 우세할 수 있으며, 남자와 여자는 뇌가 다르게 타고나고, 성적 성향은 후천적으로 정해진다는 등의 믿음은 모두 잘못된 속설로 밝혀졌다.

과학은 실패를 두려워하지 않고 학습과 끊임없는 개선을 통해 발전하는 삶과 일맥상통한다. 과학이 그렇듯 인생도 과거의 믿음을 버리고 변화를 수용할 의지가 있는 사람이 더 쉽게 발전할 수 있다. 새 사람으로 다시 태어나려면 단호하고 솔직하게 자신의 사고방식을 직시하고 그걸 바꾸겠다는 의지가 있어야 한다.

클레어의 연애 생활과 직장 생활

내 오랜 친구, 클레어는 친구나 주변 사람들과 관계를 맺을 때 전적으로 풍요의 사고방식을 따른다. 장시간 지속됐지만 틀어질 대로 틀어진 애정 관계를 최근에 끝낸 클레어는 놀랍도록 낙관적이고 즐거운 태도로 새로운 인연을 찾기로 마음먹었다. 그녀는 다양한 분야의 좋은 친구들을 많이 알고 있었고 새 사람을 만나는 걸 주저하지 않았으며 기존의 친구들과도 좋은 관계를 유지했다.

그러나 직장 생활은 전혀 달랐다. 수년 동안 다녔지만 끔찍하게 싫은 회사에서 벗어나지 못했다. 승진 대상자에서 제외되는 건 물론이고 힘들기만 하고 보상은 없는 일을 상사로부터 떠맡는 일이 잦았다. 지난 4년 동안 만나는 사람마다 붙잡고 불평을 쏟아냈지만 클레어는 회사를 떠나지 못했다. 왜 그랬을까? 실직과 구직을 반복하는 프리랜서 부모 밑에서 자란 그녀는 늘 생계에 대한 불안에 시달려야 했다. 게다가 보수가 좋았던 첫 번째 직장에서 정리 해고를 당했을 때의 충격을 잊지 못한 탓에, 클레어는 최악의 상황을 상상하며 지레 겁을 먹고는 익숙하고 '안전한' 지금의 직장에 매달렸다. 직장 생활에 관한 한 그녀는 결핍의 사고방식에 완전히 갇혀 있었다.

오래된 부정적 믿음이 그녀의 의식에 어떤 영향을 미쳤는지 직시하도록 돕자, 클레어는 실직에 대한 두려움을 극복할 방법을 주도적으로 찾기 시작했다. 우리는 클레어가 인간관계를 맺을 때 취하는 긍정적 태도, 즉 삶의 환희를 즐기는 태도를 직장 생활에도 적용할 수 없을지 함께 고민했다. 한동안 실험을 거듭한 끝에 클레어는 직장 생활을 할 때도 긍정적 태도를 취할 수 있다는 사실을 진지하게 받아들였다. 인맥을 쌓고 사람들과 좋은 관계를 맺는 데 능하니 사표를 내더라도 금방 새로운 일자리를 찾을 수 있으리라는 확신을 얻었다.

자신감으로 무장한 클레어는 풍요의 관점으로 진로를 고민했고, 어떻게든 현재 상태를 유지하려 애쓰는 대신 진정으로 하고 싶은 일을 고려한 선택을 내리기 시작했다.

직장 생활뿐 아니라 애정 생활이나 사회생활, 건강과 행복 등 영역이 다를 순 있지만, 누구나 클레어와 비슷한 처지에 놓일 수 있다.

바꾸고 싶은 삶의 영역이 있지만 깊이 뿌리내린 믿음 때문에 섣불리 바꾸지 못하고 있는가? 가령 직장에서 업무량이 너무 많아 위임하고 싶지만 그 일을 제대로 하는 사람은 자기뿐이라는 사실을 은근히 즐겨 위임을 미루고 있을지도 모른다. 위임을 받은 사람이 자신보다 그 일을 더 잘할까 봐 두렵기 때문일 수도 있다. 위임으로 감수해야 위험이 너무 크게 느껴지겠지만 정말 그럴까? 이 이유들은 실패를 두려워하는 마음이 만들어낸 핑계이자, 소스를 활용해 직시하고 피해야 할 행동이다. 자각하지 못하고 있을 수도 있으니, 우선 어떤 결핍의 사고가 자신의 삶에 영향을 미치고 있는지 자문해보라. 잠재의식 속에 숨어 당신의 가능성을 제한하는 그릇된 믿음을 수면 위로 끌어올려야 한다.

풍요의 사고방식 선택하기

반면에 풍요의 사고방식은 어떤 상황이든 지금보다 나아질 수 있다는 믿음을 근간으로 한다. 풍요의 사고방식을 가진 사람은 도전과 배움, 시련이 궁극적으로는 자신에게 도움이 된다고 믿는다. 개선과 성장의 열쇠일 뿐 아니라 그 자체로 중요하다고 믿는다. 그림을 그리거나 문제를 해결하거나 인간관계를 맺을 때 필요한 지능과 창의성, 기술은 훈련하고 향상할 수 있다고 믿는다. 작은 실패는 과정이자 기회로 인식한다. 업무상 실책은 중요한 기술을 습득할 기회로, 어긋난 연애는 이상형을 더 확실히 파악할 기회로 여긴다.

소스의 힘은 바로 여기에 있다. 풍요의 사고를 선택하는 것은 곧 자기 삶에 완전히 몰입하겠다는 뜻이다. 단호하게 뇌의 자동 조종 장치를 끄고 적극적으로 삶에 임하겠다는 뜻이다. 연애나 이사, 여행과 같은 변화는 사람들이 기꺼이 받아들이는 자발적 변화다. 실연이나 경제적 어려움, 난임은 원치 않는 변화지만, 변화에 대한 두려움을 제어하면 당황하지 않을 수 있다. 어려운 상황에 직면할 때 사람들은 흔히 자신에게 가장 익숙하고 편한 삶의 방식을 고수하려 한다. 그러나 그런 상황에서는 오히려 행동의 선택지와 패턴의 폭을 넓혀야 한다.

풍요의 사고를 선택하면 우리의 뇌에서는 어떤 일이 벌어질까? 교사와 아동 심리학자들이 오래 전부터 인정한 바에 따르면, 아이의 긍정적 행동을 칭찬하면 나쁜 행동을 벌할 때보다 더 효과적으로 아이의 절제력과 성실성을 키우고 좋은 습관을 들일 수 있다. 아이들뿐 아니라 어른이 직장 생활을 하고 인간관계를 맺을 때도 같은 원리가 적용된다. 단, 뇌가 이 원리에 맞게 작동하지 않으면 아무리 노력해도 같은 효과를 볼 수 없다. 정도의 차이는 있지만 인간은 누구나 잘 안 풀리는 현재 상황에 몰두하는 부정적인 습관을 갖고 있다. 뇌가 보상을 추구하는 성향보다 위험을 회피하는 성향이 더 강하기 때문이다. 풍요의 사고방식에서 중요한 한 축을 담당하는 요소는 긍정적 사고다. 긍정적 사고는 부정적인 면보다 긍정적인 면에 집중하고, 긍정적 자기암시로 부정적 생각을 덮고, 타인을 향한 믿음과 너그러운 마음을 기르며, 삶은 행복과 성공을 키우기에 좋은 터전이라는 사실을 믿는 사고방식이다.

풍요의 사고를 함양하려면 의식적이고 헌신적으로 노력을 기울여야 한다. 4장에서 자세히 다루겠지만, 의식하든 의식하지 않든 익숙한 사고 패턴을 바꾸려면 반복적인 연습이 필요하다. 결핍의 사고가 깊숙이 자리 잡으면 뇌에서 수많은 뉴런이 연결되고 신경 경로가 형성돼 툭하면 '… 하면 … 할 거야.'라며 최악의 시나리오를 상상하게 되는데, 이 경로를 연습으로 끊어야 한다.

실패를 재인식하기

결핍에서 풍요로 사고의 방향을 바꾸려면 우선 실패를 바라보는 시각을 바꾸면 된다. '결핍'의 사고를 하는 사람은 실패를 하면 '그럴 줄 알았어.'라는 내적 비판이 작동한다. 자기비판은 야심 찬 목표를 세우고 끈질기게 노력하는 것은 무의미하다는 믿음을 강화한다. 반면에 풍요의 사고를 하는 사람은 실패를 성공의 필수 요소로 여긴다.

역사상 위대한 발명은 실험적이고 의도치 않은 상황에서 탄생했다. 테플론(음식이 들러붙지 않도록 프라이팬 등에 칠하는 물질)이나 플라스틱, 전자레인지는 전혀 다른 물건을 만들려다가 나온 실패작이다. 찰스 임스Charles Eames의 유명한 '임스 의자'는 부상병을 위한 나무 부목을 만들기 위해 합판을 성형하는 혁신적인 기술을 다듬다 나온 부산물이었다. 2003년, 실리콘 칩을 연구하던 UCLA 대학원생 제이미 링크Jamie Link는 실수로 실리콘 칩을 부순 덕분에 '스마트 더스트'를 발견했다. 부서진 작은 칩 조각들이 센서로 기능한다는 사실을 알아낸 것이다. 현재 스마트 더스트는 의료 기술은 물론이고 광범위한 환경 변화와 신체 증상 등을 감시하는 기술 등 다양한 기술을 개발하는 데 쓰이고 있다. 세계적으로 가장 많이 팔리는 약으로 손꼽히는 '비아그라'도 원래는 심장병으로 인한 고혈압과 흉통을 치료하기 위해 만든 약이었다. 모두 실험과 '실패'를 통해 놀라운 발명이 이루어진 사례들이다.

'실패'를 재평가하고 실패에 '미완성'이라는 새로운 의미를 부여하면 과거에 내가 겪은 시련을 바라보는 시각을 바꿀 수 있다. 풍요의 사고방식으로 바꾸기로 결심한 순간 상황을 긍정적으로 해석하게 되는데, 이는 성공의 가장 중요한 요소다. 관점이 긍정적으로 바뀌면 장애물을 만나도 좌절하거나 도망치지 않고 계속 목표를 향해 나아가는 회복탄력성을 유지할 수 있기 때문이다.

'당신은 소중하니까요.'라는 광고 문구가 유행하는 데는 그럴 만한 이유가 있다. 요즘 사람들은 진정으로 꿈꾸는 삶을 살 수 있는 힘과 자유를 갈망하면서도 내심 자기에게는 그럴 자격이 없다고 생각한다. 부디 여러분은 결핍의 사고를 버리고 풍요의 시선으로 세상을 보겠다고 마음먹길 바란다. 자기 회의가 자기 확신으로 바뀌고 간절히 바라는 새로운 현실을 맞이할 수 있을 것이다.

원칙 2 : 실현

여럿이 모여 휴가를 떠나고 싶었는데 마침 프랑스에 큰 숙소를 예약했다며 같이 가자는 친구의 메일을 받는다. 업무와 별로 관계가 없는 분야에 관심이 생겼는데 마침 딱 그 분야와 관련 있는 중요한 프로젝트를 맡는다. 이처럼 우연한 행운은 일상적으로 찾아온다. 그럼에도 가장 간절히 바라는 소망에 에너지를 쏟고 관심을 집중하기만 해도 이상적인 삶을 실현할 수 있다고 믿는 사람은 거의 없다. 물론 이런 행운은 드물게 찾아오며, 가만히 앉아 소원을 빌기만 하면 바로 이루어지리라 기대해서도 안 된다. 그러나 강력한 의도에 적극적인 행동을 더하면 소망을 현실로 바꿀 수 있다. 친구들에게 다 함께 휴가를 가자고 제안하거나, 동료들에게 내가 관심 있는 분야를 알리면 된다. 그러나 대부분의 경우 자신감이 없어 먼저 제안하거나 알리지 못한다.

기적처럼 소원이 이뤄진 사례를 주변에서 찾아보라. 친구나 가족이 사업을 일으키거나 산악 등반에 성공했다거나 하는 뻔한 사례만 찾지 말고, 우연한 계기로 건강이 크게 호전되었다거나 우연히 만난 사람과 대화를 하다 원하는 조건을 모두 충족한 완벽한 집을 찾은 사례도 찾아보라. 널리 알려진 사례도 있다. 1994년에 자기 앞으로 천만 달러짜리 가짜 수표를 쓴 배우 짐 캐리Jim Carrey는 같은 해에 정확히 천만 달러의 출연료를 받고 《덤 앤 더머》에 캐스팅되었다. 비전 보드로 인생이 바뀐 사례가 오프라 윈프리 쇼에 소개되기도 했다.

꿈꾸는 삶을 '실현'하기 위해 적극적으로 애쓰는 것은 언뜻 보면 미친 짓으로 보일 수도 있다. 우리는 흔히 노력이 수포로 돌아가거나 내 꿈을 알게 되면 사람들이 부정적인 반응을 보일지 모른다는 두려움 때문에, 가만히 앉아 아무것도 하지 않고 그저 꿈이 이뤄지는지 두고 보기만 한다.

　게다가 목표를 정했더라도 진정으로 바라는 소망과 목표가 일치하지 않는 경우가 너무 많다. 이 문제는 의도를 정하는 법을 다룬 43쪽에서 잠시 살펴보았다. 본인에게도 그런 경험이 있지 않은지 떠올려보라. 안정적인 직장 생활을 위해 승진과 임금 인상을 목표로 삼았지만 사실은 다시 교육을 받아 이직하는 것이 꿈이었을 수도 있다. 간신히 끊어낸 고통스러운 관계를, 바로잡을 수 있고 그래야 한다는 믿음으로 다시 이어갔을 수도 있다. 이제 마음 깊이 바라는 소망을 이루기 위해 진심을 다해 '노력'했던 경험을 떠올려보라. 어떤 일이 벌어졌는가?

실현의 과학적 근거

　소망과 의도가 완벽히 일치하면 오감을 총동원해 원하는 삶을 시각화함으로써 실현의 첫 발을 디딜 수 있다. 원하는 삶을 말하고, 듣고, 상상하고, 느끼고, 냄새 맡고, 맛보면, 꿈꾸는 삶이 뇌에 선명하게 각인된다.

　이렇게 집중의 대상을 정하고 마음속으로 그 대상을 선명히 그리면 뇌에서 두 가지 생리학적 반응이 동시에 일어난다. 시각화의 강력한 효과와 꿈이 실현되는 이유를 설명해주는 이 두 반응은 '선택적 주의(필터링)'와 '가치 부여'다. 이 두 개념을 자세히 알아보자.

선택적 주의

　뇌는 시각과 청각뿐 아니라 미각, 후각, 촉각으로 일 초에 수백만 개의 정보를 받아들이므로, 지금 당장 필요한 정보에 집중하기 위해 그중 일부를 버리거나 뒷전으로 밀어둔다. 뇌에 입력된 정보는 기억으로 기록되고 저장되어 이후의 행동과 반응에 영향을 미친다. 선택적 주의는 뇌가 불필요하다고 판단한 정보는 걸러내고 소수의 감각 정보에만 집중하는 인지 과정이다.

　뇌에서 선택적 필터링을 주관하는 곳은 변연계의 일부인 '시상'이라 불리는 부위다. 예를 들어 친구와 대화를 나눌 때, 뇌는 오감을 통해 정보를 받아들인다. 눈으로는 친구의 모습과 움직임, 몸짓 언어를 관찰하고 귀로는 친구의 억양과 어조의 강약을 듣는 등 감각 정보를 수집할 뿐 아니라, 본인의 신체 반응과 감정에 관한 정보도 모은다. 감각의 허브 역할을 하는 시상은 마치 교통순경처럼 수집한 감각 정보들을 각각 알맞은 뇌 부위로 전달한다. 시상은 뇌의 다른 세 부위와 소통하며 우선시해야 하는 정보와 버려도 되는 정보를 분류한다. 시상이 정보를 선택하는 수준은 놀라울 정도로 정교하다.

　심리학자인 대니얼 레빈Daniel Levin과 대니얼 사이먼스Daniel Simons가 1998년에 시행한 '문' 실험을 찍은 동영상을 본 적 있는가?[2] 영상을 보면 실험자가 지도를 들고 지나가는 행인에게 접근해 길을 묻는다. 행인이 지도를 건네받아 보면서 실험자에게 길을 가르쳐줄 때, 두 명의 인부가 커다란 문을 들고 행인과 실험자 사이를 지나간다. 그 사이에 기존의 실험자가 다른 실험자로 교체되고, 행인은 완전히 다른 사람을 상대로 대화를 나누게 된다. 놀랍게도 실험에 참가한 행인 중 대화 중이던 사람이 바뀌었다는 사실을 인지한 행인은 절반에 불과했다. 지도와 길에 집중하느라 길을 물은 사람의 생김새와 목소리가 완전히 달라졌다는 사실을 뇌가 인지하지 못한 것이다. 시상이 실험자의 외모는 중요하지 않은 정보라고 판단해 그와 관련된 감각 정보를 지운 탓이다. 레빈과 사이먼스는 이와 비슷한 실험을 여러 차례 시행했다 (고릴라 인형 옷을 입은 사람이 농구 시합에 등장하는 동영상을 아마 본 적 있을 것이다).

선택적 주의는 매 순간 일어난다. 특히 눈을 감고 특정한 정보를 기억해내려 애쓰거나, 무언가에 집중하려고 두 손으로 귀를 막을 때는 의식적으로 선택적 주의를 활용한다. 꿈을 실현하고 싶다면 뇌가 상당량의 정보를 차단하고 선택적으로 특정 정보에 집중한다는 사실을 반드시 이해하고 받아들여야 한다. 뇌의 선택적 주의를 이해하면 무엇에 집중하고 무엇에 집중하지 않을지 의식적으로 구분하게 되기 때문이다. 당연한 말이지만 의식조차 하지 않고 있는 소망을 실현할 수는 없다.

하나의 대상에 집중하는 선택적 주의는 결코 과소평가해서는 안 되는 뇌의 능력이다. 뇌가 정보를 선택해 행동에 영향을 미친다는 사실을 일단 받아들이면, 목표 달성을 좌우하는 매우 중요한 뇌 작동이 자기도 모르는 사이에 일어나고 있었음을 깨닫게 된다. 여러분은 어떠한가? 집중해야 하는 정보와 무시해야 하는 정보를 뇌가 잘 선택하고 있다고 확신하는가?

앞서 설명했듯 뇌는 주인을 보호해 생존 가능성을 높이기 위해 끊임없이 원시상태로 되돌아가려 한다(52쪽). 원시시대 때는 생존과 직결되었던, 친구와 적을 구분하는 문제에 에너지의 상당량을 쏟았다. 그러나 현대사회에서는 생존을 위한 무의식적 편향을 우선시하기보다는 개방적이고 유연하고 대담하게 목표 달성에 매진하고 '새롭고' '위험'하게 느껴지는 선택을 하도록 뇌를 통제해야 한다. 생존을 위해 피해야 하는 장애물보다 간절히 바라는 소망에 집중해야 그 소망을 실현할 가능성이 커지기 때문이다(산악자전거를 탈 때 위험한 구덩이와 바위보다 길 자체에 집중해야 하는 것도 같은 이유 때문이다).

변연계는 선택적 주의를 담당할 뿐 아니라 어떤 생각과 기억을 파지(把持, 재생이 가능한 형태로 보존하는 것)할지, 즉 의식의 영역에 둘지 결정하는 역할도 한다. 미래에 이루고 싶은 계획과 소망을 막연하고 모호한 무의식의 영역에서 의식의 영역으로 끌어올려야 하는 것은 이 때문이다. 가령 나의 정체성과 경험, 소망에 부합하는, 미래의 배우자가 꼭 갖췄으면 하는 특징을 목록으로 만든다고 해보자. 일단 목록이 만들어지면 양질의 시간을 투자해 자주 들여다보면서 각각의 특징이 나에게 어떤 의미가 있는지 충분히 고민할 것이다. 그러면 나의 뇌는 목록에 부합하는 사람을 의식적으로 찾기 시작할 것이고 그런 사람이 나타나면 경보를 울릴 것이다. 목록을 만들기 전에는 '완벽한 남편감/부인감'을 만나는 것은 불가능하다는 생각 때문에 호감이 가는 사람과 커피를 마시거나 버스 정류장에서 관심이 가는 사람에게 말을 걸 기회를 무의식적으로 차단했을 것이다. 그러나 목록을 만들고 나면 오랜 눈맞춤이나 매력적인 미소를 알아보거나 명함을 보고 연락할 용기를 내기가 훨씬 쉬워진다. 이렇듯 자신의 욕구에 주의를 집중하는 것은 꿈을 실현하려면 꼭 거쳐야 하는 단계다.

가치 부여

선택적 주의에 속하는 가치 부여는 뇌가 사람과 장소, 냄새, 기억을 비롯한 모든 정보에 중요도를 매기는 인지 과정이다. 뇌는 자극에 반응해 어떤 행동을 할지 정할 때마다 무의식적으로 이 과정을 거친다.

어떤 사람이 집 앞에 주차된 오래된 빨간 '미니' 자동차를 보고는 처음으로 몰았던 비슷한 모양의 차와 그와 관련된 행복한 기억을 떠올리며 미소를 짓는다고 해보자. 그의 잠재의식에서 가치 부여 체계가 작동해 오랫동안 잊혀 있었지만 여전히 따뜻한 감정을 불러일으키는 청소년기의 기억을 끌어올린 덕분이다. 어쩌면 그 사람은 차를 주차하고 내리는 운전자에게 다가가 말을 걸지도 모른다. 그러나 뇌의 시상과 변연계에서 '빨간 미니'에 가치 부여가 전혀 돼 있지 않은 사람은 그 차가 자기 집 앞에 며칠째 서 있어도 관심을 보이지 않을 것이다.

가치 부여에는 논리적 가치 부여와 정서적 가치 부여가 있다. 뇌가 논리적 가치 부여를 할 때는 말 그대로 뇌에 쏟아지는 모든 정보에 생존에 도움이 되느냐를 기준으로 가치를 매긴다. 정서적 가치 부여를 할 때는 '사회적 안전감', 즉 지역 사회나 가족 등의 집단에 소속되었다는 느낌이나 개인적 및 직업적 정체성을 강화하는 삶의 의미와 목적의식을 기준으로 가치를 부여한다.

가치 부여 체계가 작동하면 관심이 가는 대상에 과도한 가치를 매기거나 두납거나 불확실한 대상에 부정적 가치(혐오)를 매기기 쉬워진다. 가령 고통스러운 ~'벽을 겪었거나 오랫동안 독신으로 지냈고 가임 연령을 곧 넘어서는 여성의 ,'치 부여 체계는 역설적으로 배우자를 찾거나 아이를 낳는 일을 회피하는 ~ス으로 작동할 수 있다. 이때 그녀의 뇌는 너무 오랫동안 혼자 살아 다른 사람과 함께 살기 어렵다거나 직장 생활이나 사교 생활이 훨씬 중요하다고 속삭인다. 그러면서 이상형을 만날 기회에는 관심을 끄고 승진할 기회에만 집중할 것이다. 뇌의 작용 때문에 자기도 모르게 의도하지 않은 길로 방향을 틀어 꿈에서 멀어지는 것이다!

유년기에 가정이나 학교에서 야단을 많이 맞거나 낙제생이라는 꼬리표가 붙어 자존감이 떨어진 사람은 경력을 쌓을 좋은 기회가 와도 잡지 않는다. 마음속 깊이 자신은 그럴 자격이 없을지 모른다는 두려움이 깔려 있기 때문이다. 건강한 식단을 따르기 시작했지만 어차피 곧 포기할 거라는 믿음이 마음속에 깔려 있다면, 실제로 유혹에 굴복해 나쁜 선택을 할 확률이 높아진다. 행복한 삶을 사는 데 도움이 되지 않는데도 오직 위험을 피하는 방향으로 가치 부여 체계가 작동하도록 과거의 강력한 정서적 경험이 뇌에 신경 경로를 생성했기 때문이다. 이런 사람들의 뇌는 선택적 필터링으로 직업적 성공이나 연애보다 수치심이나 비난을 피하는 것을 우선시한다.

간단히 말해, 의식적으로 원하는 삶에 집중하고 좋은 결과가 따르리라는 확신을 가지면 저절로 기회가 찾아온다. 마법 같은 일이 아니다. 지금껏 뇌가 감추고 있었던, 꿈을 실현할 가능성을 인식하게 된 것뿐이다.

원칙 3 :
자석 같은 욕구

긍정적 욕구에 강렬한 감정을 더하면 그에 부합하는 사건이 실제로 벌어진다. 1954년 로저 배니스터_{Roger Bannister}는 너무 위험하고 불가능하다는 전문가들의 우려를 불식하고 역사상 최초로 1마일을 4분 안에 뛰었다. 배니스터가 가능하다는 믿음을 갖고 위업을 달성하자 이후 다른 육상 선수들도 잇따라 기록을 달성했다(그의 경쟁자인 존 랜디John Landy는 두 달 뒤 같은 기록을 달성했다). 무엇이 달라졌기에 그랬을까? 갑자기 육상 관련 장비나 시설이 좋아진 것은 아니다. 4분의 벽을 뛰어넘을 수 있다는 생각이 대중의 머릿속에 심어지면서 다른 선수들도 배니스터의 뒤를 따를 수 있게 되었을 뿐이다. 이처럼 뇌가 가능성을 인식하기만 해도 몸이 달라지고 세상이 달라질 수 있다.

'자석 같은 욕구'는 유용한 비유지만 문자 그대로 해석해서는 곤란하다. 낙관주의와 변화와 도전을 긍정적으로 즐기는 태도에 관한 다수의 실험에 따르면, 목표를 달성하려는 투지와 사고방식이 현실에 영향을 미쳤다. 사고방식이 긍정적이고 투지가 강한 사람은 위험을 감수했고 삶을 긍정적으로 바꾸었으며 타인과 적극적으로 소통했다. 유니버시티 칼리지 런던의 학자들이 연구한 결과, 심장마비를 겪은 환자들 중 낙관적인 환자는 담배를 끊고 과일과 채소를 더 많이 섭취하는 등 생활 방식의 긍정적 변화를 비관적인 환자보다 훨씬 더 잘 받아들였다.[3] 그 결과 낙관적인 환자들은 2차 심장마비나 다른 중병에 걸릴 확률이 크게 떨어졌다. 반면에 비관적인 환자들은 4년 내 2차 심장마비를 일으킬 확률이 낙관적인 환자들보다 두 배 높았다. 단순히 미래를 바꿀 기회를 포착하고 잠재적 결과에 대해 긍정적인 태도를 취하기만 했는데도 미래가 엄청나게 달라진 것이다.

예상한 일과 예기치 못한 일 모두 일어날 수 있지만, 중요한 건 그 일에 반응하는 방식이다. 긍정적 욕구는 목표를 달성할 수 있다는 마음가짐이며, 그 욕구에 수반되는 강렬한 감정은 가시적 결과를 얻기 위한 노력을 하도록 동기를 부여한다. 강렬한 감정이 차오르면 멍하니 몽상에 잠기거나 덧없는 희망을 품는 대신 에너지와 자신감이 샘솟아 긍정적 욕구를 현실로 만드는 새로운 행동을 취하게 된다.

나의 자석 같은 욕구

지금도 여전히 작동 중인 내 자석 같은 욕구는 일과 관련이 있다. 나는 가장 힘든 시기에 가장 큰 전환점을 맞았다. 30대 중반에 직업을 바꾸는, 내 인생에서 가장 큰 변화를 감행한 것이다. 나는 많지는 않지만 꼬박꼬박 월급이 나오는 안전하고 안정적인 직업이자, 말 그대로 삶과 죽음을 다루기에 실수나 불확실이 용납되지 않는 NHS(영국의 공공 의료 서비스) 소속 의사였다. 하지만 다음 직장을 찾아두기는커녕 경제적인 대비책이 거의 없는 상황에서 처음부터 다시 배워 시작하겠다는 결심으로 병원을 떠났다. 내가 의업이 아닌 다른 직업에 종사하리라는 생각은 한 번도 해본 적 없었는데 말이다.

그러나 사실 마음속 깊은 곳에서는 이미 변화가 꿈틀대고 있었

THE SOURCE, 부의 원천

다. 처음 이직을 생각하고 결행에 옮기기까지 2년 동안 나의 뇌 속에는 새로운 신경 경로가 형성되었다. 개인적으로 변화를 겪고 있었던 나는 그에 수반된 강렬한 감정이 절정에 달하면서 직업적으로도 변화를 꾀할 수 있었다. 지적 도전과 삶의 경험의 측면에서 정신 의학은 내가 갈망했던 정신적 자극과 목적의식을 더는 줄 수 없을지도 모른다는 의심이 생겼고 의심은 확신으로 굳어졌다. 나는 나만의 사업을 시작해야겠다는 생각을 입 밖으로 내고 실행에 옮기기 시작했다. 우선 직업을 바꾸고 싶은 긍정적 욕구에 자신감을 더하기 위해 허미니아 이바라_{Herminia Ibarra}의 《직업 정체성_{Working Identity}》이라는 책을 읽었다. 성공적인 이직에 관한 책이었는데, 이 책을 읽으며 나는 환자를 치료하는 일 외에 내가 할 수 있는 백 가지의 일을 목록으로 만들었다. 그중 실행 가능한 일은 하나뿐이었지만 새로운 행동에 시동을 걸기에는 충분했다. 이후 몇 달이 지나는 동안 성공적이고 의미 있는 이직을 하겠다는 나의 꿈은 가능한 일이 되었고, 가능성은 서서히 현실이 되었다.

다른 일을 찾아야겠다는 내면의 확신이 굳어질수록 행동으로 옮길 자신감도 커졌다. 아직 꿈에 불과하지만 삶의 행복을 증진하는 코치가 되겠다는 포부를 털어놓으며 몇몇 유경험자의 조언을 구했다. 사업에 대해 아는 것이라고는 하나도 없었는데 말이다! 그러던 어느 날 아침, 잠에서 깬 순간 나는 때가 되었음을 직감했다. 신경 경로가 충분히 형성되어 마침내 변화의 기로에 섰던 것이다. 긍정적 욕구가 태풍처럼 몰아쳤고 삶을 바꾸고 싶다는 강렬한 감정이 마구 샘솟았다. 다행히 저축한 돈이 몇천 파운드쯤 있어서 필요한 준비를 할 수 있었다.

병원에 사직서를 낸 나는 바로 코칭 교육 과정에 수강 신청을 했고, 곧 '전남편'이 될 남자와 외국에서 산 지 2년 만에 런던으로 돌아왔다. 2007년의 일이었다. 결혼 생활이 파탄 나고 있는 와중에 나는 맨주먹으로 사업을 시작했다. 처음에는 생각보다 잔고가 빨리 바닥나 정신적으로 견디기 어려웠다. 친구들의 추천으로 가까스로 고객이 생겼지만 몇 안 되는데다 그나마도 지인 할인을 해줘야 했다. 사업상 인맥을 쌓는 일은 나에게 낯선 개념이었지만, 사업을 성공시키고 싶은 욕구가 워낙 강했던 터라 물 만난 고기처럼 신나게 고객을 모았다. 지속적이고 헌신적으로 인맥을 쌓은 끝에 2008년에는 서서히 기업 고객을 유치하기 시작했다. 나는 2011년까지 고객 수가 꽤 많고 강연과 저술 등 다양한 활동을 앞두고 있는, 성공한 코치가 되겠다는 목표를 세웠다. 의사로 일했던 그 어떤 때보다 많은 돈을 벌겠다는 목표도 세웠다. 수입은 성공을 판가름할 구체적인 잣대이자 내가 옳은 결정을 내렸음을 보여주는 증거였기 때문이다. 이것이 나의 자석 같은 욕구였고 이 욕구는 그에 걸맞은 사건을 현실로 끌어당겼다.

처음에는 내 부모님은 물론이고 절친한 친구의 부모님 집에 얹혀 살아야 했다. 드디어 원룸 아파트에 세 들어 살기 시작했을 때는 전남편의 도움을 받아 월세를 냈고, 불안정한 미래에 대한 두려움과 수치심에 휩싸였다. 주변에서 주말에 한 번씩 대리 의사로 일해 잔고를 채우라고들 했지만, 그러지 않았다. 어떤 식으로든 다시 의료계에 발을 들여놓으면 실패했다는 느낌이 들어 자신감이 곤두박질칠 것 같았기 때문이다. 나에게 자신감은 놓쳐서는 안 될 소중한 자산이자 성공하겠다는 강력한 투지로 뒷받침된 극적인 심리적 변화였다. 당시에 친구인 조에게 고객이 없어 빈털터리가 될까 두렵다며 불안한 마음을 털어놓은 적이 있다. 그러자 방송계에서 프리랜서로 일하던 조는 이렇게 말했다.

"일감은 어떻게든 생겨."

나는 그 말을 믿기로 했고 조의 말은 현실이 되었다. 믿음과 그에 부합하는 결과는 내 의욕과 투지에 더 큰 불을 붙였고, 자석 같은 욕구가 새롭게 작동하기 시작했다. 이처럼 자석 같은 욕구의 생명력은 영원히 지속된다.

나는 나에게 오는 기회를 열린 마음과 유연한 태도로 잡는 법을 배웠다. 코칭료를 조금씩 올렸고 외국에서 들어오는 일감도 받기 시작했다. 처음에는 코칭 일만 했지만 유료 및 무료 강연 의뢰도 받았다. 코칭 작업에 신기술을 적용했고 단체 고객을 위한 나만의 마음 회복 프로그램을 개발했다. 처음에는 혼자 일하다 직원을 고용했고 점차 직원 수를 늘려갔다. 나는 강연 수입이 코칭 수입에 맞먹을 만큼 많아지는 목표를 세웠고, 지금 내 강연 수입은 코칭 수입의 두 배에 달한다. 의학의 길을 벗어나 새로운 길에 들어섰을 때 나는 다양성과 균형을 갖춘 미래를 상상했다. 신경과학계의 흥미로운 논문도 읽고 책도 쓰고 코칭도 하는 삶과 사생활에 지장을 받지 않으면서 일할 수 있는 아름다운 집을 꿈꿨다. 기쁘게도 이 꿈들은 모두 내가 상상도 못한 수준으로 실현되었다. 예전의 삶과는 다른 지금의 삶은 나에게 진정한 충만감을 줄 뿐 아니라 내 개인적 욕구와 정서적 욕구를 충족시켜준다. 자석 같은 욕구의 힘은 일단 한 번 느끼고 나면 새로운 욕구가 더해질 때마다 늘어나므로, 나중에는 그 어떤 꿈도 멀게 느껴지지 않는다.

원칙 4 : 인내심

내면의 욕구와 일치하는 의도를 정하고 이루고 싶은 목표에 집중했지만, 결과를 얻을 때까지 기다리지 못하고 너무 빨리 포기하거나 불안과 절망에 빠지는 경우가 종종 있다.

네 번째 원칙의 핵심은 목표에 집착하지 않고 과정을 즐기며 무엇보다 때가 되면 자연스럽게 결과가 따르리라는 믿음을 가지는 것이다. 시각화와 액션 보드를 통해 소스를 강화하면 새로운 신경 경로가 단단하게 형성되면서 시간이 갈수록 관련 기량이 향상된다. 문제는 기량 향상을 위한 연습을 시작하기 전에 반드시 이해하고 넘어가야 하는 근본 원칙들이 꽤 까다롭다는 데 있다. 사고방식을 바꾸고 자신감을 키우고 믿음을 갖고 새로운 시도에 열린 마음을 갖는 등의 원칙을 받아들이는 과정은 기량 향상을 위한 연습보다 더 오랜 시간이 걸릴 수 있다. 새로운 신경 경로가 형성될 때는, 한동안 아무것도 바뀌지 않는 느낌이 들다 갑자기 모든 것이 딱 맞아떨어지고 일이 술술 풀리는 것처럼 느껴지는 순간이 온다.

얼마 전 창업을 한 내 친구도 몇 달간 전화 영업을 하고 인맥을 쌓아도 잘 안 돼 최근 포기하려다 갑자기 일이 잘 풀리는 신기한 경험을 했다. 뇌세포를 연결해 새로운 경로를 만들려면 무수한 노력과 자원을 쏟아야 한다. 처음에는 진척이 느린 듯 보이지만 어느 순간 분수령이 되는 시점이 찾아온다. 그 시점을 지나면 가속도가 붙고 가시적 효과가 나타나기 시작한다. 건전한 행동 양식이 자리잡으려면 임계 수준에 도달해야 하고 일단 그 수준에 도달하고 나면 힘들이지 않아도 자연스럽게 그 행동을 하게 된다.

비슷한 이유로, 어떤 기술이든 새로운 기술을 익힐 때는 집중적인 노력과 반복 연습이 필요하다. 드디어 '해냈다.'는 느낌과 새로운 행동이 습관으로 자리잡았다는 느낌은 신경 경로가 임계 수준에 다다랐다는 징조다.

원칙 5 : 조화

'조화'의 원칙은 삶이 소스를 통해 선사하는 통찰과 힘, 선물을 받아들이고 활용하려면 마음과 몸이 연결되어 있다는 사실을 이해하고 그 둘을 조화시켜야 한다는 깨우침을 주는 원칙이다. 현대인들은 생각을 '너무 많이' 하느라 바빠, 자기 몸을 그저 회의실을 오가고 여러 사람과 관계를 맺도록 이동시켜주는 운송 수단쯤으로 여긴다. 그런 삶에서는 '조화'의 기술이 억제되기 마련이다. 균형 잡힌 사고로 단호하게 최선의 선택을 하고 정서 조절 능력을 갖추려면 지금 이 순간 내 몸과 뇌에 온전히 집중할 수 있어야 한다. 마음챙김과 현재에 머무는 '현존'이 소스의 중요한 요소인 이유다(292~299쪽).

마음과 몸, 영혼은 갈등 관계가 아니라 한 배를 탔으므로 논리적 뇌와 정서적 뇌, 직관이 보낸 메시지를 이해하고 이 셋이 조화를 이루게 해야 한다. 마음과 몸, 영혼의 조화는 진정한 자아와 갈등을 일으키지 않고 끊임없이 진화하는 세상에서 행복하게 살기 위해서는 꼭 쌓아야 할 토대다. 이 토대가 쌓인 뒤에야 내 감정을 있는 그대로 믿을 수 있고, 나와 내가 속한 공동체에게 가장 옳고 좋은 것이 무엇인지 감지할 수 있다. 무언가 불안할 때 소름이 돋는다거나 현재 직면한 상황이 내 가장 내밀한 욕구 및 핵심 가치와 일치해 평화로운 느낌이 들 때는 뇌와 육감이 '메시지'를 보낸 것이다.

주변에서 내가 하리라 기대하는 일이나 대다수의 사람들이 하는 일을 무작정 하기보다 육감과 몸의 신호를 따르고 그때 생기는 일을 일기장에 적으면 놀라운 깨달음을 얻게 될 것이다. 휴가지를 정할 때 내키지 않지만 배우자의 선택에 따르거나 의무감으로 업무 관련 행사에 참석하는 등 사소하지만 내 욕구와 어긋난 행동을 하면 간접적인 대가를 치르게 된다. 내가 원하는 것을 너무 자주 양보하면 가장 내밀한 욕구와 목적의식이 약해질 수 있다. 그러면 스트레스를 유발하는 원망과 분노가 쌓이고, 위협에 대비하고 생존 모드를 발동시키는 스트레스 호르몬의 수치가 높아지며, 풍요의 관점으로 생각하고 진정한 의도를 정하고 그 의도에 온전히 집중하기가 어려워진다.

내 안의 고유한 지혜와 힘을 끌어내리려면 다음의 두 가지 기술을 연마할 필요가 있다. 하나는 몸이 전하는 메시지에 귀를 기울이는 것이고(내수용성 감각), 다른 하나는 '육감'이 하는 말에 집중하는 것이다 ('직관'). 이 두 기술을 쓸 때 뇌와 몸에서 어떤 일이 일어나는지는 7장과 8장에서 자세히 다룰 것이다. 또한 4부에서 일기와 감사 목록, 마음챙김을 내면의 힘을 끌어낼 실용적인 도구로 활용하는 법을 배울 것이다.

원칙 6 : 우주적 연결

우주적 연결은 인간은 다른 모든 인간과 우

주와 연결되어 있음을 일깨우는 원칙이자 풍요의 사고방식의 근간이 되는 원칙이다.

인간은 사회적 생물이라 소속감의 욕구가 매우 크다. 타인 및 세상과 동맹을 맺고 협동하며 타인과 세상을 도우려는 욕구는 신경과학적으로 말하자면, 뇌의 공감 신경 경로를 활성화하는 강력한 동기 요인이다. 사랑과 믿음과 같은 애착 감정은 신경 화학 물질인 옥시토신과 도파민을 분비시켜 뇌의 보상 체계의 일부인 유대감과 쾌락을 일으킨다. 수많은 연구 결과, 목적의식이 강하고 삶의 의미를 뚜렷이 느끼는 사람은 삶의 만족도가 컸다.[4]

자신에게 이롭게, 타인과 우주와 조화롭게 살면 타인이나 상황에 '적대적'인 에너지를 쏟을 때보다 더 큰 행복감을 느낄 수 있다. 나뿐 아니라 내가 책임을 져야 할 사람들에게 이로운 결정을 내리는 것은 이 때문이다. 우리 모두는 취약 계층과 소외 계층을 도울 책임이 있으며, 이 책임감은 윤리 의식을 담당하는 뇌 회로에 내재되어 있다.

'우주적 연결' 원칙은 세상이 나에게 영향을 미치는 방식 못지않게 내가 세상에 영향을 미치는 방식에 관한 원칙이다. 이 원칙을 실제 삶에 적용하는 법을 두고 마하트마 간디Mahatma Gandhi는 "세상을 바꾸고 싶다면 당신부터 먼저 변하라."는 명언을 남겼다.

최근 연구에 따르면 경험에 의해 변화되는 뇌의 놀라운 능력, 즉 신경 가소성은 성인기에도 지속된다. 따라서 외부의 영향에 휘둘리기보다 자신의 삶을 주도적으로 바꾸는 데 집중하면 주변 사람들에게 영감을 주고 동기를 부여할 수 있다. 문제가 있는 인간관계를 개선하기 위해 심리 상담을 받거나 제안이 올 때까지 기다리지 말고 먼저 승진을 요구하는 것이 그 예다. 더 나아가서는 지역 사회에 선한 영향력을 발휘하거나 자연을 보호하거나 기후 변화에 대처할 수도 있고, 일과 인간관계와 관련된 일에 있어 주도적으로 변화를 꾀할 수도 있다.

흥미가 가고 열정을 쏟고 싶은 분야가 있는가? 그 분야에 기여할 수 있는 일을 한 가지 골라 행하라. 가정에서 재활용을 하거나 일주일에 몇 시간씩 지역 자선 단체에서 봉사 활동을 하는 것처럼 단순한 일도 괜찮다. 소셜 미디어를 통해 타국에서 자행되고 있는 불의에 대한 인식을 높이거나, 관심이 가는 단체에 정기적으로 기부를 하거나, 이웃 어르신의 생계를 돕거나, 자선기금을 모으기 위해 치르는 스포츠 경기에 출전해도 우주적 연결을 활용할 수 있다.

나의 '부족'을 살펴보라

사회적 관계를 맺고자 하는 욕구는 인간의 원시적 욕구다. 주변 사람들은 곧 나의 부족이다. 소스를 끌어내리려면 부족민이 다 같이 잘 살아야 한다. 사회적 관계의 질이 사고방식과 기분, 행동에 엄청난 영향을 미친다는 사실을 명심하자. 사회적 관계는 어릴 때는 직계 가족만 해당되지만 자랄수록 그 범위가 넓어진다. 부족의 정의를 다시 내릴 자유가 있는 성인은 뇌의 신경 경로가 강화되거나 끊기거나 약해지듯, 자신의 뜻대로 관계를 키우거나 잘라내거나 자연스럽게 시들게 할 수 있다.

심리학자와 사회학자들은 사회적 관계가 인간에게 미치는 영향을 묘사할 때 '전염'이라는 단어를 쓰는데, 이에 관한 연구가 점점 많이 시행되고 있다. 한 연구에 따르면, 피험자들은 가장 가까운 사람들에게 생활 습관부터(건전하든 불건전하든) 감정, 재정 상태에 이르기까지 매우 다양한 부분에서 영향을 받았다. 가령 친한 친구가 이혼을 하면 본인도 이혼할 확률이 매우 높아졌다.[5] 비슷한 이유로, 친구가 비만이 되면 그다음 해에 본인도 비만이 될 확률이 57퍼센트 높아졌다.[6]

캘거리 대학교의 호치키스 뇌 연구소의 연구진은 최근 스트레스의 전염을 주제로 실험을 했다.[7] 연구 결과, 스트레스를 받은 쥐의 짝짓기 상대는 스트레스에 대한 반응을 조절하는 신경 세포가 스트레스를 받은 쥐와 비슷하게 달라졌다. 사람도 다르지 않아서, 같이 살거나 같이 일하는 여자들은 두세 달 안에 생리 기간이 비슷해진다는 연구 결과도 있다. 비슷한 이유로, 내 스트레스를 억누르면 상대방의 스트레스 호르몬 수치가 달라지기도 한다.

함께 많은 시간을 보내는 사람들이 나에게 어떤 영향을 미치는지 알고 싶다면 인간관계 나무를 그려보면 된다.

인간관계 나무

1. 일기장에 가지가 다섯 개인 나무를 그리고 각각의 가지에 당신과 가장 가까운 사람 다섯 명의 이름을 적어라. 친구나 가족, 동료일 수도 있고 현재 당신의 삶에서 가장 중요하다고 생각되는 사람일 수도 있다.

2. 각각의 가지에 그 사람을 가장 잘 묘사하는 단어 다섯 개를 적어라. 부정적인 단어든 긍정적인 단어든, 그 사람과 그 사람이 당신에 의미하는 바를 압축적으로 표현하는 단어를 적어라.

3. '가장 많은 시간을 함께 보내는 다섯 명을 조합하면 내가 된다.'는 말이 있다. 그러니 나무에 적힌 단어들을 살펴보고 그 단어들이 자신에게 얼마나 많이 해당되는지 생각해보라. 나의 강점과 관련된 단어에는 ★표를 그리고 부정적 특성과 관련된 단어에는 X표를 그려라.

4. X표를 별표를 바꾸려면 어떻게 해야 할지 생각해보라. 우리는 흔히 타인의 단점을 비판할 때 내심 자신에게 있을까 봐 걱정되는 단점을 가장 많이 비판한다.

나무가 완성되면 나무에 적힌 사람들과 25개의 단어를 잘 살펴보라. 이 단어들은 당신에게 지속적으로 영향을 미치고 있을 것이다. 이 사람들은 당신의 사고방식에 어떤 영향을 주는가? 그들과 하는 상호작용은 당신의 소스를 채우는가, 고갈시키는가?

나무가 부정적인 표현으로 가득하다면 조치를 취해 바꿔야 한다. 나무에 적은 사람들과 소통하는 방식을 바꿔 당신의 소스에 미치는 부정적인 영향을 최소화할 수 있겠는가?

당신의 가장 좋은 면을 끌어내는 사람은 누구고, 관계를 끊어야 할 사람은 누구인가? 이 관계들을 당신의 욕구를 실현해 미래를 바꿔줄 관계로 개선하려면 어떤 행동을 취해야 하는가? 그 행동을 일기장에 3단계로 적어라. 우선 더 많은 시간을 함께 보내며 배움을 얻을 사람을 한 명 골라라. 다음은 서로에게 도움이 되는 현재 관계를 그대로 유지할 사람을 골라라. 마지막으로 앞장서서 관계를 끊거나 마음을 닫아 자연스럽게 관계가 소원해지게 내버려둘 사람을 골라라.

인간관계 나무를 그리고 나면 타인의 긍정적 에너지와 밀접하게 연결된 느낌이 들 것이다. 낯선 사람에게 작은 호의를 베풀어도 그런 느낌이 드는데, 이럴 때는 나 자신의 긍정적 에너지까지 높아진다. 끌어당김의 법칙을 작동시키는 원동력은 바로 이 긍정적 에너지이며, 우리 모두 에너지를 받을 뿐 아니라 발산하는 사람이 되어야 한다.

지금까지 끌어당김의 법칙을 뒷받침하는 여섯 가지 원칙을 최신 과학에 비춰 재해석해보았다. 이들 원칙은 독자들이 지니고 있는 소스를 최대치로 끌어내도록 돕는 유용한 도구가 될 것이다. '실현'과 '자석 같은 욕구'의 원칙을 따르면 자신의 진정한 꿈을 자각하고 그 꿈에 주의를 집중하며 꿈을 현실로 만들기 위한 행동을 취할 수 있을 것이다. '인내심'과 '조화'의 원칙을 지키면 진정한 자아와 일치하는 목표를 세우고 끈기 있게 목표 달성에 매진할 수 있을 것이다.

　　마지막으로 '풍요'와 '우주적 연결'의 원칙을 깨달으면 목표를 정할 때 나뿐 아니라 타인과 더 넓은 세상, 세상 속의 내 위치를 고려할 수 있을 것이다. 또한 강력한 목적의식을 갖고 소스를 끌어내 타인을 배려하는 유연하고 통합적인 사고를 하게 될 것이다. 무엇보다 이렇듯 사고방식이 바뀌면 자신이 지니고 있는 힘을 점점 더 또렷하게 의식하게 될 것이다.

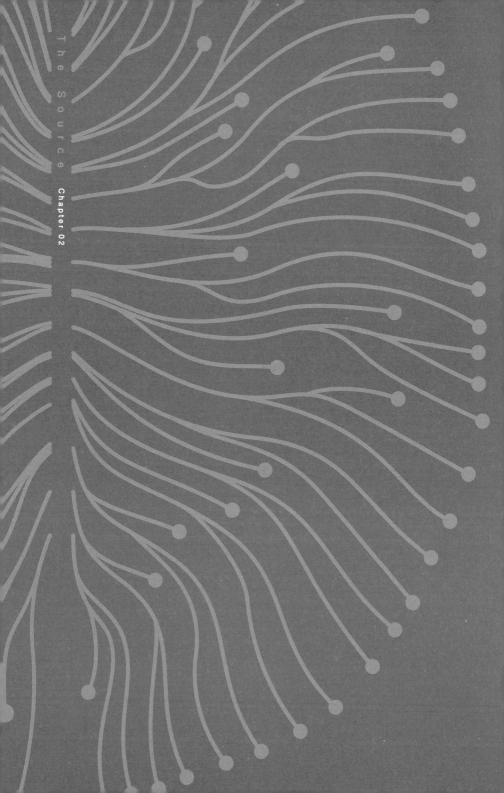

간절히 원하는 것을
머릿속에 그려라

어디로 가는지 모르면, 아무 데도 갈 수 없다.

헨리 키신저Henry Kissinger

다수의 세계 대회를 석권한 올림픽 스키 금메달리스트 린지 본
Lindsey Vonn은 중요한 시합을 앞두고 항상 자신이 해당 대회의 코스를 타
는 모습을 시각화한다.

나는 스키를 타기 전에 언제나 내가 타는 모습을 시각화한다. 출발
선에 설 때쯤이면 턴을 돌 때마다 어떤 식으로 돌지를 상상하며 이미 머
릿속으로 100번쯤 경기를 뛴다. 시각화한 코스는 절대 잊어버리지 않는
다. 스키 경기가 시작되면 옳은 길만 타고 정확히 내가 원하는 대로 코스

를 활강한다.

시각화는 많은 운동선수가 쓰는 기법이다. 무하마드 알리Muhammad
Ali부터 타이거 우즈Tiger Woods까지 많은 선수가 시각화를 시합 전 마음
준비의 중요한 부분이라고 말했다. 스포츠 이외의 분야에서도 영화
분야에서의 아놀드 슈워제네거Arnold Schwarzenegger와 음악 분야에서의 케이
티 페리Katy Perry를 비롯한 수많은 유명 인사가 시각화를 성공 요인으로
손꼽았다. 특히 케이티 페리는 아홉 살에 직접 만든 비전 보드와 함께
사진을 찍었는데, 그래미상 수상은 물론이고 보드에 붙인 꿈을 모두
이뤘다.

자기 확신과 성취에 대한 단어들을 보면 유독 시각과 관련된 은
유적 표현이 많다. 우리는 멋진 일을 하는 '꿈'을 꾸거나 어떤 일을 '마
음의 눈'으로 본다. 합리적 사고와 구체적 사례에만 집중하기보다는
공상이나 몽상을 편하게 즐기고 오감을 활짝 열어 세상을 보는 사람은
이런 표현을 더 많이 쓴다.

시각화는 분명 효과가 있다. 어떤 사건을 직접 경험할 때와 그 사
건이 벌어지는 장면, 혹은 내가 무언가를 하는 장면을 생생하게 머릿
속에 그릴 때 일어나는 뇌의 변화는 놀라우리만큼 비슷하다.

시각화의 힘

간단한 실험부터 하나 해보자. 왼발로 바닥을 두드리는 모습을 상상해보라. 그러면 실제로 그 행동을 할 때 활성화되는 뇌의 부위가 똑같이 움직인다. 어느 연구에 따르면, 움직이거나 자극에 반응할 수 없는 혼수상태인 환자들에게 거실로 걸어 들어가는 모습을 상상하라고 시키고 환자들의 뇌 영상을 촬영하자, 상상뿐 아니라 걷기와 관련된 뇌 부위가 활성화되었다.

믿기 어렵겠지만, 어떤 행동을 상상하기만 해도 그 행동으로 얻을 수 있는 정신적 혜택뿐 아니라 육체적 혜택을 누릴 수 있다. 순전히 상상력만으로 그 행동이 피부로 느껴지고 심지어 실재할 수 있는 것이다. 연구 결과, 근육 운동을 하는 상상을 하면 실제로 근력이 커지고 운동을 담당하는 대뇌 피질의 신경 경로가 활성화되었다.[1] 오하이오 주의 클리블랜드 클리닉 재단 소속 운동 심리학자 광 위에Guang Yue도 비슷한 실험을 했다. 놀랍게도, 운동을 하는 상상을 한 피험자들은 실제로는 운동을 전혀 하지 않았는데도 근육량이 증가했다![2] 연구진은 건강한 청년 30명을 모아 실험을 했다. 우선 8명씩 세 그룹으로 나눈 뒤, 첫 번째 그룹은 새끼손가락을 구부리는 운동을, 두 번째 그룹은 팔꿈치를 구부리는 상상을 하도록 훈련시켰다. 세 번째 그룹은 대조군으로 아무것도 시키지 않고 결과만 측정했다. 마지막으로, 남은 6명은 실제로 손가락을 움직이는 훈련을 시켰다. 훈련은 12주 동안 매

주 5일, 15분씩 시행되었다. 훈련이 끝나고 측정한 결과, 실제로는 신체 활동을 전혀 하지 않았는데도 첫 번째 그룹은 손가락 근력이 35퍼센트 증가했고, 두 번째 그룹은 팔꿈치 근육이 13.5퍼센트 증가했다. 반면에 실제로 몸을 움직인 그룹은 손가락 근력이 53퍼센트 증가했다. 대조군은 손가락이나 팔꿈치의 근력에 큰 변화가 없었다. 당연히 실제로 운동을 한 그룹의 근력이 가장 많이 상승했지만, 상상만으로 운동을 한 그룹도 상승치가 놀라울 만큼 높았다.

이 연구 결과는 운동 심리학자들에게 확고한 증거를 제공한다. 이미 오래 전부터 운동 심리학자들은 원하는 것을 시각화한 뒤 그 이미지에 신체 자극을 더하면 해당 운동과 관련된 뇌와 몸의 연관성이 긴밀해진다고 주장했다. 해당 운동이 뇌에 각인되면, 그 운동과 관련된 자극이나 사건에 긍정적으로 반응하는 신경 경로가 뇌에 형성된다는 뜻이다. 최면 치료사들이 환자에게 고무줄을 손목에 찬 뒤, 하기로 마음먹은 행동을 완수할 때마다 고무줄을 튕기는 행동을 시키는 건 이 때문이다. 왼쪽 손목에 세 개의 고무줄을 찬 뒤 하루 동안 긍정적 생각을 하거나 긍정적 결과를 상상할 때마다 고무줄을 하나씩 오른쪽 손목에 옮겨 차게 하기도 한다.

몸의 자극과 마음의 자극을 합치면 뇌뿐 아니라 몸도 활성화되므로 강화 효과가 두 배로 커져 원하는 결과를 더 쉽게 얻을 수 있다. 이전에 눈으로 보거나 해본 적 없는 행동이더라도 시각화로 뇌에 새기면 실제 상황에서도 그 행동을 인지하고 능숙하게 해낼 수 있기 때문이다. 같은 맥락에서, 이상적인 미래를 시각화하면 일상적으로 하는 행동이나 상호 작용에서 그 미래를 실현하는 데 도움이 될 기회가 나타날 때 그 기회를 더 잘 포착할 수 있다.

특정한 사건을 해결하기 위한 시각화도 엄청난 효과가 있다. 새로운 가상 시나리오나 사람, 장소는 무조건 잠재적 위협으로 받아들이는 뇌의 인식 체계를 시각화로 뒤집을 수 있다. 취업 면접이나 소개팅처럼 중요한 만남을 앞두고 있다고 해보자. 익숙한 영역에서 벗어난 상황이라 당연히 긴장이 될 것이다. 뇌는 변화나 새로운 상황에 직면하면 무조건 잠재적 위험에 대비해 경계를 유지하기 때문이다. 50~60쪽에서 살펴보았듯, 뇌가 경계 상태에 돌입하면 풍요의 사고방식의 적인 '결핍'의 사고방식이 작동한다. 특히 스트레스를 받을 때는 누구나 이런 상태에 놓일 수 있다. 건강에 해로운 스트레스 호르몬인 코르티솔이 부신에서 계속 분비되며, 무엇보다 의사 결정 과정이 위험을 회피하는 방향으로 기울어진다. 급기야 새로운 상황이 닥쳤을 때 바람막이가 되어주는 자존감과 신념 체계가 약화돼 상황을 극복할 능력과 실행력이 떨어진다.

그러나 특정한 사건이나 상황을 미리 시각화하면 뇌가 그 사건이나 상황을 익숙하게 느끼게 만들 수 있다. 그러면 의심이 줄어들어 풍요의 사고방식이 작동하고, 그로 인해 신중히 위험을 감수하고 기회를 잡을 수 있게 된다.

　나는 의뢰인이 취업 면접이나 강연, 시합과 같은 일에 대비하도록 도울 때 그 일의 모든 측면을 마음의 눈으로 상상하게 한다. 그날의 차림새와(신발을 내려다보고 옷을 살펴보는 모습), 사람들(강연을 하거나 면접을 볼 때 마주할 사람들의 얼굴과 그들의 반응)과, 장소를 떠올리고 행복한 결말로 끝나는 생생한 시나리오를 머릿속에 그리게 한다. 전에 가본 적 있는 곳이라면 그곳에 간 자신의 모습을 상상하면 된다. 없다면 인터넷으로 검색을 하거나 행사 전에 들러 살펴보면 더욱 친숙한 느낌을 뇌에 새길 수 있다. 장거리 운전을 하기 전에 지도나 애플리케이션으로 미리 길을 찾아보는 것과 다르지 않다. 초행길을 운전할 때는 당연한 듯 길을 찾아보면서, 중요한 행사를 앞두고 그와 같은 준비를 하지 않는 것은 어불성설이다.

　이처럼 시각화가 중요한 행사에 대비할 때 유용하긴 하나, 이 책에서는 시각화의 힘을 훨씬 더 고차원적으로 활용해 인생의 장기적 비전을 구축하는 법과 이와 관련된 신경과학적 이론을 알아볼 것이다.

미래를 창조하는
시각화

　　　　　시각화를 하면 끌어당김의 법칙을 받아들

이고 풍요와 낙관주의의 관점을 바탕으로 행동하기가 더 쉬워진다. 시각화가 효과를 발휘하려면 내면의 힘을 자각하고 가장 간절한 소망에 주의를 집중하며 새롭거나 어려운 상황에서 도망치려 하는 뇌의 욕구를 억제해야 한다. 또한 시각화는 '추상적 사고'와 '감각 연결'이라는 뇌의 두 가지 능력과 관련이 있다.

추상적 사고

추상적 사고는 현재 존재하지 않거나 확실하지 않은 대상을 마음속으로 구성하는 뇌의 능력이다. 추상적 사고를 하면 가능성을 상상하고 전에는 명백히 드러나지 않았던 패턴을 인지하며 여러 요인을 조합해 결론을 내릴 수 있다. 천체 물리학과 같은 추상적 개념부터 시와 같은 창의적 언어 사용에 이르기까지, 추상적 사고는 모든 것이 확정되어 있고 창의력이나 상상력이 전혀 필요하지 않은 논리적 사고와 완전히 상반되는 능력이다.

추상적 사고는 어떤 상황에 처했을 때 '… 하면 어떨까?'라는 질문을 던지거나 문제를 작은 단위로 쪼개 새로운 방식으로 해결책을 찾을 때 작동한다. 추상적 사고를 하면 자신의 행동에서 패턴을 발견하고, 외부의 자극에 대한 반응을 수정하며, 발전을 위한 새로운 방법을 개발할 수 있다. 또한 꿈꾸던 휴가를 어디로 가고, 무엇을 하며, 누구와 갈지 구상하는 것처럼 아직 일어나지 않은 일을 상상할 수도 있다.

몽상에 불과한 듯 보이지만, 기억과 지식을 조합하고 유연한 사고를 더하면 마치 지금 눈앞에서 일어나고 있는 것처럼 어떤 일을 생생하고 세세하게 머릿속에 그릴 수 있다.

뇌에는 다양하고 복잡한 네트워크가 있는데, 그중 양극단은 '기본' 네트워크와 '제어' 네트워크다. 추상적 사고를 가능하게 하는 기본 네트워크는 논리적 사고에 갇혀 있거나 기계적으로 일상의 과제를 수행하거나 스트레스를 받을 때 드는, 소위 '나무만 보고 숲을 보지 못하는' 느낌의 대척점에 서서 사고의 균형을 맞춘다. 목적 없이 빈둥거리거나 백일몽에 빠지거나 필요가 아니라 재미를 위한 독서를 할 때, 뇌에서는 기본 네트워크가 활성화된다. 기본 네트워크가 활발하게 작동하면 영감을 떠올리고 정서 지능과 직관을 활용해 자유 연상을 하기가 훨씬 쉬워진다. 휴가를 다녀오면 막혀 있던 문제 상황을 새로운 시각으로 보게 되거나 인생의 방향을 과감하게 틀 결의가 생기는 건 이 때문이다. 휴식은 새로운 가능성과 오래된 문제에 대한 새로운 해법을 떠올리는 데 도움이 된다.

문제는 논리적인 뇌가 '늘 켜져' 있으려 한다는 데 있다. 앞서 말했듯 기본 네트워크의 대항 세력은 제어 네트워크인데, 제어 네트워크는 과제 중심 사고와 분석적 사고를 주관하는 신경 경로로 이루어져 있다. 따라서 뇌를 쉬게 하고 자유 연상을 하며 누구나 갈망하는 '비현실적 백일몽'을 꾸고 싶을 때는 제어 네트워크를 꺼야 한다.

시각화는 논리적 사고의 지배에서 벗어나 추상적이고 유연한 사고에 접속하고 싶을 때 쓸 수 있는 매우 효과적인 방법이다. 시각화를 하려면 먼저 뇌와 몸이 연결되어 있다는 사실을 적극 활용해 오감을 총동원하고 통합해야 한다. 그래서 나는 의뢰인들에게 시각화를 시킬 때 이상적인 미래상의 모습과 소리는 물론이고 촉감과 냄새, 맛까지 묻는다. 시각화는 최대한 생생하게 해야 아직 개척되지 않은 미지의 삶을 완전히 받아들일 수 있다. 이 책은 독자들이 기존의 사고를 지배하는 견고한 믿음의 패턴을 파악한 뒤 성장과 발전을 위한 대안을 구상하도록 도울 것이다. 4부를 비롯해 책 곳곳에 나오는 훈련법들은 지금껏 독자들의 삶을 지배했을 사고와 행동의 패턴을 무의식의 영역에서 의식의 영역으로 끌어올리기 위해 고안된 것이다. 따라서 각각의 훈련법을 잘 따르면 기존에 품고 있던 생각에 의문을 제기하고, 새롭고 성취감이 따르는 행동을 선택할 수 있을 것이다.

감각 연결

뇌는 오감을 통해 외부 세계에서 받아들이는 엄청난 양의 정보를 바탕으로 우리가 눈으로 보는 것을 현실로 인식한다. 이때 입력된 정보는 추상적 사고를 작동시켜 특정한 기억을 떠올리는데, 바로 이 순간 해당 감각 정보와 과거에 겪은 사건이 연결된다. 기억을 떠올리는 가장 강력한 자극은 냄새지만(좋은 냄새든 역겨운 냄새든), 다른 감각들도 모두 비슷한 방식으로 기억과 상호 작용을 한다. 따라서 누구나 오감을 통해 받아들인 감각 정보를 풍요로움이나 기회, 만족스러운 관계에 대한 기억에 연결함으로써 성공을 끌어당길 능력을 지니고 있다.

시각화 시작하기

나는 의뢰인에게 시각화를 시킬 때 상상하는 대상이 무엇이든 눈으로 보지만 말고 온몸으로 느끼라고 말한다. 시각화를 할 때는 머릿속에 그려지고 '느껴지는' 경험을 끌어내 우리 몸의 모든 감각을 활용해야 한다. 상상하는 대상의 시각적 이미지뿐 아니라 촉감과 소리, 향기를 마음속에 그려 하나의 완벽한 감각 경험을 구축해야 한다.

내면에서 작동하는 가장 긍정적이고 가장 부정적인 마음 상태를 인식하게 해주는 단순하지만 매우 효과적인 시각화 기법을 배워보자.

긍정적인 나, 부정적인 나

어떤 형태든 의미 있는 자기계발을 하려면 먼저 자기 자신을 제대로 인식해야 한다. 다음은 자기 인식을 높이기 위한 훈련이다. 일기장의 두 면을 펴고 아래의 그림처럼 사등분된 표를 한 면에 하나씩 그려라.

육체적 경험	정신적 경험
정서적 경험	영적 경험

'육체적 경험'은 몸의 느낌을, '정신적 경험'은 생각을, '정서적 경험'은 감정을, '영적 경험'은 삶의 의미와 목적, 세상과 나의 관계에 대한 본질적인 생각을 뜻한다. 먼저 매우 부정적이었거나 스트레스가 심했거나 불행했던 과거의 기억을 떠올려 당시의 생각과 감정을 회상할 것이다. 다음으로 그와 반대되는 상황, 즉 자신감이 넘치거나 행복하거나 성취감을 느꼈던 때를 떠올릴 것이다. 단, 당시에 느꼈던 감정을 생생하게 떠올려야 한다.

1. 우선 스트레스가 심했거나 자신감이 떨어졌거나 일이 뜻대로 풀리지 않았던 순간을 떠올려라. 정리 해고를 당할 위기에 처했거나 배우자와 헤어졌을 때, 우울했던 시기, 혹은 심각하게 틀어진 회의나 대화를 떠올려도 좋다.

2. 눈을 감고 1분 동안 그때의 기억에 깊이 몰입해라(1분을 넘기지 않도록 휴대전화로 시간을 재라). 그때의 광경과 소리는 물론 입었던 옷과 같이 있었던 사람 등 세세한 부분까지 떠올려 그날

의 상황을 마음속으로 있는 그대로 재현해라.

3. 1분이 지나면 눈을 뜨고 곧바로 왼쪽 면에 그린 사등분된 표를 채워 넣어라. '육체적 경험' 칸에는 '기진맥진'이나 근육 경직'을, '정신적 경험' 칸에는 '사고의 비약'이나 '왜 하필 나지?'와 같은 표현을 쓸 수 있다. '정서적 경험' 칸에는 '슬픔'이나 '분노', '굴욕감'을, '영적 경험' 칸에는 '길을 잃은 느낌'이나 '세상과 단절된 느낌' 등을 쓸 수 있다.

4. 다음으로, 행복하고 자신감이 넘치고 일이 다 잘 풀렸던 순간을 떠올려라. 앞서 했듯 시간을 재면서 눈을 감고 1분 동안 그 순간에 몰입해라. 결혼식 날이나 친구들과 가족에게 둘러싸여 즐거운 시간을 보낸 생일날, 희망이 가득 찼던 순간을 떠올려라. 그 순간 육체적, 정신적, 정서적, 영적으로 어떤 경험을 했는가?

5. 이번에는 오른쪽 면에 그린 표에 각각의 경험을 적어라.

6. 이제 두 개의 표에 적힌 글을 비교해라. 놀랍거나 뻔한 내용은 무엇이고 공통점과 차이점은 무엇인가? 정답과 오답은 없다. 현재의 나에게 의미 있는 내용을 잘 살펴보고 필요할 때마다 그 내용이 반영된 행동을 함으로써 무력감을 자신감으로 바꾸는 법을 익혀라. 미처 몰랐던 신체적 버릇을 깨달을 수도 있고, 지금 내 마음이 얼마나 차분한지 들여다보거나 내가 어떤

사고방식을 가지고 있는지 깨달을 수도 있다.

이 훈련을 할 때마다 느끼지만 나는 육체적 경험 칸의 내용이 제일 많이 달라진다. 나는 기분이 안 좋을 때 눈맞춤을 피하고 웃지 않으며 구부정한 자세를 취하는 버릇이 있다.

나쁜 날을 좋은 날로 바꾸려면 어떻게 해야 할까? 힘들 때 나의 가장 좋은 면을 끌어내려면 어떻게 해야 할까? 일기장에 답을 적어라. 그런 다음 잡지에서 자신의 긍정적인 면을 상징하는 이미지를 골라 액션 보드에 붙이고 그 이미지를 마음에 새겨라.

나는 사고의 패턴을 바꾸거나 감정을 조절하거나 기운을 내기가 너무 어려울 때는, 최소한 턱을 들고 어깨를 펴고 사람들과 기분 좋게 눈을 맞추거나 미소를 짓는다.

한 주 동안 매 순간 자기 자신을 격려해보라. 칭찬은 사랑/믿음과 기쁨/흥분과 관련된 감정 회로를 활성화해 타인과 자신에게 따뜻한 마음을 품게 하는 교감 호르몬, 옥시토신을 분비시킨다. 자기 격려를 하다 보면 풍요의 관점으로 사고하는 습관이 생기고, 풍요의 사고가 습관이 되면 그에 걸맞은 행동을 더 쉽게 하게 된다. 타인의 성공이 나의 성공에 방해가 된다는 생각도 하지 않게 된다.

반면에 자기비판과 부정적 사고는 두려움과 분노, 역겨움, 수치심, 슬픔과 같은 감정과 관련된 생존 회로를 활성화한다. 생존 회로가 작동하면 결핍의 관점으로 세상을 보게 되고, 괜한 위험을 감수해 혹시 모를 '대가'를 치르기보다는 현상을 유지하게 된다.

과거의 힘들거나 행복한 사건을 머릿속으로 '재현'하는 데 평소 얼마나 많은 시간을 보내는지, 그리고 이 시각화가 자신의 사고방식과 의사 결정 과정에 얼마나 큰 영향을 미칠지 생각해보라. '긍정의 모자'를 더 자주 쓰겠다고 다짐하고 긍정적 시각화를 습관화할 방법을 찾아보라. 앞서 배운 훈련을 매일 2~3분씩 하면서 '긍정적인 나'를 시각화하라. 훈련이 즐겁게 느껴지고 훈련의 혜택을 보기 시작하면 5~10분까지 시간을 늘려도 좋다. 본인에 대한 시각과 타인과 관계를 맺는 방식, 타인이 나에게 반응하는 방식이 놀랍도록 달라질 것이다.

시각화는 원하는 것을 머릿속에 그리는 기술일 뿐 아니라 내가 그 그림 속에 있다면 어떤 기분일지 상상하는 기술이다. 혀에 느껴지는 맛(성공의 맛), 주변에서 풍기는 냄새(새 집에 칠해진 페인트 냄새, 새로운 직장에서 먹는 음식 냄새, 특별한 순간에 뿌리는 제일 좋아하는 향수 냄새), 들리는 소리(박수 소리, 축하 인사, 음악), 그리고 무엇보다 성취했을 때의 느낌(행복이나 자신감의 느낌)을 상상할 수 있어야 한다.

시각화를 계속 연습하면, 꿈이 이루어지는 순간이나 꿈에 가까워지게 해줄 순간을 더 쉽게 알아보게 될 것이다. 시각화를 할 때마다 특정한 향수를 써도 좋다. 시각화는 14장에서 배울 동일시하기 명상과 열기구 명상(308~311쪽)과 더불어, 온몸의 감각을 깨워 꿈을 현실로 이룰 단서를 얻고 그에 걸맞게 뇌의 신경 경로를 통합하고 사고방식을 바꾸는 데 도움이 될 것이다.

2부
삶의 질이 높아지는 훈련법

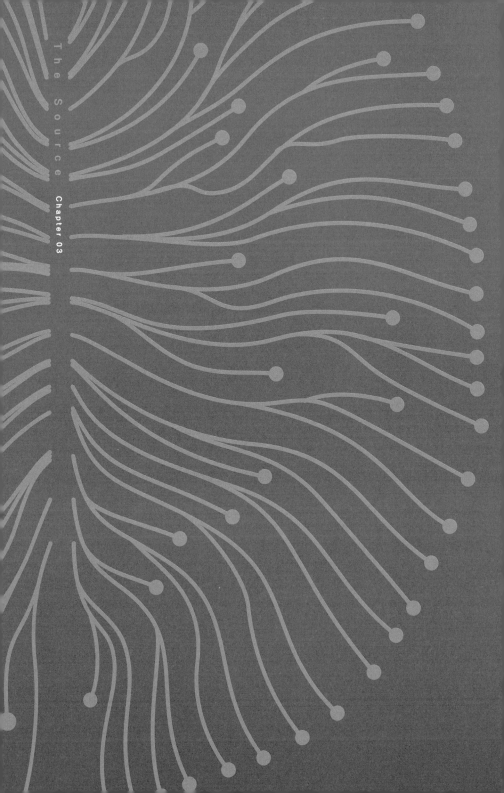

삶의 방식을
최적의 상태로 만들어라

할 수 있거나 할 수 있다고 꿈꾸는 일이 있다면
그것이 무엇이든 시작하라.
시작할 용기 안에 천재성과 능력, 기적이 숨어 있다.

괴테|Goethe

흔히들 말하길, 현대인은 자신의 뇌보다 우주에 대해 더 많은 것
을 안다고 한다. 1.5킬로그램에 불과한 머릿속 세포들이 작동하는 방
식보다 지구에서 수십억 광년 떨어진 미지의 물질을 더 잘 안다는 뜻
이다. 그만큼 인간의 뇌 속에서 부지런히 일하는 수십억 개의 뉴런은
실로 엄청난 잠재력을 품고 있다. 지난 십여 년 동안 신경과학계가 얻
은 가장 흥미로운 소득을 꼽자면, 집중적인 노력과 계획적인 훈련으
로 뇌가 얼마나 많이 바뀔 수 있는지 보여주는 새로운 정보를 밝혀냈
다는 것이다.

뇌의 물리적 작동 방식을 이해하면 소스의 잠재력을 더 잘 끌어낼 수 있다. 삶에 꼭 필요한, 소스를 끌어내는 능력을 갖추면 삶을 변화시켜 가장 간절한 소망을 이루고 건강하고 상호 보완적인 인간관계를 맺으며 미래를 계획할 수 있다.

구과학과 신과학

얼마 전까지만 해도 사람들은 육체가 성장을 마치면 뇌도 완성된다고 믿었다. 성인의 중추 신경계(CNS)에는 새로운 신경 세포가 생길 수 없고, 그러므로 한 사람의 성격과 잠재력은 평생 고정된다고 생각했다.

가령 팔이나 다리는 잘려도 세포를 재생할 수 있지만 뇌나 척수는 그렇지 않다는 통설이 오랫동안 받아들여졌다. 성인이 되어도 학습하고 정보를 이해하고 기억을 저장하고 기술을 익히는 것, 즉 정신을 바꾸는 것은 전적으로 가능하지만 뇌 자체를 생리학적으로 바꾸는 것은 아예 불가능하다고 여겨졌다.

그러나 신경과학이 발전하고 뇌 영상 촬영 장치가 개발되면서 이 이론은 완전히 폐기되었다. 성인의 중추 신경계, 특히 해마에서 신생 신경 세포가 발견되었기 때문이다(해마는 새로운 기억을 형성하고 저장하는 곳이니 그럴 만도 하다). 신생 신경 세포가 다른 부위에서도 발견되고 자랄 수 있는지는 아직 확실히 밝혀지지 않았지만, 그럴 가능성이 점점 더 커지고 있다. 우리는 지금 뇌의 놀라운 작동 방식에 대해 새로운 사실이 속속 밝혀지는, 이른바 계몽의 시대에 살고 있다. 뇌도 그렇지만, 뇌에 대해 우리가 알고 있다고 믿었던 사실들도 고정불변이 아닌 것으로 드러났다.

신경과학계에는 이와 관련된 유명한 일화가 하나 있다. 19세기 중반 캘리포니아 주의 철도 근로자였던 피니어스 게이지Phineas Gage는 작업 중 뇌에 관한 기존의 통설을 완전히 뒤집어놓은 사고를 당했다. 게이지는 철도 부설 공사팀의 감독관이었는데, 쇠막대로 암벽의 구멍에 폭약을 밀어 넣다 실수로 폭약을 터트리고 말았다. 1미터 길이의 쇠막대는 게이지의 광대뼈로 들어가 두개골을 뚫고 나와서는 게이지의 뒤쪽으로 몇 미터 더 날아가 떨어졌다. 이 사고로 게이지의 왼쪽 전두엽은 거의 다 박살났다. 말 그대로 살아남은 게 기적이었다.

회복되자마자 게이지는 성격이 바뀌었는데 그 정도가 워낙 심해 친구들이 '내가 아는 게이지가 아니다.'라고 말할 정도였다. 모범적인 감독관이었던 그는 경악스러운 행동과 자제심 부족을 이유로 해고되었다. 이후 12년 동안 게이지의 행동을 추적 관찰한 의사와 과학자들은 신체적 외상 후 뇌의 반응을 연구할 수 있었다. 게이지의 놀라운 이야기는 뇌가 행동과 성격, 통찰력을 좌우한다는 사실을 이해하는 데 중요한 실마리가 되었다. 게이지는 성격이 완전히 달라졌고 계획을 세우거나 충동을 억제하지 못했다. 이 사건은 전전두엽 피질이 충동을 조절하고 앞날을 예측하고 계획하는 데 필수적인 역할을 한다는 결론을 낳았다.

지금은 게이지가 살았던 시대는 물론이고 몇 년 전까지만 해도 상상조차 하지 못했던 사실들이 속속 밝혀지고 있다. 정교한 뇌 영상 촬영 기술이 개발된 덕분에 지난 20년 동안 뇌와 뇌의 신경 경로가 얼마나 놀라운지 드러났기 때문이다. 이 책에서는 뇌가 성장하고 조직화되는 방식부터 경험을 통제하는 방식에 이르기까지, 뇌의 놀라운 작동 방식을 속속들이 살펴볼 것이다. 지금부터 나를 나이게 하는 것이자 소스의 기원인 뇌 속으로 여행을 떠나보자.

놀라운 뇌

인간이 태어나는 순간부터 죽을 때까지 성장하는 중추 신경계를 구성하는 요소는 다음과 같다.

- 대뇌 피질 – 뇌를 덮고 있는 쭈글쭈글한 표면
- 뇌간 – '뇌'와 척수를 연결하는 줄기
- 소뇌 – 뇌의 뒤쪽에 있는 부위로 주로 운동 기능과 균형 감각을 관장한다.

세 부위는 절대 따로 작동하지 않는다. 마치 860억 개의 조각으로 완성한 입체 직소 퍼즐처럼 세 부위의 뉴런은 하나하나가 모두 아름답게 연결되어 있다.

신경 세포를 뜻하는 뉴런은 온몸의 오감을 통해 입력되는 정보를 전달하고 해석하며, 운동과 행동, 의사소통, 생각을 조정하는 수단이다. 뉴런은 전기 신호를 주고받는 신경 경로를 통해 우리가 보고 듣고 느끼는 것부터 더위와 추위, 촉감에 대한 반응, 정서적 반응과 같은 정보를 뇌의 곳곳에 전달한다.

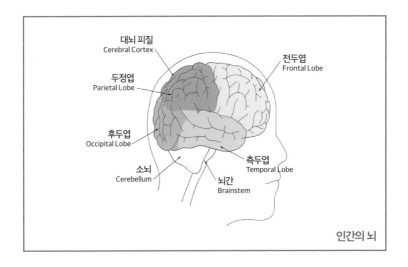

뉴런은 대단히 흥미로운 세포다. 나무와 매우 비슷하게 생긴 뉴런은 축삭이라 불리는 '줄기'와 인접한 뉴런에서 정보를 받아들이며

가지 돌기라 불리는 '가지', 인접한 뉴런으로 전기 신호의 형태로 정보를 보내며 축삭 말단이라 불리는 '뿌리'로 구성되어 있다. 정보는 전기 자극을 일으키며 뉴런의 '뿌리', 즉 끝부분으로 이동해 신경 전달 물질이라는 화학 물질을 분비시킨다. 이 물질은 두 개의 뉴런 사이(시냅스)를 연결한다.

인접한 뉴런의 '가지'로 전달된 신경 전달 물질은 또 다른 전기 자극을 일으켜 정보를 뉴런의 말단으로 보낸다. 이렇게 전기 자극은 뉴런에서 뉴런으로 이어진다.

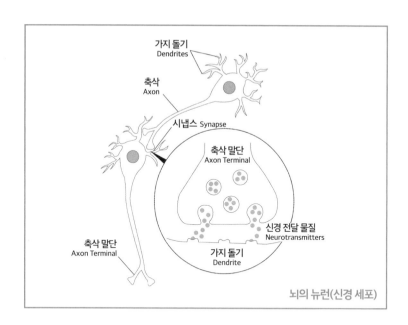

뇌의 뉴런(신경 세포)

각각의 뉴런은 엄청난 작업량을 소화한다. 일 초에 천 개의 신호를 보내고 다른 뉴런들과 무려 만 번이나 연결한다. 새 뉴런과 기존의 뉴런은 성장기를 거치고 성인기에 이르기까지 경험에 의해 뇌가 바뀌면서 점점 더 많이 연결된다. 우리가 하는 생각은 모두 뉴런 사이의 시냅스 틈을 통과하는 화학적 및 전기적 신호에서 비롯된다. 따라서 뉴런끼리 더 많이 연결될수록 더 많은 소스를 끌어낼 수 있다.

뉴런 사이를 이동하는 이 신호들은 끊임없이 다양한 방식으로, 동시다발적으로 발생한다. 심지어 잠들어 있을 때도 뇌는 신경 경로를 형성하고 뉴런을 연결하고 세포를 키운다. 깨어 있는 동안 입력된 외부 세계의 정보를 처리한 뒤 일상의 사건에 반응하는 방식을 수정하기 위해서다. 이 과정을 거치면서 뇌가 바뀌고 경험이 쌓이며 분별력이 높아진다. 시간이 흐르고 반복되면서 신경 경로는 더욱 탄탄하게 뇌 속에 자리잡고, 우리가 의식을 하든 하지 못하든 일정한 습관과 행동 패턴이 형성된다. 그러나 이 습관과 패턴은 뇌의 신경 가소성 덕분에 어른이 된 뒤에도 깨고 수정할 수 있다.

뇌의 탄생

신경계 발달의 첫 번째 단계는 자궁 안에서 난자와 정자가 수정되고 3주 뒤쯤에 시작된다. 배아 세포가 만들어지고 펴졌다 접히면서 신경관을 형성하는데 신경관의 한쪽 끝은 뇌가 되고 다른 한쪽 끝은 척수가 된다. DNA가 주관하는 매우 복잡하고 섬세한 이 과정은 태어나는 순간 아기의 정체성을 결정한다.

모든 아기는 세상에 발을 딛는 순간부터 기적이다. 특히 뇌가 급속히 발달하고 걷고 말하는 법을 배우는 생후 2년 동안 벌어지는 일은 실로 놀랍다. 아기의 뇌는 태어나는 순간부터 매일 약 1퍼센트씩 성장해, 생후 3개월이 되면 어른 뇌의 64퍼센트까지 커진다(어른 뇌의 ⅓ 크기에서 절반이 넘는 크기로 커진다).

목덜미의 한구석에 위치하며 운동 기능과 특히 균형 감각을 담당하는 소뇌는 초창기에 가장 빨리 자라는 부위로, 생후 3개월 만에 처음 크기의 두 배까지 커진다.[1] 술에 취한 사람이 걸음마를 배우는 아이처럼 넘어질 듯 비틀거리며 걷는 것은 알코올 성분의 영향으로 소뇌의 기능이 마비되었다는 증거다.

아기의 뇌가 성장하는 과정을 보면 인간의 뇌가 수천 년에 걸쳐 어떻게 진화했는지 알 수 있다. 대뇌 피질의 주름은 생의 초기에 가장 중요한 뇌 기능이 무엇이냐에 따라 시차를 두고 발달한다. 뇌의 주름은 왼쪽 반구와 오른쪽 반구로 나뉜다(지금까지는 두 개의 반구로 나뉘는 것이 뇌 기능과 매우 큰 관련이 있다는 생각이 지배적이었다. 이 문제는 나중에 자세히 다룰 것이다).

각각의 반구에는 '엽'이라 불리는 영역이 네 개씩 있다.

1. 전두엽은 추론, 계획, 문제 해결, 단기 기억 저장, 운동 기능을 제어한다.
2. 후두엽은 시각 정보를 처리해 뇌에 이미 저장되어 있는 정보와 연결한다.
3. 측두엽은 청각 정보와 후각 정보, 미각 정보를 처리하며 기억 저장에도 관여한다.
4. 두정엽은 청각 정보와 후각 정보, 촉각 정보를 처리한다.

대략적으로 말하면, 뇌에는 시각과 청각, 언어 등을 주관하는 센터가 각각 있지만 뇌 기능이 모두 제대로 작동하려면 다수의 복잡한 네트워크가 동시에 활성화되어야 한다. 또한 뇌의 기능 지도는 마치 지문처럼 사람마다 다르고 역동적이다.

대뇌 피질의 일부분인 연합 영역은 운동이나 감각 기능과 직접적인 관련은 없지만 외부 세계에 대한 감각 정보와 지각 경험을 처리하는 복잡한 인지 과정에 관여한다. 네트워크 구조를 띤 연합 영역은 뇌 곳곳에 분포되어 있으며 머리 뒤쪽에 위치한 측두엽, 두정엽, 후두엽과 머리의 맨 앞쪽에 위치하며 논리와 창의성을 관장하는 전전두엽을 포함한다. 각각의 연합 영역은 서로 합심해 뇌와 몸으로 쉴 새 없이 쏟아져 들어오는 정보를 분석한다.

진화 과정에서 크기가 커진 전전두엽은 목적의식과 외부 세계에 대한 반응성, 위험을 감수하고 목표를 이루기 위해 노력하는 능력, 즉 우리가 흔히 '고차원적 사고'나 '집행 기능'이라 부르는 능력과 관련된 부위다. 전전두엽이 제대로 기능하지 않으면 주의 산만이나 건망증, 무절제, 부주의, 감정의 기복 등의 증상이 나타나고, 주변 세상이 달라졌는데도 계속 같은 생각을 고수하고 기존의 행동을 반복한다. 아마 독자들도 그런 적이 있을 것이다.

대립하는 의견을 모두 고려해 새로운 해결책과 대응책을 찾아내는 능력은 최적화된 뇌가 수행할 수 있는 가장 고차원적인 기능이다. 연합 피질을 활용해 전뇌 사고를 하면, 즉 감각을 통합하고 뻔하지 않은 패턴을 알아보는 추상적 사고를 하면 누구나 이 기능을 구사할 수 있다. 소스가 최대 출력으로 작동하면 기존의 신경 경로들이 수평적이고 종합적으로 공조하면서 뉴런이 새롭게 연결될 공간이 생긴다. 그러면 뇌가 자동 조종될 때는 차단되는 창의적 생각이 자유롭게 샘솟는다.

아기의 뇌에서 초창기에 급속히 성장하는 영역들(전두엽과 두정엽의 일부분)은 언어 발달 및 추론과 관련이 있다. 눈으로 보이는 시각 정보를 처리하는 영역(후두엽)은 태어날 때 이미 상당 부분 발달되어 있다. 갓난아기가 부모를 알아보고 유대감을 형성하는 것은 그 때문이다.[2] 믿음이나 사랑, 회복탄력성과 같은 추상적 능력은 환경과 인간관계의 영향을 받는다. 이 능력들은 갓난아기의 생존에 덜 중요하므로 유아기에서 청소년기까지, 훨씬 긴 시간 동안 발달한다.

뇌의 서로 다른 부위를 연결하는 신경 경로는 아동기에 발달하고 강화되는데, 걷고 말하는 법을 집중적으로 습득하는 생후 12~24개월까지 발달 속도가 가장 빠르다. 그러다 청소년기에는 사회적 상호 작용과 생존, 번식에 필요한 삶의 기술을 관장하는 정교한 신경 경로에 자리를 내주기 위해 쓰지 않는 경로를 제거하는 막대한 양의 '가지치기' 작업이 진행된다.

척수는 뇌와 몸을 연결해 양방향 초고속 정보 통신망처럼 감각 정보는 몸에서 뇌로 상향 이동시키고 운동 정보는 뇌에서 몸으로 하향 이동시킨다. 척수와 대뇌 피질의 운동 및 감각 영역은 7장에서 다룰 뇌의 민첩성 모델에서 중요한 능력인 신체 반응과 관련이 있다. 이 능력을 개발하면 몸이 전하는 메시지를 알아듣고 뇌와 몸의 연관성을 양방향으로 활용할 수 있다.

변연계

뇌 속 깊숙한 곳에 위치한 주먹만 한 크기의 변연계는 다른 뇌 부위에 비해 원시적이고 감정적이며 직관적인 부위로 무의식적 습관과 행동 패턴이 저장되는 곳이다. 변연계는 소스를 극대화하려면 반드시 활용해야 할 부위다. 변연계 중 행동과 감정, 동기 부여, 장기 기억의 생성과 관련이 있는 주요 부위는 편도체와 시상, 시상하부, 기저핵이

다. ['limbic(변연)'은 라틴어로 가장자리를 뜻한다.]

변연계의 경계는 신경과학이 발전을 거듭하면서 수차례 재정립되었고 여전히 논쟁이 진행 중이다. 변연계가 감정과 밀접한 관련이 있긴 하나, 뇌는 부분의 집합이 아닌 하나의 유기체이므로 감정이 변연계에만 흐르는 것은 아니다. 앞으로 자세히 논하겠지만, 감정을 조절하는 능력은 소스의 자물쇠를 열 수 있는 가장 중요한 열쇠다. 논리와 분석을 지나치게 강조하느라 감정과 본능의 힘이 무시되는 현대사회에서는 더욱 그렇다.

우리는 흔히 결정을 내리거나 성공을 '판단'할 때 극도로 논리를 중시해 가장 진실한 내면의 욕구와 소망을 희생시킨다. 변연계의 경계를 정하는 문제가 지금껏 논란의 대상이었듯, 소스를 끌어내는 데 있어 감정 조절 능력과 전뇌 사고가 물질적 성공을 상징하는 요소나 논리보다 훨씬 중요하다는 개념도 논란거리가 될 수 있다. 그러나 이 책을 다 읽을 때쯤이면 이 개념이 옳다는 걸 알게 될 것이다.

변연계는 대뇌 피질로부터 받은 정보를 처리하고, 처리한 정보의 대부분을 전전두엽과 시상하부로 보내는 중요한 허브 역할을 한다. 현재 상황의 패턴을 인식하고 어떤 상황인지 '파악한' 뒤 감정적, 논리적, 직관적 데이터를 통합해 현재 상황에 어떻게 대응할지 결정을 내리도록 돕는다. 가령 '우리 아기가 울고 있네. 배가 고픈가 보다.'와 같은 단순한 생각부터, '이렇게 의심이 끊이질 않는 걸 보니 이 관계는 곧 끝날 것 같군.'처럼 좀 더 복잡하고 감정적인 생각도 변연계가 작동한 결과다.

편도체는 좌뇌와 우뇌에 하나씩 있는 세포 덩어리로 정서적 반응, 특히 두려움과 불안과 같은 부정적 감정에 관여한다. 편도체는 외부의 자극에 대한 반응 패턴을 형성하고 자극에 행동학적 의미를 부여하는 역할을 한다. 또한 대뇌 피질이 장기 기억을 저장하는 반면, 편도체와 연결된 해마는 뉴런의 가소성이 상당히 크고 새로운 뉴런을 만들어낼 수 있어 단기 기억과 기분을 조절하는 데 중요한 역할을 한다.

뇌 깊숙이 자리잡은 시상하부는 망막으로부터 체온뿐 아니라 호르몬 수치, 혈액의 염도에 관한 정보를 받는다. 시상하부의 가장 중요한 기능은 뇌하수체를 통해 신경계와 내분비계를 연결함으로써 뇌와 몸의 연결 고리를 강화하는 것이다. 시상하부는 생체 정보가 신체적 징후로 드러나게 만들며, 체내 시계의 일환으로 멜라토닌을 분비하는 솔방울샘과 함께 수면/각성 주기를 조절하는 역할을 한다.

흥미롭게도 17세기의 저명한 철학자이자 과학자인 르네 데카르트Rene Descartes는 솔방울샘을 '영혼이 주로 있는 자리'라고 믿었다. 그의 이론은 대부분 틀린 것으로 드러났지만, 지금도 많은 사람들이 솔방울샘은 힌두교와 도교에서 믿는 '제3의 눈(마음의 눈이나 내면의 눈)'과 관련이 있다고 생각한다. 제3의 눈은 잠재의식을 뜻하며 직관을 작동시킨다고 알려져 있다. 요가와 명상을 비롯해 기공과 같은 영적 훈련을 하면 제3의 눈을 강화할 수 있다고 한다.

마지막으로, 변연계의 또 다른 부위인 기저핵은 뇌간에 있는 세포의 네트워크로, 예전에는 주로 수의 운동과 관련이 있다고 알려졌었다(파킨슨병과 헌팅턴병과 같은 신경계 퇴행성 질환을 앓는 환자들의 뇌에서 기저핵 변성이 발견되었다). 그러나 최근에는 기저핵도 동기 부여와 정신 및 육체 행위에 중요한 역할을 한다는 사실이 밝혀졌다. 보상을 얻기 위해 특정 행동을 유지하고 무관심과 무기력에서 벗어나게 해주는 기저핵 세포의 능력을 활용하는 것은 소스의 자물쇠를 열 또 다른 열쇠다. 기저핵이 제대로 작동하면 건강을 관리하기 위해 체육관에 꾸준히 가거나, 직업적으로 더 좋은 위치에 오르기 위해 힘든 공부를 계속할 수 있다.

뇌의 화학 물질

뇌와 몸이 계속 조화롭고 건강하게 작동하려면 뇌의 화학 물질이 균형을 이루어야 한다. 화학 물질의 불균형은 행동과 감정에 심각한 영향을 미친다. 극단적인 사례를 들자면, 도파민 불균형은 조현병을 일으키고, 세로토닌 불균형은 우울증과 조울증을 일으킬 수 있다. 신경 전달 물질은 뉴런의 말단인 '뿌리'에서 발견되는 화학 물질로 전기 신호를 인접한 다른 뉴런으로 이동시켜 신경 경로를 형성하는 역할을 한다. 뇌의 신경 전달 물질에는 여러 종류가 있지만, 소스에 가장 중요한 물질은 행동과 가장 밀접한 관련이 있는 물질들이다.

도파민은 운동 기능뿐 아니라 쾌락 및 보상과 관련되며 가장 흔히 거론되는 신경 전달 물질이다. 초콜릿이나 와인을 먹고 싶은 욕구나 사랑에 빠질 때 느끼는 들뜬 기분은 도파민이 분비된 결과다. 안타깝게도 약물 중독이나 소비지상주의, 과식, 분수에 넘치는 쇼핑에 빠질 때 느끼는 '짜릿함'에도 도파민이 작용한다.

'행복 호르몬'으로 알려진 세로토닌은 기분 조절과 불안과 관련해 가장 흔하게 거론되는 물질이다. 옥시토신은 분만통과 모유 수유, 포옹, 사랑, 믿음, 유대감과 관련이 있다. 고도의 흥분 상태, 이른바 '엔도르핀 러시' 상태와 관련된 신경 전달 물질인 엔도르핀을 모르는 사람은 없을 것이다. 경주에서 이겼을 때나 만족스러운 섹스를 했을 때 등 이유가 무엇이든, 운동하거나 스트레스를 받거나 두려움이나 고통을 느끼면 그에 대한 반응으로 엔도르핀이 솟구친다. 흥분을 가라앉히고 우리 몸이 고통을 덜 감지하도록 뇌가 작동하기 때문이다.

신경 전달 물질의 수치와 기분이나 감정, 욕구의 변화는 분명 밀접한 관련이 있다. 그러므로 사고방식과 건강관리 방식을 통제하면 화학 물질의 수치와 분비, 특성, 흐름에 휘둘리지 않고 내 몸의 생리를 조절하는 힘을 되찾을 수 있다. 소스를 작동시키면 풍요의 관점으로 생각하고, 행복해질 때까지 미소를 짓고, 운동으로 기분을 풀고, 만족을 지연하는 법을 배우고, 명상으로 불안을 잠재울 수 있다.

소스의 잠재력이 최대한 발휘되려면 신경 전달 물질을 분비하는 각각의 신경 경로가 서로 균형을 유지하면서 활발하게 작동해야 하며, 신경 전달 물질의 수치는 지속적인 정보의 피드백으로 조절할 수 있다. 신경 경로들이 균형을 이루면 목표를 세우고 매진할 수 있고, 모든 사고방식, 특히 이성적 사고뿐 아니라 감정적 사고를 모두 아우르는 지각 추론을 할 수 있으며, 위험을 판별할 수 있다. 이상적인 이야기지만, 이렇게 균형 잡히고 고양된 정신 상태에서는 차분하고 자발적이고 의욕적이며 통찰력 있는 사고를 할 수 있다. 이처럼 인간은 누구나 성장과 균형에 필요한 알맞은 재료와 최상의 조건을 이미 갖추고 있다.

3부에서 살펴볼 뇌의 민첩성과 4부에서 배워볼 4단계 프로그램의 가장 중요한 목표는 논리와 감정의 균형을 이루는 것이다. 이 두 핵심 신경 경로는 서로가 서로에게 균형추 역할을 하는, 동전의 양면과 같은 관계다. 우리가 내리는 모든 결정은 감정의 영향을 받고, 변연계의 충동적인 감정은 전전두엽 피질의 이성적 사고로 조절된다. 이 주제는 3부에서 더 자세히 알아볼 것이다. 논리와 감정은 완벽히 균형을 이뤄야 하는 음과 양이자, 뇌의 민첩성을 지탱하는 음극과 양극이다. 흔히 스트레스를 받으면 비이성적이고 변덕스러운 의사 결정을 하고 균형감을 잃는다. 균형을 잃으면 논리와 감정의 양극단 사이를 미친 듯이 오가거나 한쪽만 고수할 수도 있고, 자기 감정을 인정하지 않고 매사를 이성적으로만 생각하거나 극단적인 감정에 사로잡혀 현실을 직시하지 못할 수도 있다.

자기 관리

해야 할 일이 너무 많은 현대인의 뇌는 지속적인 과부하와 스트레스에 시달릴 수밖에 없으므로, 스스의 집중력을 유지하고 효율을 극대화하려면 의식적인 노력을 기울여야 한다. 먹는 음식부터 수면 시간, 운동에 이르기까지 삶의 방식을 바꾸면 점진적으로 엄청난 효과를 볼 수 있다.

우리는 흔히 뇌가 제 기능을 수행하는 데 필요한 것들을 이미 다 갖췄다고 생각해 아무런 노력도 기울이지 않고 뇌를 혹사한다. 자동차는 정기적으로 점검을 받고 조금이라도 이상이 생긴 것 같으면 바로 정비소에 가져가 검사를 받는다. 그런데 왜 뇌는 늘 최적의 상태에서 우리에게 가장 이로운 방식으로 제 역할을 다할 거라고 생각할까? 극도로 피곤하거나 건강에 해로운 음식을 먹거나 정기적으로 쉬지 못하는 스트레스가 심한 업무 환경에서 일할 때도, 하루의 대부분을 '멍한' 상태로 보낼 때도 뇌가 제 기능을 하리라 기대하는 것은 무리가 아닐까?

미래를 창조하는 뇌의 놀라운 힘을 소개하기에 앞서 뇌를 잘 돌보아야 하는 이유와 그 방법에 대해 간략하게 살펴보자.

수면

저명한 수면 과학자 열여덟 명의 조언을 바탕으로 작성된 미국 국립수면재단의 최근 보고서에 따르면, 성인의 적정 수면 시간인 7~8시간을 자지 못하는 삶을 장시간 지속할 수 있는 사람은 인류의 1~2퍼센트에 불과하다고 한다.[3] 적정 수면 시간을 채우지 못하면 다수의 뇌 기능에 장애가 생길 수 있다. 수면 부족이 장시간 반복되면 알츠하이머병부터 비만, 당뇨에 이르기까지 여러 질환에 걸릴 위험이 높아진다. 수면 부족이 치매의 요인인 이유는 뇌의 글림프 시스템이라는 노폐물 제거 시스템이 뇌에서 독소를 없애는 데 7~8시간이 걸리기 때문이다. 스트레스나 알코올로 생성되는 독성 산화 물질이 오랜 시간 쌓이면 치매 증상이 나타날 확률이 높아진다.

이처럼 수면 부족은 소스에 장기적으로 영향으로 미치지만, 즉각적으로도 엄청난 피해를 끼친다. 잠이 부족하면 소스의 기능이 심각하게 저하되며, 특히 지적 능력을 최대치로 끌어올리고 싶다면 절대 수면 시간을 무시해서는 안 된다. 하룻밤만 잠을 안 자도 IQ 수치가 낮아진다는 연구 결과도 있다.[4]

잠이 부족하면 뇌의 반응성이 커지기도 한다. 자극에 대한 반응은 논리적인 전전두엽보다 주로 뇌의 원시 영역에서 관장하기 때문이다. 충분한 휴식을 취한 뇌는 수면이 부족한 뇌보다 더 현명한 결정을 내리고 자극에 더 빠르고 적절하게 반응하며 기억을 더 잘 떠올린다.

또한 충분한 수면을 취하면 더 쉽게 감정과 기분을 조절할 수 있다.

유튜브_{YouTube}를 검색하면 정신적 수면이라고도 불리는 요가 니드라처럼 취침 전 명상법에 관한 동영상을 다수 찾을 수 있다. 서던 캘리포니아 대학교와 캘리포니아 대학교의 연구진이 시행한 연구 결과, 규칙적으로 명상을 하니 실험에 참가한 불면증 환자 중 58퍼센트가 수면의 질이 높아졌다. 실험이 끝날 때쯤에는 91퍼센트가 수면제를 끊거나 양을 줄일 수 있었다.[5]

수면의 질을 높이는 방법은 다음과 같다.

- 매일 7~9시간의 수면을 확보한다.
- 취침 전에 긴장을 푸는 자기만의 의식을 시행하고, 잠들기 1시간 전부터는 전자 기기를 멀리한다.
- 취침 전에 잠드는 데 도움이 되는 명상이나 시각화를 한다.

음식

무게는 체중의 2퍼센트에 불과하지만, 뇌는 우리가 섭취하는 음식의 25~30퍼센트를 연료로 사용하며 나중을 대비해 따로 연료를 저장하지도 못한다. 연구에 따르면 배고픔은 의사 결정 과정에(사소한 결정이든 중요한 결정이든) 심각한 영향을 미친다. 가령 판사들은 아침 일찍, 혹은 점심을 먹은 직후, 즉 기운이 넘치고 배고픔을 느끼지 않는 시간대에 가석방을 더 많이 선고한다. 이스라엘의 판사들이 내린 천여 건의 판결을 살펴본 연구에 따르면, 아침 식사 후 제일 먼저 심리한 세 사건은 점심시간 직전에 심리한 세 사건보다 무죄 판결이 나올 확률이 많게는 여섯 배까지 높았다.[6]

건강에 이롭고 균형 잡힌 식사는 뇌에 매우 이로운 영향을 끼친다. 구체적으로는 풍부한 단백질과 세포를 구성하는 필수 아미노산을 함유한 통알곡, 코코넛 오일이나 기름진 생선, 아보카도와 같은 '유익한 지방', 비타민과 미네랄이 풍부한 채소로 구성된 식사를 해야 한다. 반면에 케이크와 과자, 즉석 식품과 같은 고가공 식품과 다량의 설탕, 포화 지방, 특히 트랜스 지방을 너무 많이 섭취하면 뇌에 해로운 영향을 미쳐 치매와 다양한 종류의 기분 장애에 걸릴 위험이 높아진다.

뇌가 제 기능을 하길 간절히 바란다면 음식이 뇌에 미치는 영향을 인식하고 식단의 중요성을 간과해서는 안 된다. 두뇌의 힘을 키우는 방법은 다음과 같다.

- 거의 매일 코코넛 오일을 한 티스푼씩 먹는다.
- 가공 식품을 끊고 연어와 아보카도의 섭취를 늘린다.
- 설탕이 함유된 간식을 줄이고 견과류와 씨앗류를 더 많이 섭취한다.
- 시금치와 브로콜리와 같은 녹색 채소의 섭취를 늘린다.

THE SOURCE, 부의 원천

누트로픽

누트로픽은 뇌의 힘, 즉 인지 능력을 강화한다고 알려진 약물로, 흔히 '머리가 좋아지는 약'이라 불린다. 오래 전부터 학생과 직장인들은 더 오래, 더 열심히 일하기 위해 막대한 양의 카페인을 섭취했고, 급기야 최근에는 주의력 결핍증이나 치매, 기면증을 치료하는 약을 복용하기 시작했다. 각성 효과는 있을지 모르지만 이들 약이 인지 능력을 높인다는 증거는 거의, 또는 전혀 없다. 누트로픽의 효과에 대해 신경과학 교수인 내 친구는 이렇게 말했다.

"누트로픽은 비아그라와 비슷해요. 일시적으로 잠자리가 좋아질 수는 있지만 비아그라로 이혼을 막지는 못하잖아요!"

약물은 뇌를 '개선'해주지 않는다.

수분 섭취

뇌의 78퍼센트가 물일 정도로 뇌 기능과 수분은 직접적인 관련이 있다. 체내의 수분이 1~3퍼센트만 떨어져도 집중력과 주의력, 기억력이 떨어진다. 그래서 아이들은 물론이고 성인도 가방에 물병을 꼭 넣어 다녀야 한다.

물은 관절의 윤활유 역할을 하고 영양소와 산소를 세포로 운반해주는 등 다수의 중요한 생체 기능이 원활하게 작동하도록 돕는다. 물을 충분히 마시지 않으면 우리 몸은 기본적인 기능을 수행할 수 없다. 생명 유지에 꼭 필요한 물이 부족할 때 제일 먼저 타격을 입는 능력은 주의력과 기억력이다. 뇌가 주의력과 기억력을 생존에 필수적인 능력으로 보지 않기 때문이다. 현대사회에서는 필수적인데도 말이다.

2015년에 시행된 연구에 따르면, 탈수 상태에서 운전을 하면 혈중 알코올 농도가 법정 기준치를 넘는 상태로 운전할 때만큼 집중력과 반사 신경이 떨어졌다.[7] 한 시간에 25밀리리터의 물밖에 마시지 못한 운전자는 물을 충분히 마신 운전자보다 실수를 두 배 더 많이 했다. 물을 충분히 마시지 않은 사람이 한 실수의 횟수는 혈중 알코올 농도가 0.08퍼센트(현재 음주 운전 법정 기준치)인 사람이 한 실수의 횟수와 비슷했다.

또한 2013년 실시한 연구에 따르면, 머리를 쓰는 과제를 수행하기 전에 물 500밀리리터를 마신 사람은 물을 마시지 않은 사람보다 과제를 할 때 반응 시간이 14퍼센트 빨랐다.[8] 참고로 적정 수분 섭취량을 지키려면 매일 본인의 체중 15킬로그램당 0.5리터에 해당하는 물을 마셔야 한다.

갈증을 느끼거나 입술이 마르는 느낌이 들면 이미 3퍼센트 이상 수분이 부족한 것이다. 물을 충분히 마시지 않고 운전을 하는 것이 위험하듯, 수분이 부족환 환경에서는 뇌 작동에 필요한 화학 및 전기 신호가 이동할 수 없다. 그러니 다음의 조언을 꼭 따르길 바란다.

- 하루 동안 내가 언제 갈증을 느끼는지 관찰해라. 갈증을 느끼면 체내에 수분이 부족한 것이다. 틈틈이 물을 마셔 갈증을 느끼지 않게 해라.
- 환경호르몬인 비스페놀A 성분이 없는 플라스틱 물통에 항상 물을 채워 갖고 다녀라.
- 평소 낮 시간에 커피나 홍차를 많이 마신다면, 카페인이 함유된 음료 대신 물이나 허브차를 마셔라.
- 오이와 멜론처럼 수분이 많은 음식을 먹어라.

산소 공급

운동은 뇌와 몸에 에너지를 충전하고 심호흡을 통해 몸 전체의 세포에 산소를 공급해줄 뿐 아니라 신경 가소성을 높여주는 것으로 드러났다. 신경과학 용어로 말하자면, 운동은 뇌세포의 '환경 풍부화'를 좌우하는 요인이다.

연구 결과, 운동은 산소 공급을 늘리고 '기존의 뉴런을 대체하거나 확장할 새 뉴런을 지속적으로 공급'함으로써 신경 회로를 구성하는 세포의 생존과 통합에 영향을 미치는 것으로 드러났다.[9]

규칙적인 운동은 여러모로 뇌 건강에 유익하다. 11개의 연구 결과를 종합해보면, 규칙적인 운동을 한 사람은 치매에 걸릴 위험이 30퍼센트 감소했다.[10] 규칙적인 운동은 뇌의 민첩성도 높여준다.

연구 결과, 운동을 하는 사람은 감정 조절과 유연한 사고와 같은 고차원적 뇌 기능을 더 잘 수행했으며 주의를 빠르게 전환해 여러 과제를 동시에 수행하는 능력이 뛰어났다.[11]

과학 저널 《뉴로사이언스 레터스》에 실린 텍사스 대학교 연구진의 논문에 따르면, 고강도 운동은 신경 세포의 성장을 뜻하는 '뇌 유래 신경 영양 인자', BDNF라는 단백질에 영향을 미쳤다.[12] BDNF는 뇌 세포의 생존과 복구, 기분 조절, 학습과 기억과 같은 인지 기능에 관여한다. BDNF 수치가 낮으면 우울증과 조울증, 조현병과 같은 정신병에 걸릴 확률이 높아진다.

텍사스대학교 연구진이 시행한 실험에서 고강도 운동을 수행한 성인은 모두 BDNF 수치와 인지 기능이 높아졌다. 그렇다면 운동을 할 때의 느낌은 무슨 영향을 미칠까? 놀랍게도 운동을 즐겁게 하면 억지로 할 때보다 BDNF가 더 많이 생성된다. 의도는 뇌 활동에 중요한 역할을 하므로, 긍정과 풍요의 사고방식으로 의욕적으로 임하면 운동의 효과를 높일 수 있다.

연구 결과, 걷기와 같은 유산소 운동을 한 사람은 기억과 학습, 정서 조절을 담당하는 해마에 변화가 생겼다.[13] 해마의 가소성이 높아지고 BDNF가 새로운 뇌세포의 생산을 자극하고 유산소 운동으로 해마에 산소가 더 많이 공급되면 해마의 크기가 커진다. 해마의 크기가 커지면 나이를 먹어도 뇌세포가 위축되지 않는다. 빠른 걸음으로 산책을 하기만 해도 뇌 기능을 유지하고 뇌의 퇴행을 막을 수 있는 이유다.

사회적 요인을 고려할 뿐 아니라 신체의 여러 부위를 협응시켜야 하는 탁구 같은 운동을 해보라. 연구 결과, 협응성과 사교성을 동시에 요하는 운동을 하면 사회적·정서적 행복과 관련된 대뇌 피질 영역이 두꺼워졌다.[14] 무용처럼 동작의 다양성과 협응성을 요하며 근육을 키우는 운동도 뇌 건강에 유익한 것으로 밝혀졌다.

나는 개인적으로 심신의 건강을 증진하는 권투를 좋아한다. 권투는 심장을 강화하며 근육을 긴장시킬 뿐 아니라 운동과 마음챙김과 관련된 나만의 실험을 거듭하다 발견한 최고의 스트레스 해소 운동이었다.

마지막으로. 오염이 점점 심해지는 도시에 인구가 집중되는 현대사회에서 공기의 질은 건강하고 행복한 삶을 살려면 더는 무시할 수 없는 문제이자 조만간 모두의 관심사가 될 중요한 화두가 되었다. 통제할 수 없다고 해서 공기의 영향력을 간과해서는 안 된다. 오염된 환경에서 운동을 하면 깨끗한 환경에서 운동을 하거나 심지어 아예 하지 않을 때보다 더 적은 양의 BDNF가 분비된다!

운동은 보통 심호흡을 요하므로, 혼잡한 도로 근처에서 운동을 하면 유독한 미세입자가 가득한 오염된 공기를 가득 들이마시게 된다. 붐비는 런던 중심가의 공기를 분석한 결과, 보행자와 운전자가 들이마시는 질소 산화물의 양은 일 분에 담배를 네 대 피울 때 마시는 양과 비슷했다. 질소 산화물은 새로운 뇌세포의 성장이나 연결을 촉진하지 않을 뿐 아니라 억제한다.[15]

운동을 계획할 때 유념해야 할 점은 다음과 같다.

- 좋아하는 운동을 규칙적으로 하도록 일정을 짜라(최소 일주일에 세 번, 30분씩 할 것). 빼먹지 않도록 일기장에 일정을 적어라. 테니스나 무용, 수영 등 어떤 운동을 해도 좋다.
- 혼잡한 도로는 꼭 피하고 차도와 가까운 인도도 되도록 피해라. 오염된 공기를 마시며 운동하면 BDNF 수치가 떨어져 뇌에 이로운 운동의 혜택이 상쇄될 것이다.
- 운동의 속도를 다양화해라. 속도가 빠르고 짧은 고강도 운동과 속도가 느리고 긴 저강도 운동을 교대로 해라. 일정한 속도를 유지하는 지구력 운동보다 뇌와 BDNF 생산에 더 유익하다.

주변 환경 정리정돈하기

물리적 환경은 기분과 관점, 스트레스 수준을 일정하게 유지하는 데 중요한 역할을 한다. 평소 가장 많은 시간을 보내는 장소를 잠시 살펴보고, 현재 환경이 소스의 기능에 어떤 영향을 미치고 있는지 평가하라. 다음의 질문에 답하라.

- 내가 사는 집은 평온하고 행복한 공간인가?

- 나는 집에서 명확한 사고를 할 수 있는가?

- 내가 일하는 공간은 창의력과 집중력을 발휘할 수 있는 곳인가?

'아니요.'라는 답이 하나라도 나온다면 해당 환경을 개선할 실현 가능한 조치를 취해야 한다. 벽과 선반에 영감을 주는 사진이나 그림, 장식품을 배치해도 좋고, 촉감이 좋은 천을 깔거나 기분이 좋아지는 방향제를 두어도 좋다.

집안 환경이 오감이 느끼기에 쾌적하면 스트레스와 걱정이 해소되어 마음이 차분해지고 안정된다. 환경은 잠자는 시간만큼 건강과 행복을 좌우하지는 않지만 에너지와 동기, 자아상에 영향을 미친다. 잡동사니를 정리해 환경을 정돈하면 자신감이 생길 것이다. 물론 지저분함과 어수선함에 대한 저항력은 사람마다 다르다(나는 거의 강박 장애 수준으로 옷을 정리하지만, 나와 가장 친한 친구는 방바닥에 옷이 겹겹이 쌓여도 눈 하나 깜짝하지 않는다).

나의 성향을 파악하고 그 성향에 거슬리지 않는 환경이 유지되도록 조치를 취하면 적어도 눈이 가는 곳마다 어수선해 도저히 집중이 되지 않는 사태는 막을 수 있다. 사무실이나 업무용 책상, 컴퓨터의 기본 화면도 마찬가지다.

다음의 방법을 하나 이상 따라 해보라. 장담하건대, 들인 시간이 아깝지 않을 만큼 즉각적인 효과를 얻을 것이다.

- 대청소를 해 집안의 잡동사니를 처분해라.
- 업무 공간을 정리정돈해라. 여기저기 흩어져 있는 서류와 서적을 정리해 치우고, 컴퓨터의 저장 공간을 비우고, 자신감을 북돋는 미술품을 골라 전시해라.
- 휴대전화에서 집중을 방해하는 애플리케이션을 삭제하고, 전자 기기 사용과 관련된 나쁜 습관을 고칠 방법을 찾아라.

이제 개선할 부분을 파악했으니 일기장에 지금부터 해야 할 일을 목록으로 적어라. 잘 자고, 잘 먹고, 물을 충분히 마시고, 규칙적으로 운동하고, 환경을 정리하여 뇌 기능을 촉진하는 구체적인 방법을 최대한 많이 찾아라.

지금까지 살펴본 생활 방식들은 긍정적이든 부정적이든 습관화되면 신경 가소성과 신경 경로에 영향을 미친다. 양질의 수면과 영양가 높은 식사, 충분한 수분 섭취, 심신을 강화하는 운동과 명상을 통해 뇌와 몸에 신경을 쓸수록, 긍정적 에너지를 높이고 자아의 균형을 이루기가 훨씬 쉬워진다.

다음 장에서는 소스가 얼마나 유연하고 긍정적으로 바뀔 수 있는지 살펴볼 것이다. 소스를 바꾸는 것은 단순히 뇌를 개선하는 것이 아니라 삶의 방식을 근본적으로 바꾸는 것이다.

지금 할 수 있는 것과
미래의 모습에 집중하라

21세기의 문맹인은 읽고 쓸 줄 모르는 사람이 아니라,
배우고 잊어버리고 다시 배울 줄 모르는 사람이다.

앨빈 토플러Alvin Toffler

4년 전, 나는 안과에서 곧 돋보기 안경을 쓰게 될 거라는 진단을
받았다. 책이나 휴대전화의 글자를 보려면 전보다 멀리 떨어뜨려야
했고, 후크가 잘 안 보여 목걸이를 채우기가 어려웠다. 그러나 신경
가소성, 즉 뇌가 환경에 적응해 바뀔 수 있다는 사실을 알고 있었으므
로 돋보기 안경을 쓰지 않고 버텼다. 안과 의사가 시력이 계속 나빠지
는 것은 '불가피'하니 안경을 쓰지 않는 것은 '무의미'하다고 했는데도
말이다.

나는 의사에게 뇌의 가소성을 이용해 시력 저하를 늦추거나 막

을 수 있는지 알아보는 실험을 하고 싶어서라고 설명했다. 의사는 어리둥절한 표정을 지으며 안경을 계속 쓰지 않으면 두통이 생기고 눈이 피곤해질 거라고 경고했다.

내가 이 '실험'을 하기로 한 건 일전에 읽은 노화의 점화 효과(앞서 접한 정보가 다음에 접하는 정보의 해석과 이해에 영향을 주는 심리 현상)에 관한 글 때문이었다. 노화에 대한 사고방식이 신체 기능에 어떤 영향을 미치는지 연구한 글이었다. 이와 관련해 환경이 정신과 육체의 노화에 어떤 영향을 미치는지 분석한 실험을 하나 소개하겠다(1979년 시행된 이 실험의 논문은 상호 심사 학술지에 실리지는 않고 엘렌 랭어Ellen Langer의 《마음의 시계》에 소개되었다).[1]

1979년, 한 무리의 80대 노인에게 추억 여행의 기회가 주어졌다. 연구진은 '구식' 가구를 배치하고 1950년대의 라디오 프로그램을 트는 등 노인들이 20년 전에 살았던 집과 비슷한 실험 환경을 꾸미고 노인들을 그곳에서 살게 했다. 일주일간 시간을 되돌려 '과거'의 삶을 산 노인들은 기억력과 시력, 청력은 물론이고 체력까지 좋아졌다. 노화한 신체에 맞지 않는 환경이었는데도(20년 전의 환경에 맞게 보행 보조기나 돋보기 안경을 치웠다), 신체 기능이 전반적으로 향상한 것이다. 나이가 들면서 의지하게 된 물건들이 전혀 없는 환경에서 일상을 살아야 했지만, 60대 시절을 떠올리며 자신감을 얻은 노인들은 뇌가 바뀐 환경에 빠르게 적응한 덕분에 수명이 연장되었다. 같은 조건에서 일주일을 살되 60대의 삶을 회상만 하고 재연하지는 않은 대조군도 정도가 덜하기는 했지만 신체 기능이 개선되었다.

실험군과 대조군은 몇 가지 중요한 차이가 있었다. 실험군은 지금이 1959년인 양 현재형으로 자서전을 썼다. 또한 실험에 임하기 전에 1959년에 찍은 사진을 제출하고 참가자들끼리 서로의 사진을 공유했으며 사진을 액자로 만들어 실험 장소에 잘 보이게 두었다. 반면에 대조군은 집안 환경은 1959년이었지만, 실제로는 1979년이라는 사실을 인식하며 과거를 회상하기만 했다. 과거형으로 자서전을 썼고 사진도 1959년이 아니라 1979년 현재에 찍은 사진을 집 안에 두었다. 실험군은 유연성과 손놀림의 민첩성이 크게 향상했으며, 지능지수는 대조군이 44퍼센트 높아진 데 비해 실험군은 66퍼센트나 높아졌다. 또한 실험군이 실험에 참여하기 전에 찍은 사진과 후에 찍은 사진을 일반인들에게 보여주자, 놀랍게도 '후'에 찍은 사진이 더 젊어 보인다고 답했다! 이 실험은 노인이 된 유명 인사들이 참여한 BBC 프로그램, 〈영 원스The Young Ones〉에서 그대로 재연되었는데, 그들 역시 긍정적인 결과를 얻었다. 명심하라. 누구도 생물학적 나이의 노예가 될 필요는 없다!

나는 이 실험과 비슷한 효과를 나도 누릴 수 있다는 믿음을 갖고 감퇴하는 시력에 '굴복'하지 않기로 했다. 휴대전화를 멀리 떨어뜨리거나 돋보기 안경을 쓰기보다는 조금 불편했지만 예전과 같은 거리만큼만 떨어뜨리고 글자를 읽었다. 기쁘게도 이 방법은 효과가 있었다.

두통을 겪지도 않았고, 처음에는 의식적으로 노력을 기울여야 했지만 이전처럼 가까운 거리에서 글자를 읽는 데 완전히 익숙해졌다. 내 시력은 더 나빠지지 않았을 뿐 아니라, 원래 방식대로 글자를 읽기 시작한 지 4년 만에 오히려 조금 좋아졌다. 이 일은 나에게 엄청난 자신감과 확신을 주었다. 여러분도 나와 같은 경험을 할 수 있다.

나의 작은 실험이 입증하듯, 투지를 갖고 집중적으로 노력을 기울이면 '불가피'하다고들 하는 노화의 결과를 피하거나 늦출 수 있다. 돋보기 안경을 쓰기 시작했다면 아마 나의 눈 근육은 안경에 익숙해져 약화되었을 것이고 시각과 관련된 신경 경로도 새로운 변화에 맞춰 빠르게 바뀌었을 것이다. 간단히 말하자면, 뇌의 가소성을 이용하면 불가피해 보이는 온갖 종류의 변화를 막을 수 있다.

노화의 몇몇 증상과 노화로 인한 정신적 및 육체적 기능의 감퇴를 체념하고 받아들이면 노화가 자기실현적 예언(예언한 대로 이뤄지는 예언)이 될 수 있다. 뇌가 자원의 효율에 민감하기 때문이다. 앞서 말했듯 뇌는 우리 몸이 소비하는 에너지의 25~30퍼센트를 쓰므로, 가장 쉽고 효율적인 기본 상태를 선호한다. 그러나 이 사실을 알고 의식적으로 노력하면 뇌가 디폴트 상태를 벗어나게 할 수 있다. 물론 이 법칙이 노화의 모든 증상에 적용되지는 않는다. 노화로 머리가 하얗게 세는 것을 막거나 늦춘 사람은 아직… 한 번도 보지 못했다!

뇌를 바꾸면
내가 달라진다

노력을 기울여 뇌를 최상의 상태로 유지하면, 복잡한 의사 결정과 문제 해결, 계획, 자아 성찰과 같은 뇌의 고차원적 '집행' 기능을 강화하고 뇌의 원시적 반응인 투쟁-도피-경직 반응을 억누르는 법을 배우는 등 새로운 사고방식을 구축할 수 있다.

새로운 습관을 들이려면 신경 경로가 새로 생기거나 수정되어야 하는데, 코칭을 하다 보면 습관을 들이는 데 얼마나 긴 시간이 필요하느냐는 질문을 자주 받는다. 우선 들이고 싶은 습관이 얼마나 복잡하느냐에 따라 다르다. 가령 정서 지능을 높이려면 체육관에 가서 운동하는 습관을 들일 때보다 훨씬 긴 시간을 투자해야 한다. 그러나 신경 가소성이 작동하는 한 헌신적인 노력을 기울이면 언젠가는 달라진 나를 볼 수 있다. 신경 가소성, 즉 잠재의식 및 의식의 영역에서 뇌세포 간에 새로운 경로를 만드는 뇌의 능력은 내 코칭 작업의 근간을 이루며, 습관과 사고방식을 지속적이고 근본적으로 바꾸려면 꼭 활용해야 할 능력이다.

신경 가소성을 너무 복잡하게 생각할 필요는 없다. 신경 가소성의 사례는 우리 주변에서 흔히 찾아볼 수 있다. 나와 함께 매사추세츠 공과 대학에서 강의를 하는 리더십 전문가에게 들은 일화를 하나 소개하겠다. 신경 가소성 분야의 권위자인 교수가 내 동료에게 전날 무엇을 점심으로 먹었는지 물었다. 내 동료가 주의를 집중해 기억을 떠올린 뒤 답하자 교수는 이렇게 말했다.

"그게 바로 신경 가소성이에요! 기억을 떠올리기만 했는데도 어제 먹은 점심과 관련된 세포 간 연결이 강화되었을 겁니다."

대단한 이야기는 아니지만, 어떤 생각이나 기억을 할 때마다 뇌세포의 연결이 강화된다는 사실을 보여주는 사례다.

지금 당장 여러분도 한번 해보라. 지난 금요일이나 의미 있는 생일날처럼 기억할 만한 날을 회상해보라. 그날 있었던 일을 차례대로 떠올려보라. 무슨 일이 있었는가? 당신은 어디에 있었는가? 그 장소에 또 누가 있었는가? 어떤 기분이었는가? 행복한 기억인가, 힘든 기억인가? 떠올리기만 해도 뇌 깊숙한 곳에 있는 해마의 기억 영역에서 뉴런들이 새롭게 연결될 것이다.

어떤 기억을 자주 떠올리고 그 기억과 관련된 감정이 강렬할수록, 혹은 둘 중 하나의 조건만 충족되어도 뉴런 간의 연결은 더욱 탄탄해진다. 감정이 강렬할 뿐 아니라 반복적으로 떠올린 기억은 순식간에 의식으로 떠오르는 기분 좋은 기억이 되거나 잊고 싶지만 자꾸 떠올려 연결이 강화된 두려운 기억이 된다. 신경과학자들이 자주 쓰는 표현을 인용하자면, 좋은 쪽이든 나쁜 쪽이든 '함께 반응한 뉴런은 함께 연결된다.'

이 책에 소개된 정신을 확장하고 삶의 질을 높이는 훈련을 시작하려면 먼저 뇌는 역동적이고 유연하며 신경 경로를 재구성할 능력이 있다는 사실을 이해해야 한다. 나는 의뢰인이 '저는 원래 이래요.'라는 말을 할 때마다(무엇 때문에 목표를 이루지 못하느냐고 물으면 보통 이렇게 답한다), 그렇지 않다고 반박한다. 무엇보다 먼저 신경 가소성의 의미와 신경 가소성이 나에게 무엇을 의미할지 정확히 알아야 한다. 자신의 뇌가 바뀔 수 있다는 사실을 진심으로 받아들일 수 있어야 한다.

나를 바꾸는 힘

뇌의 작동 방식이 바뀌는 상상을 하면 가장 먼저 무엇이 떠오르는가? 지금과는 다른 패러다임을 갖고 산다면, 다시 말해 믿음이 강해지거나 뇌의 유연성이 높아지거나 풍요의 사고를 하게 된다면 삶이 어떻게 달라질지 상상해보라. 더 행복하고 건강하며 더 나은 인간관계를 맺을 것 같은가? 뇌에 부정적 습관이 뿌리박히고 부정적 신경 경로가 형성된 삶의 영역이 있다면, 무엇인가? 32~33쪽에서 공감이 가는 문장들을 다시 읽어봐도 좋다.

이해를 돕기 위해 뇌는 컴퓨터의 하드웨어, 즉 키보드나 모니터, 하드드라이브와 같은 유형의 구조물이고, 정신은 뇌를 기반으로 작동하는 무형의 소프트웨어라고 생각해보라. 이 비유에서 당신은 무력하게 책상 위에 놓인 컴퓨터가 아니다. 소프트웨어를 업그레이드해 데이터(생각)를 바꾸는 프로그래머이자 보이지 않는 곳에서 하드웨어(뉴런)를 미세 조정하는 기술자다. 그뿐만 아니라 컴퓨터에 동력을 공급하는 전원 장치를 통제한다. 무엇을 먹고 마시고 언제, 어떻게 운동하고 명상하며 누구와 소통하고 어디에서, 어떻게 살지 선택한 뒤 그 선택에 따라 에너지를 보낼 곳을 결정한다. 당신은 뉴런의 연결을 구축하고 유지하고 파괴하는, 소스의 건축가이자 디자이너이며 관리자다. 이것이 바로 신경 가소성이 작동하는 과정이다.

다수의 연구에서 입증된 놀라운 사례들만 봐도 뇌를 바꾸는 힘은 분명 존재한다. 신경 가소성은 가장 긍정적인 형태로 작동할 때 개인의 역량을 강화하는 열쇠가 된다. 신경 가소성이 작동하는 한, 누구나 노력만 하면 중독적이고 파괴적인 습관과 인간관계 패턴 등 뿌리 깊이 고착된 부정적 행동과 사고방식을 바꿀 수 있다. 실제로 나는 뇌졸중이나 뇌종양, 약물 중독, 알코올 의존증, 식이 장애와 같은 신체적 어려움뿐 아니라 이혼이나 실연, 사별, 정리 해고, 근무지 이전, 경력 전환과 같은 삶의 시련을 극복한 사람들을 다수 목격했다.

신경 가소성을 활용하면 용서하는 마음도 얻을 수 있다. 과거의 상실이나 상처에서 벗어나는 것은 이루기 힘든 변화이긴 하지만, 이와 관련된 신경 경로를 내버려 두면 수치심과 불신, 원망이 들끓어 계속 과거에 묶여 살아야 한다. 인간의 뇌는 사건과 감정, 사람을 비롯한 수많은 경험에 반응해 끊임없이 진화하고 발전하고 학습한다. 이 사실을 인지하고 경험과 경험에 대처하는 방식을 통제해야 한다. 경험을 할 때마다 과거의 상처를 덮어쓰면 뇌의 반응을 제어할 수 있다.

뇌는 적응력과 재생력이 믿기 힘들 정도로 높다. 어떤 생각이나 오랜 시간 굳어진 행동 패턴에서 벗어나지 못할 때마다 이 사실을 명심하면 도움이 될 것이다. 개인의 가장 기본적이고 '고유한' 특성도 신경 경로를 재배치할 수 있다. 뇌의 주된 신경 경로는 성인기에도 바뀔 수 있다. 이를 입증한 악명 높은 실험이 있다. 원숭이를 학대했다는 이유로 동물 보호 운동가들의 공격을 받고 동물 애호 단체인 PETA의 설립을 이끈, 1950년대에서 1980년대까지 시행된 '실버스프링' 원숭이 실험이다.

실험 결과, 구심성 신경절(팔에서 뇌로 감각 자극을 전달하는 중추 신경계의 부위)이 제거되고 주로 쓰는 팔이 묶인 원숭이들은 반대쪽 팔이 주로 쓰는 팔의 일상적 기능, 즉 먹기와 털 손질을 대신하자 반대쪽 팔과 관련된 뇌 부위가 빠르게 확장했다.[2] 이 실험은 원숭이의 신경 경로가 '재배치'되는 과정을 밝힘으로써 신경과학의 발전에 획기적인 기여를 했다. 기존의 학설과 달리 인간과 가장 비슷한 영장류, 그것도 성체 영장류의 뇌가 환경에 반응해 구조를 바꿀 수 있다는 사실이 입증된 것이다. 성인 인간의 뇌에서도 같은 일이 일어난다는 사실 역시 곧 밝혀졌다.

실버 스프링 실험을 주도한 심리학자 에드워드 토브Edward Taub는 이때 얻은 신경 가소성에 대한 지식을 바탕으로 후에 뇌졸중 환자를 위한 재활 치료법을 개발했다. 그의 '강제 유도 운동 치료'로 많은 환자가 수년 동안 마비되어 있었던 팔다리를 다시 쓸 수 있었다. 마비와 같이 겉보기에는 극복할 수 없을 것 같은 장애를 극복하는 뇌의 능력을 활용하면 엄청난 가능성이 열린다. 나는 코칭을 할 때 위의 사례를 들며 이렇게 의뢰인을 격려한다.

"끈질기게 노력하면 정말로 뇌를 완전히 바꿀 수 있고 뇌를 바꾸면 내가 달라집니다."

신경 가소성에 관한 연구는 1990년대부터 폭발적으로 증가했다. 뇌 영상을 촬영한 결과, 악기 연주가 신경 가소성을 크게 높이며 뇌 전반에 걸쳐 새로운 뉴런을 연결시킨다는 사실이 밝혀진 뒤로 자녀를 혹독하게 교육하는 아시아 엄마를 뜻하는 '호랑이 엄마'가 급증하기도 했다.[3] 실제로 음악가의 뇌는 다수의 영역에서 비음악가의 뇌보다 뉴런의 수가 훨씬 많다. 가령 바이올린 연주자의 뇌를 촬영해보면, 현을 짚는 왼손과 관련된 영역의 뉴런의 양이 일반인보다 훨씬 많다. 다른 영역의 뉴런도 많은데, 이는 악기를 연주하면 기억 처리 능력이나 문제 해결 능력 등 악기를 배우는 것과는 직접적 관련이 없는 다른 뇌 기능도 향상된다는 사실을 입증한다.

어릴 때 이중 언어를 구사한 사람의 뇌에서도 비슷한 효과가 나타나는 걸 보면, 하나의 신경 경로가 바뀌면 다른 경로도 바뀌는 '나비 효과'가 발생한다는 사실을 알 수 있다. 이렇듯 신경 가소성을 작동시키는 활동은 복잡하고 다양한 방식으로 뇌 기능을 향상시킨다.

앞서 나온 실버 스프링 원숭이 실험과 뇌졸중 환자의 사례에서처럼 신경 가소성은 부족한 부분을 보완하는 방식으로도 작동한다. 선천적 청각 장애인의 뇌 영상을 촬영한 결과, 보통은 청력을 주관하는 뇌 부위에서 시각 정보가 처리되고 있었다.[4] 뇌의 한쪽이나 소뇌와 같은 주요 부위를 통째로 상실한 사람들에 관한 사례 연구도 있다. 이들의 뇌는 모두 다양하고 예측 불가능한 방식으로 부족한 기능을 보완하는 양상을 보였다. 오른쪽 뇌가 왼쪽 뇌의 기능을 다수 대체하거나 상실한 부위의 기능을 다른 부위가 떠맡았다. 모두 뇌의 신비뿐 아니라 뇌의 놀라운 가소성과 회복력을 강조하는 사례들이다. 게다가 우리가 바라는 변화는 이 사례들에 나온 변화에 비하면 아무것도 아니니, 얼마나 희망적인가!

신경 가소성의
메커니즘

신경과학 용어로, 신경 가소성은 학습, 완벽화, 재교육의 형태로 작동한다.

학습

신경 가소성의 가장 확실한 형태는 시냅스 연결과 관련이 있다. 바로 시냅스의 수가 증가하면서 기존의 뉴런들이 더 강하게 연결되는 학습이다(108쪽). 학습은 본인에게 잠재력이 있으며 노력을 기울일 시간이 충분히 주어지면 잘할 수 있으리라는 걸 본인도 알고 있는 B+ 등급의 기술이다. 가령 학창 시절 이후로 쓸 일이 별로 없었던 스페인어를 다시 배우기 위해 수업을 듣고 최대한 자주 연습하고 스페인으로 긴 휴가를 떠나면, 학습이 이루어진다. '학습' 모드가 작동하면, 원어민처럼 구사하지는 못해도 대화를 이어가고 스페인어권을 무리 없이 여행할 수 있다.

학습할 때 뇌에서는 적어도 다음의 두 가지 변화가 일어난다.

1. 뉴런의 내부 구조가 달라져 뉴런의 말단에 새로운 시냅스가 만들어진다.
2. 새로운 시냅스를 통해 더 많은 뉴런이 연결된다.

완벽화

완벽화는 말이집 형성이라는 과정과 관련이 있다. 말이집은 뉴런의 축삭을 감싸고 절연 기능이 있으며 지방질로 이루어진 하얀 덮개다. 말이집이 형성되면 뉴런의 작업 속도가 빨라져 정보가 더 신속하게 전달되며, 뉴런으로 구성된 신경 경로의 효율이 극대화된다. 최대한 많은 양의 전기를 전달하기 위해 전기가 새지 않도록 전기선에 절연 처리를 하는 것과 같은 이치다.

완벽화는 어떤 일을 장시간 하지 않아도 다시 하면 금방 잘할 수 있는 전문가 수준에 오를 때 발휘되는, A등급의 기술이다. 당신이 음악에 소질이 있거나 오랜 시간 연주해 피아노와 기타를 잘 친다고 해보자. 아마 밴드에 합류해 정기적으로 공연을 하며 기타 연주 실력을 완벽의 경지로 끌어올릴 것이다. 이는 자연스러운 과정이며, 연주를 할수록 당신의 뇌는 그에 맞게 적응할 것이다.

유니버시티 칼리지 런던의 연구진이 런던 택시 운전사들이 길을 외우는 과정을 관찰한 실험은 '완벽화'가 이루어지는 과정을 잘 보여준다. 연구진이 수련 기간 동안 시내의 모든 도로를 암기하는 런던 택시 운전사들의 뇌를 관찰한 결과, 해마에서 길 찾기와 기억을 담당하는 부위의 뉴런의 수가 실제로 증가했다.[5] 방향 감각을 타고난 사람도 이런 종류의 학습을 할 때는 강도 높은 노력을 기울여야 한다. 운전사들이 시내의 모든 도로를 암기하는 데는 짧게는 1년, 길게는 10년이 걸리지만 결국에는 모두 전문가가 된다. 방향 감각이 아무리 뛰어나도 런던 택시 운전사들보다 런던의 길을 더 잘 찾지는 못할 것이다.

재교육

신경 가소성이 작동하는 세 번째 형태인 재교육을 지칭하는 과학 용어는 '신경 발생'이다. 다른 두 형태에 비해 잘 알려지지 않은 개념으로, 성인의 뇌에서는 발생하는 빈도가 낮고 갓난아기나 어린아이의 뇌 변화와 더 큰 관련이 있다. 신경 발생은 신생 신경 세포가 성숙한 뉴런으로 성장하는 과정이다. 신생 신경 세포는 성숙한 뉴런으로 자란 뒤 기존의 다른 뉴런과 연결해 새로운 신경 경로를 형성할 잠재력을 지니고 있다. 타고난 재능이 없어도 새로운 기술을 습득할 수 있다는 뜻이다.

재교육은 학습은 물론이고 가능하면 완벽화까지 따라주어야 하기 때문에 힘들고 오랜 시간이 걸린다. 연구에 따르면, 인간의 신경 발생은 나이가 들면서 크게 감소한다. 성인의 뇌에서는 새로운 신경 세포가 거의 생성되지 않는다는 연구 결과도 있다.[6] 성인의 뇌를 촬영한 결과, 기억을 저장하는 해마를 제외하고는 신생 신경 세포가 관찰되지 않았다.

현실적으로 생각해보면 그럴 만도 하다. 낯설고 새로운 기술을 습득하는 일은 성공하기 쉽지 않을 뿐 아니라 시간과 에너지가 넘치는 사람이나 할 수 있는 일이기 때문이다. 한 번도 해보지 않은 데다 손과 눈의 협응력이 좋지도 않고 즐겁지도 않은 골프를 배운다고 해보자. 진도가 좀처럼 나가지 않아 포기하는 사람이 적지 않을 것이다.

죽어라고 연습해 간신히 그럭저럭 골프를 치게 된 사람들도, '그 노력을 다른 데 썼다면 어땠을까?' 하는 의문이 들 것이다!

자신의 몸과 단절된 소피

몇 년 전, 어느 법률 회사의 의뢰를 받아 임직원을 대상으로 회복탄력성 증진 프로그램을 진행한 적이 있다. 그 회사의 파트너였던 소피는 흡연 경험이 있고, 피로가 쌓여 안색이 칙칙하고, 움직임이 부자연스럽고, 기력이 없어 보이는 고도 비만의 50대 여성이었다. 소피는 콜레스테롤이 높고 고혈압, 당뇨병을 앓아 약을 복용하고 있었다. 당뇨병은 관리를 잘 하지 못해 2년 전부터 점점 악화되었다고 했다.

나는 소피가 유능한 일 중독자가 되는 데서 자신의 정체성을 찾았고 그러는 과정에서 당면한 신체적 문제를 외면했다는 사실을 깨달았다. 이 사실을 깨우치기 위해 먼저 소피에게 사흘 밤낮 동안 수면 상태와 스트레스 수준, 신체 활동, 전반적인 회복력을 관찰하는 심박 변이 측정기를 착용하게 했다. 심박 변이 측정기에 포착되는 심장의 신경 신호를 분석하면 스트레스와 투쟁-도피-경직 반응이 언제 일어나는지 알 수 있다. 또한 심박수와 변이도에 따라 스트레스가 발생하는 이유가 신체적인지, 심리적인지도 알 수 있다.

심박변이도 측정기의 결과는 충격적이었다. 측정기에는 아무것도 찍혀 있지 않았다. 생전 처음 보는 결과였다. 결과를 전하자 소피는 무덤덤하게 말했다.

"아, 당뇨 신경병 때문이에요."

나는 그녀가 나에게 이 질병을 언급조차 하지 않았다는 사실을 믿을 수가 없었다. 당뇨 신경병은 심각한 당뇨병이 관리가 제대로 되지 않은 채 장기간 지속될 때 발생하는 일종의 신경 손상으로 신경의 말단이 위축되는 질병이다. 소피처럼 심장 신경이 위축되면 심혈관계 질환에 걸리고 결국에는 심장 마비를 일으킬 위험이 크게 높아진다. 소피는 현실을 제대로 인식할 필요가 있었다. 나는 심장 마비를 일으킬 위험 요소를 모두 갖고 있으면서도 자신의 몸 상태와 오랫동안 지속된 나쁜 생활 습관을 부정하는 인식이 뿌리 깊이 박혀 현실을 인식하지 못하고 있다고, 소피에게 설명했다.

이는 그녀가 스스로 한 선택이며 이 선택으로 그녀를 믿고 사랑하는 사람들에게 심각한 결과를 초래할 것이라는 점도 강조했다. 소피가 직업적으로 성공하는 데 중요한 역할을 한 신경 경로 때문에 소피는 현실을 부정하며 계속 자신의 몸과 건강을 등한시하고 학대에 가까울 정도로 함부로 다뤘다. 자신이 바뀔 수 있다고 믿는 눈치는 아니었지만, 나의 조언은 알게 모르게 소피에게 경각심을 불러일으켰다. 사태의 심각성을 가슴 깊이 깨달은 소피는 드디어 사고방식을 바꾸기 시작했다. 새로운 생각이 새로운 행동으로 이어지는 재교육 과정이 시작된 것이다.

이전에는 의욕이 전혀 없었지만 사고가 바뀌니 행동이 달라지기 시작했다. 다음 만남 때 소피는 눈에 띄게 체중이 줄고 안색이 밝아져 있었다. 듣자 하니 나와 대화를 나눈 바로 다음 날 걸어서 출근했을 뿐 아니라 회사에 도착해서는 승강기 대신 계단을 이용했다고 한다. 곧 소피는 수 킬로미터에 달하는 거리를 걸어서 출퇴근해 매일 만 보를 걷는 경지에 올랐다. 또한 매일 녹즙을 마시다 식단을 모두 건강식으로 바꾸었다.

소피의 학습은 갈수록 강화되었다. 새로운 행동이 습관이 되고 그와 관련된 신경 경로가 형성되자 긍정적 행동에 가속도가 붙었다.

"새로운 습관을 들이려니 처음에는 고통스러웠는데 이제는 아니에요. 걷는 게 즐겁고 건강에 좋은 음식이 먹고 싶어졌어요. 예전과 달리 건강에 신경 쓰다 보니 제 몸과 행복에 자부심이 생겼습니다."

소피의 뇌는 학습을 통해 새로운 뉴런을 만들었고 새롭고 건강에 이로운 행동과 관련된 시냅스 연결을 강화해 강력한 신경 경로를 구축했다. 부정적인 행동과 관련된 기존의 신경 경로는 새로운 신경 경로가 성장하면서 자연히 움츠러들었다.

새로운 신경 경로를 만들어라

뇌의 구조를 바꾸는 보편적인 방법은 없다. 어떤 사람에게 맞는 방법이 나에게는 맞지 않을 수도 있다. 캐나다브리티시컬럼비아대학교 뇌 행동 연구소의 소장, 라라 보이드Lala Boyd 박사는 신경 가소성의 패턴이 사람마다 얼마나 다른지 입증하는 연구를 했다.[7] 연구 결과, 신경 가소성의 특징은 유전자의 영향을 받아 사람마다 달랐다. 이것 하나는 확실하다. 독자들도 이미 예상하고 있겠지만, 새로운 신경 경로는 만들기가 아주 어렵다. 새로운 신경 경로가 형성될 때는 처음에는 직관에 어긋나 부자연스럽게 느껴지지만 그래도 계속 노력해야 한다. 물론 다시 예전의 사고방식과 습관으로 되돌아가는, 다시 말해 예전의 신경 경로가 다시 작동하게 내버려 두는 실수를 저지를 수도 있다. 악기를 배우거나 외국어를 배우는 등 새로운 기술을 습득하다 보면, 어느 날은 '이제 됐다.'는 느낌이 들다가도 다음날은 다시 원점으로 돌아간 것처럼 느껴질 때가 있다. 뇌의 변화는 단계적으로 일어난다. 뉴런의 연결을 촉진하는 화학 물질이 단기적으로 증가하는 변화와, 반복적인 노력을 통해 장기간 이루어지는 구조적 변화는 다르다. 어떤 행동을 습관으로 만들고 그 습관을 유지하려면 그 행동이 자연스럽게 느껴질 때까지 노력을 거듭해 신경 경로를 튼튼하게 구축해야 한다. 튼튼한 신경 경로는 덜 튼튼한 신경 경로보다 두껍고 더 강하게 연결되어 있으며 대부분 절연이 더 잘 되어 있다.

뇌를 바꾸는 것은 정신적으로나 육체적으로 고된 과정이다. 그러니 처음부터 각오를 단단히 다져야 한다. 최근 나는 신경 가소성 실험을 위해 내가 아는 기존의 언어들과는 전혀 다른 언어를 배우기로 마음먹었다(30대 후반에 덴마크어를 배우기로 했다). 나는 내가 90분짜리 수업을 들으면 60분쯤에 피로감을 느끼리라는 걸 이미 예상하고 있었다. 덴마크어는 내가 이전에 배웠던 영어나 벵골어(나는 영어와 벵골어를 쓰는 이중 언어 환경에서 자랐다), 프랑스어(9세부터 16세까지 학교에서 배웠다), 아프리칸스어(25세 이후에 배웠다)와는 언어학적 규칙이 완전히 달랐다. 그래서 새로운 단어와 문법을 암기하느라 끙끙대다 보면 피로감과 허기가 연달아 찾아왔다.

그런데 덴마크어를 공부하며 단어를 떠올리려 머리를 쥐어짜다 보면 신기하게도 어릴 때 배운 프랑스어나 벵골어가 아닌 어른이 되고 나서 배운 아프리칸스어 단어가 떠올랐다. 유니버시티 칼리지 런던의 신경과학 교수인 내 친구의 설명에 따르면, 아동기에 배운 언어와 성인기에 배운 언어는 뇌의 각각 다른 부위에 저장된다고 한다. 놀라운 일은 또 있었다. 공부를 시작한 지 두세 달이 지나면서 신경학적으로 임계점에 이르자, 90분 수업을 멀쩡한 정신으로 끝까지 듣게 된 것이다. 뇌가 새로운 규칙과 과정을 '안착'시키는 어려운 작업을 해내면서 내가 활용할 수 있는 저장된 지식이 늘어난 덕분이었다.

그러니 힘들어도 포기해서는 안 되며, 타인이나 과거의 나와 지금의 나를 비교하느라 시간을 낭비하지도 말아야 한다. 지금 할 수 있는 것과 내가 원하는 미래의 모습에만 집중해야 한다.

뇌 영상을 촬영해 보면, 뇌의 변화를 유도하는 활동은 수없이 많지만 가장 큰 효과를 발휘하는 활동은 다음의 세 가지 활동이라는 걸 알 수 있다. 세 가지 활동을 얼마나 하고 있는지, 어떻게 하면 세 활동을 늘릴 수 있는지 각자 생각해보자.

1. 새로운 경험 : 여행을 떠나거나 새로운 기술을 배우거나 새로운 사람을 만나는 등 낯선 경험을 해라. 새로운 경험은 새로운 뉴런의 성장을 촉진한다. 최근에 완전히 새로운 일에 도전한 적이 있는가?

2. 유산소 운동 : 유산소 운동은 뇌에 더 많은 산소를 공급하고, 새로운 뇌세포를 만드는 뇌 유래 신경 영양 인자(BDNF)의 분비를 촉진한다. 매일 만 보를 걷고 일주일에 150분씩 유산소 운동을 하고 있는가?

3. 정서적 자극 : 어떤 경험을 자주 하고 그 경험과 관련된 감정이 강렬할수록, 그 경험은 뇌에 강력한 영향을 미친다. 충격적인 사건을 함께 경험하기만 해도 유대감이 깊어지는 것은 이 때문이다. 긍정적이고 부정적인 정서적 반응의 영향은 6장에서 더 자세히 다룰 것이다. 간단히 설명하자면, 감정은 신경 내분비계에 영향을 미친다. 가령 사랑하는 사람과 함께 웃으면 믿음과 관련된 교감 호르몬, 옥시토신이 분비돼 이로운 효과를 발휘한다. 비슷한 이유로, 사랑하는 사람과의 이별은 정신 건강에 극도로 부정적이고 지속적인 영향을 미친다. 수치심이나 슬픔과 같은 강도 높은 감정은 스트레스 호르몬인 코르티솔을 분비하기 때문이다. 게다가 누군가를 사랑하고 믿으면 고통과 상실감만 얻을 뿐이라고 믿게 만드는 신경 경로가 형성된다. 좋든 나쁘든 강렬한 감정을 경험해 고정관념이 생긴 적이 한 번이라도 있었는가?

좋은 행동이든 나쁜 행동이든, 반복적인 행동은 신경 가소성을 작동시킨다. 부정적인 사고와 중독적인 행동이 반복되면 불안과 우울, 강박 사고, 공격성 등이 갈수록 고착되는 돌이키기 힘든 지경에 이를 수 있다. 이 사실을 깨닫고 나면, 신경 가소성을 나에게 이로운 방향으로 작동시키는 것, 다시 말해 풍요의 원칙(50쪽)과 상위 인지의 힘(30쪽)을 인정하고 활용하는 것이 왜 그렇게 중요한지 알게 된다. 또한 뇌에 한번 새겨진 생각과 행동은 쉽게 없어지지 않으므로, 없애기보다는 새로운 생각과 행동으로 덮는 편이 낫다. 물론 신경 경로의 부피와 밀도는 사용 빈도에 따라 늘기도 하고 줄기도 한다. 언어가 가장 좋은 사례다. 쓰던 언어를 더는 쓰지 않으면, 그 언어와 관련된 뉴런이 위축되기 시작한다.

여러분은 본인의 뇌에서 무엇을 덮어쓰고 싶은가? 어떤 습관을 새로 들이고 싶은가? 그 습관을 뒷받침하고 본인에게 이로운 신경 경로를 만들 수 있겠는가? 무언가에 중독되어 있는데 벗어나고 싶은가? 뇌의 가소성을 활용하면 이 모든 일을 다 할 수 있다. 그리고 이 사실을 깨닫는 것이야말로 소스를 끌어내는 여정의 첫 걸음이다.

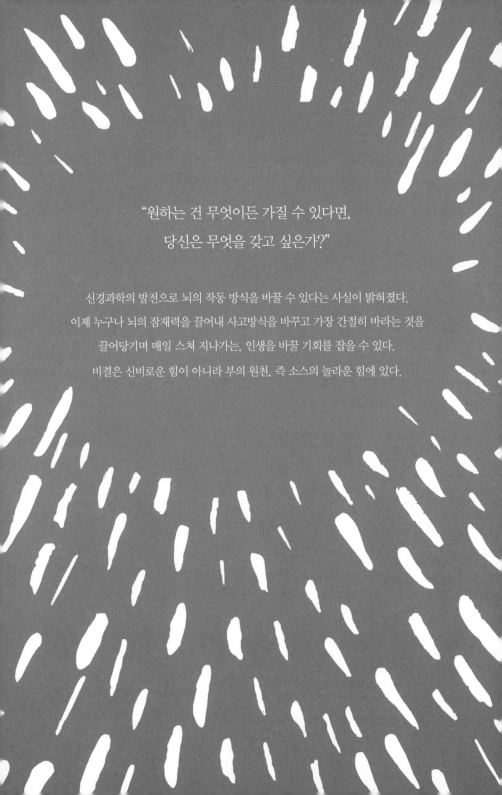

"원하는 건 무엇이든 가질 수 있다면,
당신은 무엇을 갖고 싶은가?"

신경과학의 발전으로 뇌의 작동 방식을 바꿀 수 있다는 사실이 밝혀졌다.
이제 누구나 뇌의 잠재력을 끌어내 사고방식을 바꾸고 가장 간절히 바라는 것을
끌어당기며 매일 스쳐 지나가는, 인생을 바꿀 기회를 잡을 수 있다.
비결은 신비로운 힘이 아니라 부의 원천, 즉 소스의 놀라운 힘에 있다.

3부
완전한 나를 찾는 비법

각각의 신경 경로를
균형 있게 관리해라

현재의 나는 내가 과거에 한 생각의 결과다.
나는 생각의 주춧돌 위에 생각의 벽돌을 쌓아올린 집이다.

석가모니

누구나 뇌의 힘을 얼마든지 더 많이, 더 자주 활용할 수 있다. 자신의 뇌가 얼마나 우수하고 유연하며 민첩한지 몰라서 하지 못할 뿐이다. 넓은 의미에서, 뇌가 민첩한 사람은 일, 가정, 사랑, 건강과 행복 등 삶의 모든 영역에서 최상의 기능을 발휘할 수 있다. 민첩한 뇌가 할 수 있는 일은 다음과 같다.

- 과제를 한 번에 하나씩 집중적이고 효율적으로 처리할 수 있다.
- 같은 상황이나 문제를 여러 각도로 생각할 수 있다.

- 사고방식을 자기도 모르게 재빨리 전환할 수 있다.
- 서로 다른 인지 경로에서 비롯된 생각들을 융합해 통합적인 해결책을 찾을 수 있다.
- 지나치게 논리를 따지는 등 하나의 사고를 고집하기보다는 균형 잡힌 사고를 할 수 있다.

소스를 최대치로 활용하는 사람은 하나의 사고방식에만 의존하지 않는다. 민첩한 뇌에서는 각각의 신경 경로가 적정 수준으로 발달한다. 강점이나 취향에 따라 발달의 정도가 다를 수는 있지만, 뇌가 민첩한 사람은 기본적으로 자기 뇌에서 더 많이 발달한 영역과 강점이 무엇인지 잘 안다. 그러므로 새로운 관점을 받아들일 뿐 아니라 뇌 전체의 자원과 기존의 강점을 활용하는 통합적 사고를 할 수 있다.

전뇌 사고

뇌의 민첩성은 뇌의 신경 경로를 단순화한 다음의 여섯 가지 사고 능력으로 구성된다.

1. 정서 지능 : 감정을 조절하는 능력
2. 신체 반응과 내수용성 감각 : 자신의 몸과 마음을 아는 능력

3. 본능과 직관 : 자기 자신을 믿는 능력

4. 동기 부여 : 회복탄력성을 유지해 목표를 달성하는 능력

5. 논리 : 현명한 결정을 내리는 능력

6. 창의성 : 자신의 미래와 이상적인 삶을 설계하는 능력

각각의 사고의 장점을 이해하고 여섯 가지 사고가 균형을 이루며 조화롭게 작동하도록 유도하는 법을 배우면 뇌를 내 뜻대로 제어하는 신나는 경험을 할 수 있다. 여섯 가지 사고가 조화를 이룬 사고방식은 흑백 논리나 결핍의 사고와 정반대되며 풍요와 긍정의 관점을 키우는 데 꼭 필요한 요소다.

서로 다른 생각이 연쇄 효과를 일으켜 관점을 왜곡하듯, 삶의 여러 영역도 서로 상호 작용을 한다. 자녀와 관련된 문제나 실연, 실직이 가족이나 친구와의 관계에 아무런 영향을 미치지 않는다는 생각은 뇌의 힘, 즉 소스를 끌어내는 데 방해가 된다. 소스를 극대화하려면, 한 영역의 문제가 어떻게 뇌의 자원을 고갈시키는지 이해한 뒤 그 영향을 완화하는 조치를 취해야 한다.

비유하자면, 뇌는 다양한 상황에서 불을 키우고 낮출 수 있도록 여러 개의 화구가 달린 가스레인지와 같다. 뇌의 민첩성을 높이려면 무엇보다 '화구'의 가스 공급 장치뿐 아니라 각각의 불꽃(뇌의 신경 경로)을 잘 관리해야 한다. 화구 중 하나를 너무 오랜 시간 최대 화력으

로 틀어놓으면 다른 신경 경로의 가스 공급에 차질이 생길 것이고, 불을 계속 켜두면 결국 연료가 소진될 것이다. 뇌의 자원을 아끼고 신경 경로 간의 균형을 유지하는 것이 얼마나 중요한지 설명해주는 유용한 비유다.

그렇다면 각각의 신경 경로는 매일 어떤 식으로 작동할까? 타인과 상호 작용을 할 때 머릿속에서 일어나는 일을 보여주는 다음의 예시를 보면, 각각의 신경 경로가 작동할 때 어떤 일이 발생하는지 이해할 수 있을 것이다. 길을 걷다 친한 친구가 다가오는 상황을 가정한 아래의 예시를 읽은 뒤, 비슷한 경험을 떠올려보고 당시에 각각의 신경 경로가 어떻게 작동했는지 적어라.

- 감정 : 친구가 낀 약혼반지가 햇빛을 받아 반짝이는 걸 보고 잠시 질투가 나지만, 과거에 함께했던 즐거운 추억이 떠올라 애정이 샘솟는다.
- 신체 반응 : 뱃속이 따뜻해지고 친구에게 빨리 가고 싶어 걸음이 빨라진다.
- 직관 : 친구의 근황을 들으며 친구가 요즘 겪고 있는 문제에 깊이 공감한다. 도움이 필요하면 언제든 말하라고 한다.
- 동기 부여 : 평소 우정을 유지하는 데 공을 많이 들인 편이라, 힘들 때마다 정신적으로 친구의 도움을 많이 받았다. 이번에는 내가 친구를 돕고 싶다는 의욕이 솟는다.

- 논리 : 일전에 승진 심사에 도전해보겠다고 했던 친구의 말이 떠올라, 경과를 물어보면서 면접과 관련한 조언을 한다.
- 창의성 : 친구와의 미래를 상상해본다. 내 결혼식 때 친구가 들러리를 서는 장면과 내가 친구 자녀의 대모가 되는 장면을 시각화한다. 지금 하는 행동은 앞으로의 돈독한 관계를 위한 토대를 쌓는 것임을 안다.

이와 같은 반응은 거의 순식간에 자기도 모르는 사이에 일어난다. 이 예시의 주인공은 매우 강한 직관을 발휘했고 동기를 부여했으며 자신의 감정을 정확히 인식했다. 감정을 조절하기가 다소 어려웠으나, 신체 반응과 논리, 창의성은 훌륭한 수준이었다. 모든 신경 경로가 똑같은 수준으로 활성화되기는 어렵다. 두세 개의 경로는 잘 작동하는 반면, 나머지 경로는 압박을 받으면 작동하긴 하되 언제나 잘 작동하지는 않는 경우가 대부분이다. 평소에 잘 쓰지 않거나 아예 쓰지 않는 경로가 한두 개 있을 수도 있다. 위의 예시에서는 친구를 보고 강렬한 감정(반지를 보고 느낀 질투심)과 애정을 동시에 느꼈다. 부정적 감정을 제어하는 능력이 부족하다는 뜻이다. 창의성도 다소 부족해 보이는데, 이와 관련된 신경 경로를 더 개발하면 부정적 감정을 자각함으로써 깨달음을 얻고 자기 인식을 높일 수 있다.

물론 실제 신경 경로는 이렇게 단순하게 분류되지 않는다. 의사 결정과 논리적 사고를 관장하는 신경 경로, 혹은 신경 경로들이 따로 존재하는 것은 아니다. 서로 다른 생각이 다양한 지점에서 연결되고 융합하도록, 극도로 복잡한 전기 회로처럼 여러 개의 신경 경로가 역동적으로 얽히고설켜 있다. 또한 회로 내에서 어떤 신경 경로는 다른 신경 경로보다 훨씬 단단히 고정되어 있다.

문제는 위의 예시에서처럼 감정 조절이나 창의적 사고와 같은 신경 경로를 많이 쓰지 않으면 그 영역의 능력이 크게 발달하지 않거나 그 영역의 정보가 무시된다는 데 있다(뇌가 해당 정보를 걸러낸다). 이와 관련해 사람들이 가장 흔히 하는 말은 다음과 같다.

"내가 정말 원하는 게 뭔지 몰라 결정을 내리지 못하겠어요."

"나는 창의적으로 생각할 줄 몰라요."

"나는 직장에서 감정을 잘 표현하지 않아요."

말뿐이 아니라, 해당 영역의 능력이 아예 없는 것처럼 행동한다. 그러다 보면 우세한 신경 경로와 열세한 신경 경로가 나뉘고, 열세한 부분을 채우기 위해 우세한 신경 경로가 더욱더 발달해 사고의 균형이 깨진다. 가스레인지의 비유를 다시 들자면, 한두 개의 화로를 최대 화력으로 켜놓느라 나머지 화로에 공급할 가스가 바닥나는 것이다. 이런 상태로는 소스의 잠재력이 최대한 발휘될 수 없다.

신경과학자이자 심리 치료사인 대니얼 시걸Daniel Siegel은 그의 저서 《마음을 여는 기술Mindsight》에서 이런 현상을 뇌의 특정 영역을 '차단'하거나 '분리'시키는 행위로 묘사했다.[1] 인간은 누구나 힘들거나 고통스러운 감정으로부터 자신을 보호하기 위해 방어기제를 발동시킨다는 뜻이다. 우리는 흔히 연약하고 골치 아픈 원시적 감정을 직시하기보다는 그런 감정을 감추거나 단절하거나 무시하는 쪽을 택한다. 이 사실을 자각하면 덜 우세한 신경 경로를 다시 연결시켜 보다 더 통합적인 사고를 할 수 있다.

나는 코칭을 할 때 의뢰인의 사고 범위를 넓히는 데 가장 중점을 둔다. 의뢰인이 한두 개의 강점에만 의지하지 않고 모든 사고 능력을 종합적으로 활용하는 전체론적 접근을 하도록 돕는다. 어떤 문제나 상황을 여섯 가지 관점으로 일일이 생각하려면 처음에는 인위적이고 어렵게 느껴질 것이다. 하지만 계속 훈련하면 여섯 가지 사고를 동시에, 매끄럽게 하게 되는 순간이 온다. 정보가 자유롭게 흐르는 민첩하고 통합적인 뇌는 소스를 최대 출력으로 작동시키기 위한 필수 조건이다.

이제 각자의 뇌의 민첩성과 신경 경로를 검토하는 활동을 해볼 것이다. 우리는 흔히 어린 시절의 경험 때문에 내가 누구이며 무엇을 '잘'하고 '못'하는지에 대해 선입견을 갖고 있다. 잘못된 선입견에 휘둘리지 말고 솔직하고 열린 마음으로 각자의 신경 경로를 살펴보길 바란다.

우선 여섯 가지 신경 경로를 하나씩 평가해 현재 자신의 뇌가 얼마나 민첩한지 어느 정도 감을 잡은 뒤, 강한 영역과 훈련시켜야 할 영역이 무엇인지 알아보자.

신경 경로에 등급 매기기

1. 일기장의 두 면을 펼쳐 한가운데에 원을 하나 그리고 원 안에 '소스'라고 적어라.

2. 원에서 방사형으로 가지를 여섯 개 그린 뒤, 각각의 가지 위에 신경 경로의 이름, 즉 감정, 신체 반응, 직관, 동기 부여, 논리, 창의성을 적어라.

3. 강점 영역과 선호 영역을 파악하기 위해 가운데 원, 즉 '소스'에 뇌의 자원을 100퍼센트 쏟는 상황을 시각화해라. 최근 개인적으로나 업무적으로 본인의 지능을 최대치로 발휘해야 했던 상황을 세 가지 떠올려라. 중요한 회의를 하거나 가족이 위기에 처했을 때, 혹은 삶의 주된 결정을 내렸을 때를 상기해라.

4. 직관과 창의성, 논리는 내적이고 개인적인 기능인 반면, 감정과 신체 반응, 동기 부여는 타인과 교감하는 방식에 영향을 미치므로 외적 기능이다. 이 점을 염두에 두고, 세 가지 상황에서 각각의 신경 경로를 얼마나 효율적으로 작동시켰는지 퍼센트로 표시해라. 세 가지 상황에서 거의 작동하지 않은 신경 경로가 있는가? 세 가지 상황에서 모두 낮은 점수를 얻은 신경 경로가 있는가? 있다면 나머지 경로에 지나치게 의존하고 있다는 뜻이니 부족한 경로를 활성화하는 것이 좋다.

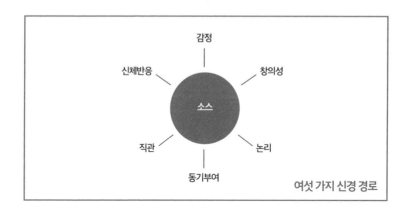

여섯 가지 신경 경로

이 활동을 하고 나면 강화하고 연습해야 할 영역에 초점을 맞출 수 있다. 여섯 가지 영역이 모두 완벽하게 균형을 이뤄야 하는 건 아니지만, 본인이 잘하는 영역을 알고 모든 영역이 충분히 잘 기능하고 있다는 느낌은 들어야 한다.

특히 논리에만 의존하기보다는 감정을 조절하고, 자기 자신을 알고(신체 반응), 자신의 육감을 믿고(직관), 동기를 부여하고 유지해 원하는 삶을 실현하는 능력을 충분히 개발해야 한다. 본인의 신경 경로는 얼마나 점수가 높게 나왔는가? 생각했던 것보다 더 직관적이거나 창의적인가? 지금껏 신경 경로 하나를 완전히 무시하고 살았을 수도 있다. 해당 경로의 피드백과 기능을 차단하면서 말이다. 본인이 이 경우에 속한다면, 현재의 신경 경로 패턴이 초래할 장기적 비용을 계산해 보고 그에 대한 생각을 적어라.

사고방식을 통합한 프레드

은행원인 프레드는 중요한 결정을 내릴 때마다, 심지어 개인적인 결정을 내릴 때도 장점과 단점 목록이 입력된 스프레드시트를 참고했다. 프레드는 매우 논리적인 사람이었다. 돈을 벌겠다는 의욕이 매우 강했고, 주어진 금융 목표를 달성하고 성공한 은행원이 되겠다는 욕구를 우선시하느라 일과 삶에서 겉보기에는 '보상이 적은' 영역을 무시할 때 종종 있었다. 그 결과 잘못된 결정을 내리고 뒤늦게 후회하는 일이 생겼다. 서류상으로는 수익성이 좋아 보이지만 왠지 찜찜한 거래를 밀어붙이거나, 분위기가 어떻든 흐름을 거슬러 자기만의 입장을 취할 수 있었는데도 '군중 심리'에 휩쓸려 투자할 때가 있었다.

앞서 소개한 뇌 민첩성 모델을 이용해 프레드의 신경 경로를 파악한 결과, 프레드는 자신의 육감을 믿고 중요한 결정을 내릴 때 더 창의적인 사고를 해야 했다. 그때부터 프레드는 투자를 할 때마다 여섯 가지 사고방식을 고려한 결정을 내렸다. 워낙 의욕이 강한 사람이라 뇌 민첩성 모델을 배우자마자 반드시 성공하겠다는 각오로 실행에 옮겼다. 결국 겨우 석 달 만에 여섯 가지 사고방식을 통합하는 '전뇌' 사고가 습관으로 자리 잡았고, 전뇌 사고를 통해 얻은 답을 진심으로 믿게 되었다.

차단된 신경 경로를
활성화하라

차단된 신경 경로를 활성화하려면 그와 관련된 행동을 연습하고 현재의 불균형을 새로운 행동으로 덮어서서 해당 신경 경로를 물리적으로 키워야 한다. 그러려면 '상대가 하는 말이 너무 추상적이지 않다면 공감하기'와 같이 구체적인 실행 목표를 세우는 편이 낫다. '타인의 감정을 더 이해하기'나 '자신의 감정을 더 표현하기'처럼 애매모호한 목표를 세우는 것보다 훨씬 효과적이다. 애매모호한 목표에는 흔히 '… 하지 않으면 너는 직장을 잃을 거야.', 또는 '… 하지 않으면 우리는 헤어질 거야.'처럼 노골적이거나 암시적인 위협이 꼬리표처럼 붙는다. 이런 위협은 '결핍'의 사고를 작동시키므로 장기적으로는 오히려 의욕을 떨어뜨린다.

내가 그동안 치료하고 코칭했던 환자와 의뢰인들의 경험을 바탕으로 구성한 아래의 예시는 신경 경로가 차단되는 전형적인 이유들이다. 본인에게 해당되는 상황이 있는지 살펴보자.

- 감정 : '사내아이는 울면 안 된다'고 생각하거나, 평소 억눌렀던 감정을 툭하면 고함과 울음으로 표출하는 가정에서 자랐다. 그래서 어른이 된 지금도 극단적인 감정을 자제하기 어렵다.
- 신체 반응 : 어릴 때 너무 작거나/너무 크거나/약하거나/비만이거나/

여드름이 났다. 혹은 자존감이 약해 주눅이 잘 들거나/자세가 구부정하거나/눈을 잘 못 맞추거나/상대의 신체 신호를 감지하는 데 서툴다. 이 때문에 승진을 하지 못한 것 같다.

- 직관 : 사춘기 때 어떤 결정을 내리면 비난이나 비웃음을 심하게 당했다. 그래서 내 직관을 믿지 못한다.

- 동기 부여 : 삶의 의미나 목적을 강하게 느껴본 적이 없다. 그래서 좋아하는 일을 찾는 걸 포기하고 연봉이 높은 안정적인 직장을 계속 다니고 있다.

- 논리 : 훌륭한 일을 하거나 훌륭한 사람이 될 만큼 똑똑하지 않다는 말을 듣고 자랐다. 그래서 대학에 가지 않았고 시험처럼 기억력이 좋아야 할 수 있는 일을 피하며 살았다.

- 창의성 : 창의적인 직업에 종사하는 사람은 보통 학창 시절 미술을 잘하는데, 나는 미술이나 음악에 소질이 없다는 말을 교사나 부모에게 들으며 자랐다. 그래서 어른이 된 뒤에도 안전하고 안정적인 일과 활동만 한다.

어떤 영역이 당신의 발목을 잡고 있는지 알겠는가? 본인에게 전혀 도움이 되지 않는 낡은 믿음에 사로잡힌 탓에 해당 신경 경로가 차단되지는 않았는가? 앞으로 그 영역을 집중적으로 개발할 것이며, 특히 4부에서는 자기계발을 가로막는 믿음을 새롭고 긍정적인 행동으로 덮어쓰는 실행 가능한 전략을 배워볼 것이다. 그러니 지금부터 당장 일기장에 진정으로 원하는 삶과 그런 삶을 이루지 못하게 하는 방해 요인을 적고, 나중에 액션 보드(277쪽)에 붙일, 내면의 욕구를 대변하는 이미지를 모으기 시작하라.

극단의 조화와 소스의 관계

앞서 언급했듯, 나는 다양한 철학 개념과 영적 개념에서 영감을 받으며 코칭을 할 때도 그 개념들을 활용한다. 뇌 민첩성 모델도 부분적으로는 음과 양, 빛과 어둠, 남성성과 여성성, 일과 삶의 균형을 중시하는 중국의 사상에 바탕을 두고 있다. 생명이 태어나고 존재하려면 양극단의 힘이 모두 필요하다는 사상이다. 실제로 모든 신경 경로가 잘 작동해야, 즉 뇌가 민첩해야 소스의 힘이 최대 출력으로 발휘되어 균형 잡힌 결정을 내릴 수 있다. 신경과학적으로 이는 너무나 당연한 얘기다. 뇌가 제 기능을 하려면 논리와 감정의 균형을 잡는 것이 무엇보다 중요하기 때문이다.

민첩한 뇌를
만들어라

전뇌 사고를 하기 위한 첫 번째 단계는 '나

의 사고방식은 얼마나 전체적이고 통합적인가'부터 점검하는 것이다. 누구나 선호하는 사고방식이 있고 자신의 약점을 이미 알고 있을 것이다. 약점은 피하기보다는 발전 가능한 영역으로 생각하고, 각기 다른 상황에서 그에 맞는 사고방식을 쓰는 연습을 하면 좋다.

프레드처럼 매번 여섯 가지 사고방식을 모두 쓸 수도 있고, 익숙하지 않은 행동 양식을 끌어내 새로운 사고를 촉진할 수도 있다. 핵심은 뇌의 자원을 더 많이 활용할수록 소스의 힘을 더 많이 끌어낼 수 있다는 점이다. 이제 다음 장을 시작으로 여섯 가지 사고방식을 하나씩 분석하면서, 각각의 사고방식을 뒷받침하는 과학적 근거와 그들의 힘을 극대화하는 실용적인 전략을 알아볼 것이다. 독자들도 각각의 신경 경로가 머릿속에서 자유롭게 작동하려면 어떻게 해야 할지 생각해보길 바란다. 여러분의 뇌에서는 여섯 가지 신경 경로가 모두 잘 작동하고 있는가? 차단되거나 차단될 위험이 있지는 않은가? 모든 신경 경로가 조화를 이루고 자유롭게 소통하려면 어떻게 해야 할까?

뇌를 바꾸려면 새로운 습관을 들여야 한다. '물을 더 많이 마시기'처럼 비교적 간단하고 구체적인 변화는 짧게는 21일, 길게는 66일까지 시간제한을 두어도 괜찮다. 그러나 공감 능력이나 회복탄력성, 자신감 키우기처럼 복잡하고 포괄적인 변화는 수치에 의존하기보다는 질적 평가를 하는 것이 좋다. 삶이 정말로 달라지고 있는지, 가령 인간관계가 개선되거나 자존감이 높아지고 있는지 돌아보면 된다.

각각의 신경 경로를 완벽히 파악해 소스를 극대화할 준비를 마치고 액션 보드를 만들면 가장 많은 노력을 기울여야 하고 가장 집중해야 할 영역이 무엇인지 확실히 깨닫게 될 것이다. 액션 보드에 붙일 이미지를 모으고 있다면 이미 감을 잡고 있을 것이다. 여러분은 꿈꾸는 삶을 실현할 힘이 내 안에 있다는 사실을 자각했다. 이제 본격적으로 '완전한 나'를 찾는 여정을 떠나보자!

The Source

Chapter 06

감정:
기분을 제어하라

사람을 대할 때는, 논리의 동물이 아니라
감정의 동물을 상대하고 있음을 명심하라.

데일 카네기|Dale Carnegie

뇌의 민첩성을 좌우하는 신경 경로 중 제일 먼저 다루는 것만 봐
도 알 수 있듯, 감정은 우리가 개발해야 할 가장 중요한 신경 경로다.
감정은 까다로운 만큼 발전 가능성이 크기도 하지만, 워낙 내밀하고
근본적이며 원시적이라 다른 모든 영역, 즉 뇌와 몸의 연관성, 직관,
동기 부여, 인간관계, 미래를 위한 최선의 결정을 내리는 능력 등에
연쇄 효과를 일으키는 'X 요인(설명하기 어렵지만 성공에 필수적인 특별 요
소)'이다.

현대인들은 수많은 요인, 특히 사회적 기대와 소셜 미디어로 인

해 자신의 감정과 온전히 소통하는 능력을 잃어버리고 있다. 그러나 일과 삶에 있어 미래의 성공을 보장하려면 가장 먼저 정서 지능을 높여야 한다.

감정은
'야생마'가 아니다

인간의 고유한 지적 능력을 남김없이 발휘하려면 감정에 휘둘리지 않는 법과 직장이나 가정, 인간관계에서 타인의 감정을 세심하고 정확하게 읽어 반응하는 법을 배워야 한다. 다른 신경 경로도 그렇지만 특히 논리와 감정은 균형이 중요하다. '논리는 선이고 감정은 악이다.'는 기존의 흑백 논리는 감정을 조절하는 것이 인생을 바꾸는 데 가장 중요한 요소라는 사실이 과학적으로 밝혀지면서 힘을 잃었다.

최근 몇 년 사이 학자들은 감정이 기능하는 방식을 새롭게 보기 시작했다. 예전에는 감정을 마차를 끌듯 정신을 이리저리 제멋대로 이끄는 '야생마'로 여겼지만, 이제는 감정을 조절하는 인간의 능력이 생각보다 훨씬 뛰어나다는 사실을 밝혀냈다. 뇌 영상 촬영 결과, 정서적 반응이 일어날 때 뇌의 모습과 감정이 촉발되는 방식과 의식적으로 감정을 조절할 수 있다는 사실이 밝혀진 것이다. 게다가 다행스럽게

도, '내면의 풍경'을 더 좋게 바꾸고 감정의 스펙트럼을 폭넓게 활용해 삶의 질을 높이는 능력, 즉 정서 조절 능력을 높이는 방법이 수도 없이 많다는 사실도 과학적으로 입증되었다.

감정은 '움직이는 에너지'를 뜻하는 라틴어, 'emotere(이모테르)'에서 유래한 단어다. 감정은 뉘앙스와 특징을 지닌 일종의 에너지이며 우리가 삶을 경험하는 방식을 좌우하는 필터 역할을 한다. 누구나 감정을 느끼는 과정을 수동적이 아닌 능동적이고 생산적인 과정으로 바꿀 수 있지만, 분노나 흥분처럼 강력한 기초 감정에 휘말려 있을 때는 그럴 수 없다. 이러한 감정은 자기도 모르게 '생겨나지만', 소스를 극대화하면 감정을 훨씬 잘 통제해 감정의 노예가 아니라 주인이 될 수 있다.

사실 감정이 생겨난다는 말은 비유적 표현만은 아니다. 감정은 인간의 뇌에서 가장 원시적인 부위인 변연계의 편도체에서 발생한다. 뇌는 편도체에서 감정이 발생하면, 그 감정을 해마에 저장된 기존의 기억과 연결한다. 그런 다음, 전전두엽 피질이 기존의 기억 중에 어떤 기억이 현재의 감정과 관련 있는지 결정한다. 과거의 경험에 근거한 패턴 인식 체계를 거친 감정을 어떻게 해석할지 결정하는 것도 전전두엽 피질이다. 이를 바탕으로 뇌는 논리적 사고와 직관, 정서 지능을 활용해 방금 일어난 일에 대한 일련의 반응과 감정을 해석하고, 필요하다면 대응할 행동을 강구한다.

누구나 온갖 감정이 한꺼번에 솟구쳐 도저히 균형 잡힌 반응을 할 수 없을 때가 있을 것이다. 그럴 때 뇌는 정반대 성질의 화학 물질이 마구 분비되면서 발생하는 강렬한 감정에 휩싸여 휘청거린다. 가령 강렬한 질투심에 사로잡히면 사랑과 분노, 역겨움의 감정이 강도 높은 수준으로 한꺼번에 마구 치밀어 오른다.

그럴 때는 감정을 가라앉히려고 타인이나 자기 자신을 향해 갑자기 공격성을 분출하는 것과 같은 극단적 행동을 하기 쉽다. 그러나 이 책에서 배운 이론을 적용하고 훈련법을 따르면 스스로에게 부끄럽지 않은 방식으로 반응할 수 있을 것이다.

여덟 가지
감정 유형

감정을 통제하는 법을 배우기 전에 우선 감정의 유형와 각각의 감정을 무엇을 의미하는지 살펴보자. 다음은 인간의 기본 감정 여덟 가지를 보여주는 도표다.

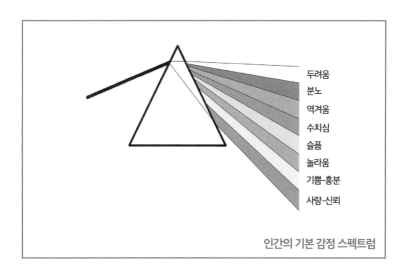

두려움
분노
역겨움
수치심
슬픔
놀라움
기쁨-흥분
사랑-신뢰

인간의 기본 감정 스펙트럼

앞서 배웠듯, 인간의 감정은 모두 특정 신경 전달 물질의 수치와 관련 있다. 여덟 가지 기본 감정 중 다섯 가지 생존 감정, 즉 두려움과 분노, 역겨움, 수치심, 슬픔은 스트레스 호르몬인 코르티솔의 분비와 관계가 있다. 이들 감정은 대체로 잠재의식에서 작동하며 모두 복잡한 행동을 일으키는 도피 및 회피 반응이다. 연설이나 소개팅처럼 스트레스가 유발될 것 같은 상황을 피하고 싶을 때 느끼는 감정이 바로 생존 감정이다. 생존 감정을 억제하지 않으면 무력감을 일으키고 자신감을 떨어뜨리는 최악의 상황을 상상하게 된다. 급기야는 뇌에서 '투쟁 또는 도피' 반응이 일어나, 자칫하면 행동을 통제하지 못하거나 침착성을 잃게 된다.

두 종류의 애착 감정, 즉 사랑/믿음과 기쁨/흥분은 옥시토신과 세로토닌, 도파민이 수용체 뉴런에 영향을 미치면서 발생한다. 뇌의 보상 체계를 작동시키는 이 호르몬들이 분비되면 사랑하는 사람과 포옹하거나 달리기처럼 기분이 좋아지는 행동을 반복하고 싶어진다. 호르몬과 보상 체계가 건전한 행동을 습관화하는 데 도움이 되는 이유다. 가령 운동이 끝나고 기분이 매우 좋아진 경험을 하고 나면 누가 시키지 않아도 체육관에 가고 싶어진다. 호르몬과 보상 체계는 부정적 행동을 강화하기도 한다. 알코올이나 '나쁜 남자'와의 연애가 왜 해가 되고 중독이 되는지 모르는 사람은 없을 것이다. 물론 보상이 확실한 일이나 운동도 중독성을 띨 수 있으니, 어떤 행동이든 적당한 수준을 유지하는 것이 중요하다.

도표에 나와 있듯, '생존'과 '애착' 사이에 위치한 감정은 '놀라움'이다. 놀라움은 반응 상태를 애착에서 생존으로, 혹은 생존에서 애착으로 단번에 바꾸는 '강화' 감정으로, 이 범주에 속한 감정은 놀라움뿐이다. 놀라움의 기저를 이루는 호르몬은 여타 신경 화학 물질의 효력을 강화하는 노르아드레날린이다. 놀라움은 롤러코스터의 꼭대기에 다다르거나 공포 영화를 볼 때, 즉 바로 다음 순간 웃음이 나올지 비명이 나올지 모르는 상황에서 생기는 감정이다. 익숙한 반응을 제치고 낯선 반응을 일으키는 이 긴요한 감정을 활용하면 반복되는 문제를 완전히 새로운 방식으로 해결할 수 있다. 내가 겪고 있는 문제를 놀랍도록 새로운 시각으로 보는 친구의 조언을 얻기만 해도 생존 모드가 풍요와 자기 인식의 모드로 바뀐다. 나와는 다른 시각을 제공하는 심리 치료나, 코칭(의뢰인이 스스로 목표를 설정하고 달성하며 역량을 강화하도록 돕는 것-옮긴이), 충격 요법과 같은 심리적 개입을 해도 같은 효과를 얻을 수 있다.

뇌에 깊이 새겨지는 것은 우리가 직접 경험한 감정이다. 그러니 감정을 조절하고 의욕을 잃지 않으려면 뇌가 느끼는 감정이 적절한 균형을 이뤄야 한다. 인생에는 모든 종류의 감정이 다 필요하지만 그중 하나라도 너무 많거나 너무 적으면 문제가 된다.

나의 감정을
파악하라

우리는 누구나 자라면서 타인과 관계를 맺고, 자기 자신을 표현하고, 사랑을 주고받고, 의견의 차이를 좁히는 자기만의 방식을 터득한다. 이렇게 '각인'된 방식과 감정은 삶을 살아가면서 다른 상황과 인간관계에 투영된다. 무의식에서 이뤄지는 이 강력한 사고 과정은 인간관계와 자기 자신을 바라보는 시각, 사고 및 행동방식에 심오한 영향을 미칠 수 있으므로 관심을 기울여야 한다.

한 가정의 정서적 특징은 그 가정의 구성원이 감정을 조절하고 표현하는 방식에 큰 영향을 미친다. 감정 표현이 과한 가정, 다시 말해 시끄러운 말다툼이나 고함, 울음소리처럼 격앙된 표현을 자주 하는 가정에서 자란 사람은 내성적이고 자기표현을 좀처럼 하지 않는 사람과는 관계를 맺기 어려울 것이다. 또한 업무상 논쟁이 과열될 때 어린 시절 가정에서 학습된 행동을 억제하기 힘들 것이다.

감정을 파악하는 간단한 퀴즈

다음의 다섯 가지 질문에 답해보자. 잠시 시간을 내 답을 고민해 보고, 원한다면 일기장에 적어라.

1. 어릴 때 내 가족은 주로 어떤 유형의 감정을 표현했는가? 의견의 차이나 어려운 대화는 어떤 식으로 풀어갔는가?
2. 나는 나의 정서적 반응을 얼마나 잘 이해하고 있는가?
3. 나는 감정을 잘 조절하는가? 격렬한 분노와 두려움과 같은 압도적인 감정이 치밀어 오를 때 그 감정에서 벗어나 다시 현재 상황에 집중할 수 있는가?
4. 나는 처음 만난 사람과 얼마나 쉽게 친밀한 관계를 맺을 수 있는가?
5. 나는 타인과 대화를 나눌 때 서로 이해하고 교감하는 느낌, 즉 '통했다.'는 느낌을 얼마나 자주 받는가?

자신의 정서적 강점은 무엇이고 발전이 필요한 감정은 무엇인지 마음속에 그려보라. 상대방이 누구냐에 따라 감정을 조절하는 능력이 달라지는가? 스트레스를 받으면 감정이 바뀌는가? 직장에서는 감정을 잘 억제하지만 가정에서는 쉽게 성질이 나는가? 휴가를 보낼 때, 혹은 보낸 뒤에 전혀 딴 사람이 되는가?

'정서 지능이 높다'와 '예민하다'는 다르다

정서 지능이 높은 것과 예민한 것은 전혀 다르다. 자기가 예민하다고 말하는 사람들은 본인의 감정에만 민감하게 반응할 뿐 타인의 감정에는 멍청할 정도로 둔감한 경우가 많다. 정서 지능도 늘 일관되게 유지되는 것이 아니다. 정서 지능이 높은 사람도 본인이 주변 사람들에게 미치는 정서적 영향을 전혀 눈치 채지 못하고 자기만의 감정에 사로잡히는 실수를 종종 저지른다(주로 이혼이나 중년의 위기처럼 극심한 혼란을 겪을 때). 이 사실을 인정하려면 깊이 있는 성찰과 겸허한 태도가 필요하며, 그동안의 코칭 경험을 돌아보면 남녀 모두 똑같은 확률로 이런 실수를 했다.

'감정이 없는 사람'이었던 니콜라

코칭을 시작할 때만 해도 니콜라는 자신을 '감정이 없는 사람'으로 묘사했고 자신이 달라질 수 있으리라는 기대가 전혀 없었다. 30대 중반의 레스토랑 지배인이었던 니콜라는 직원들에게 가혹한 피드백을 주기로 유명했다. 그녀의 식당은 직원의 생일에 다과를 즐기는 전통이 있었는데, 그녀는 그 모임에 한 번도 참석하지 않았다. 용기를 내 직원들과 담소를 나누며 그들에 대해 더 알아가기보다는 사무실에 남아 일을 하는 게 더 편하다고 했다. 당연하게도 니콜라는 직원들과의 관계가 그리 좋지 않았다. 내가 "감정으로 생각을 바꿀 수 없듯, 생각만으로는 감정을 바꿀 수 없습니다."라고 말하자, 니콜라는 다소 불쾌하고 당황한 표정을 지었다. 나는 우선 그녀와 사이가 좋지 않은 직원들에게 보내야 할 이메일에 대해 조언했다. '내 생각에는'으로 시작하는 문장의 절반 정도를 '내가 느끼기에는'으로 시작하게 했다. 니콜라는 말이 아닌 글이라 부담을 덜 느꼈고, 덕분에 느낌이라는 단어를 점점 더 편하게 쓰게 되었다.

니콜라는 어린 자녀를 키우고 있었는데, 직장 일이 힘든데도 아이들은 물론 아이들의 보모와도 좋은 관계를 유지하기 위해 최선을 다했다. 나는 그녀에게 행동을 똑같이 할 필요는 없지만 아이를 키울 때 중시하는 가치를 직원을 교육할 때도 적용해보라고 조언했다. 다행히 이 조언은 그녀의 마음에 가닿았고 그 뒤로 니콜라는 아이를 보살피듯 직원을 대하기 시작했다.

끼어들지 않고 상대의 말에 경청하기, 상대와 눈을 맞추기, 대화할 때는 다른 일을 하지 말고 상대에게 집중하기, 말할 때 '내 생각에는', '내가 결정한 바로는', '내가 원하는 것은'보다 '내가 느끼기에는', '내가 믿는 것은', '내가 좋아하는 것은'을 쓰기 등 감정을 조율하는 연습을 한 지 겨우 몇 주 만에 니콜라와 직원들의 관계는 극적으로 달라졌다.

이 사례에 공감이 가는 부분이 있다면, 본인의 삶에도 비슷한 방식을 적용해 효과를 볼 수 있을지 생각해보라. 가정이나 직장에서 한 걸음 물러나 기존의 방식과 조금 다른 방식을 따를 수 있겠는가? 평소 쓰는 어휘가 본인의 장점을 드러내고 있는가? 어떤 표현을 추가하면 좋을 것 같은가?

감정은 유용한 도구다

누구나 자신의 정서적 풍경을 통제할 수 있다. 감정은 외부 세계의 자극에 대한 반응을 조합할 때 활용할 수 있는 도구다. 몇 년 전 어느 학회에서 하버드대학교 심리학과 교수 엘렌 랭어는 감정을 인간이 어찌할 수 없는 자연의 힘이 아니라 요리사의 식료품 저장실에 있는 재료로 묘사했다. 요리사가 식료품 저장실에서 재료를 고르듯 우리도 감정을 고를 수 있다. 이 과정을 주도하는 뇌는 놀라움 한 자밤과 흥분 한 방울, 두려움 한 움큼을 섞는 식으로 '재료'를 고르고 조합해 현재 직면한 상황에 맞는 반응을 만들어낸다.

비유하자면, 타인의 언행으로 속이 상할 때 스크램블드에그를 만들 수도 있고 케이크를 만들 수도 있다. 어떤 반응을 하느냐는 우리의 손에 달렸다. 물론 자신의 감정을 인식하는 능력이 뛰어난 사람이 있는 반면, 약한 사람도 있다. 감정에 휘둘리는 사람은 어떤 행동을 할 때 자기도 모르게 하는, 다시 말해 자동 조종 상태로 움직이는 좀비 요리사와 같다.

감정을 조절하는 능력은 반드시 키워야 하는 능력이다. 마음챙김과 같은 수련을 하면 생각과 반응 사이의 간격을 늘릴 수 있다.

'편도체 납치'에 대한 재고

'편도체 납치'는 1996년 대니얼 골먼Daniel Goleman이 그의 저서 《EQ 감성지능》에서 주창해 유명해진 개념이다.[1] 골먼은 두려움이나 분노와 같은 강렬한 감정에 압도된 상태를 묘사할 때 이후의 생각과 행동을 전혀 제어할 수 없다는 뜻에서 감정에 '납치'되었다는 표현을 썼다. 그러나 지난 몇십 년 사이, '편도체 납치' 상태에서 감정을 조절하기 힘든 건 사실이지만 그

THE SOURCE, 부의 원천

럼에도 누구나 자신의 감정을 인식해 이후의 행동을 조절하고 개선할 수 있다는 사실이 과학적으로 입증되었다. 실제로 내 의뢰인 중에 직장에서 화를 더 잘 참는 데 실패한 사람은 아무도 없었다. 흥미롭게도 믿음은 행동방식에, 심지어 무의식적으로도 영향을 미친다. 이 책의 독자들은 지금껏 옳다고 믿었지만 도움이 되지 않았던 믿음을 깨고 더 나은 미래를 설계할 수 있을 것이다.

정서 파악 능력 키우기

자신의 감정과 그 감정이 자신에게 미치는 영향을 이해하면 정서 파악 능력, 즉 감정이 생길 때 그 감정을 인식하고 이름을 붙이는 능력을 높일 수 있다. 연구 결과, 규칙적으로 명상을 한 사람은 하지 않은 사람보다 정서 파악 능력과 자제력이 높았고 더 차분했다.[2] 또한 예일대학교의 연구에 따르면, 규칙적인 명상을 하니 많이 할수록 불행해지는 것으로 드러난 반추(反芻, 어떤 일을 되풀이하여 음미하거나 생각하는 것)가 줄어들었다.[3]

우선 감정 스펙트럼 도표를 다시 보면서(179쪽) 본인이 자주 느끼는 감정과 자주 느끼지 않는 감정을 파악하라. 지금껏 차단하고 살아온 감정이나 말로 표현하기 어려운 감정도 있을 것이다. 각각의 감정이 미치는 영향은 제각기 다르지만, 어떤 감정이든 감정이 일어나는 순간 직시하면 그 감정에서 한 걸음 떨어질 수 있다. 객관성을 유지하면 아무리 강한 감정이라도 사로잡히지 않을 수 있다. '슬픔'이나 '분노'의 감정이 일어나면 그 단어를 소리 내어 말해보라. 대수롭지 않아 보이지만 놀라울 정도로 큰 효과를 발휘하는 방법이다.

분노를 잘 조절하지 못하는 의뢰인들을 코칭할 때가 있는데, 보통 이런 사람들은 남자든 여자든 얼굴이 붉어지도록 고함과 비명을 질러 동료 직원들을 울렸다. 어떤 남자 의뢰인은 부하 직원 앞에서 분노를 주체하지 못해 울음을 터뜨리기까지 했다. 놀랍게도, 어떨 때는 자신이 이성을 잃었다는 사실을 인식조차 하지 못했다. 나중에 가족이나 동료들이 불평을 하면 자신이 정말 그랬느냐며 어리둥절해한다. 그럴 때마다 나는 '편도체 납치'는 근거 없는 속설이며 그런 행동은 절대 용납되지 않으니 당장 멈춰야 한다고 못을 박는다. 예전에 소아 정신과에서 아이들에게 하던 식으로 말이다!

의뢰인들은 대부분 내 말에 동의를 하긴 했으나, 심할 때는 인식조차 하지 못하는 행동을 어떻게 멈추느냐며 어려움을 호소했다. 나는 다음에 또 비슷한 상황이 벌어지면 상황이 끝난 뒤에 어떻게 반응했다면 더 좋았을지 되돌아보라고 주문했다. 그런 다음 또 같은 상황이 발생하면, 과잉 반응을 그 자리에서 바로 멈추지는 못해도 자신이 과잉 반응을 하고 있음을 인지하게 했다. 마지막으로는 조짐이 느껴지자마자 바로 과잉 행동을 멈추게 했다. 마지막 단계가 성공하려면,

'분노'의 조짐을 일찍 알아차리는 법과 분노에서 벗어나거나 '정지'하는 법을 연습시켜야 했다.

'정지' 신호 기법

이 훈련은 내가 소아 정신과 의사였던 시절 분노 조절 장애가 있는 아이들의 가족 심리 치료를 할 때 내가 자주 썼던 기법이다. 최근 나는 임원들을 코칭할 때 다시 이 기법을 쓰기 시작했다.

눈을 감고 치미는 분노를 주체하지 못했던 순간을 떠올려라. 화가 난 이유를 떠올리고 분노가 온몸을 휘감고 있다고 상상해보라. 피부와 가슴, 입, 근육, 정신을 뒤덮은 분노를 느껴라. 분노가 생생하게 느껴지면, 크고 빨간 '정지' 신호판을 들고 있는 모습을 시각화하라. 신호판이 등장하는 순간, 근육이 이완되면서 분노가 온몸을 빠져나가 완전히 소멸하게 하라. 실제 상황에서 이 방법으로 침착함을 유지할 수 있을 때까지 연습하라.

극단적인 감정을 다스리기 위해 요가나 명상, '정지' 기법처럼 몸을 쓰는 마음챙김 수련을 하면, 시간이 갈수록 자연스럽게 극단적인 감정을 누그러뜨릴 수 있다. 물론 그냥 한숨 푹 자고 감정이 가라앉으면 다시 시작하는 게 최선일 때도 있다!

패러다임을 바꿔라

인정하든 인정하지 않든, 우리는 모두 감정의 동물이다. 우리가 내리는 결정은 모두 감정의 영향을 받는다. 정서 지능을 높이면 균형 잡힌 상태를 기본으로 설정하고 그 상태를 더 오래 유지할 수 있다. 살다 보면 누구나 스트레스를 받아 결핍의 사고와 생존 모드가 작동할 때가 있지만, 그 사실을 인지하고 균형을 되찾는 조치를 최대한 빨리 해야 뒤따르는 위험한 함정을 피할 수 있다.

이 함정이 어떤 방식으로 해를 끼치는지는 직관적으로 알 수 있다. 극단적인 감정에 휘둘려 산 지난 세월이 후회되고 지칠 대로 지친 상태인가? 혹은 감정을 억누르고 매사에 생각이 너무 많고 육감을 믿지 않은 탓에 손해를 보았다는 사실을 뒤늦게 깨달았는가? 어느 쪽이든 현명한 결정을 내리지 못했다는 '후회'가 조금이라도 든다면, 감정을 조절하지 않으면 결코 소스를 끌어낼 수 없다는 진리를 받아들여야 한다. 이성적으로 감정에서 벗어나려 애쓰는 것도 소용없지만, 자신을 감정의 '날씨'에 휩쓸린 희생자로 여기는 시각도 도움이 되지 않는다. 감정은 우리의 본모습을 드러내주고 우리가 세상과 삶을 경험하는 방식을 좌우하는 도구일 뿐이다.

감정을 애써 묻은 적이 있는가? 개인적으로 곤란한 상황이 벌어졌을 때 감정적으로 대처한 적이 있는가? 건강을 더 잘 돌보고 명상으로 마음챙김을 하며 4부에서 살펴볼 실용적인 훈련법을 따라 감정의 '날씨'를 맑음으로 바꾸면 보다 더 풍요로운 관점으로 삶을 살 수 있다. 감정에 지배되거나 감정을 두려워하고 묻기보다는 감정을 통제하는 힘을 되찾을 수 있다.

다음 장에서는 몸과 마음의 관계를 분석하고, 심신의 연결 고리를 강화해 감정뿐 아니라 몸도 균형 잡힌 상태를 이루는 법을 배워볼 것이다.

The Source

Chapter 07

신체 반응:
너 자신을 알라

———————————————————————————————

몸은 마음이 하는 말을 모두 듣는다.

나오미 주드Naomi Judd

일반적으로 몸과 마음의 연관성은 자기 관리와 밀접한 관련이 있다. 몸 상태가 좋다는 것은 몸을 잘 돌보고 있다는 뜻이며, 몸에 특별히 더 관심을 기울이고 신경 쓸 필요가 없다는 뜻이다. 심리 상태에 따라 달라지는 신체상과 스스로에 대해 자신감이 있다는 뜻의 영어 표현, 'feeling comfortable in our own skin'도 몸과 마음의 연관성을 보여준다. 몸은 우리가 건강과 관련해 어떤 행동을 하는지 알려준다. 수영장에서 물 밖으로 나올 때 힘이 들어가는 삼두근부터 자신감이 있고 마음이 편안할 때 뒤로 젖혀지는 턱, 구부정하게 움츠러들어 있다가 주말에 요가 수업을 듣고 나면 펴지는 어깨에 이르기까지 모두 나름의 이야기를 담고 있다. 다음의 '몸 살피기'를 통해 내 몸은 어떤 이야기를 들려주는지 알아보자.

몸 살피기

일주일에 한 번씩 자신의 몸을 살펴라. 몸 살피기가 끝날 때마다, 무엇을 발견했고 어떤 기분을 느꼈는지 적어라.

- 두 손을 무릎 위에 올리고 발바닥을 바닥에 붙인 자세로 의자에 똑바로 앉아라. 신발을 벗고 발바닥으로 바닥을 느끼면 더 좋다. 다리를 꼬거나 팔짱을 껴서는 안 된다. 눈을 감고 긴장을 풀어라.
- 몸을 찬찬히 살펴라. 긴장됐는지 이완됐는지, 빈 공간이나 벽, 사람, 옷 등 주변에 무엇이 있는지 관찰하라. 몸의 무게와 의자에 앉아 있는 느낌, 바닥의 느낌, 다리와 엉덩이가 의자의 표면에 닿아 있는 느낌에 주목해라.
- 심호흡을 네 번 해라. 천천히 넷을 세면서 코로 천천히 숨을 들이쉬고 더 천천히 내쉬어라. 들이쉴 때는 산소가 온몸에 활기를 불어넣는 느낌을, 내쉴 때는 몸의 긴장이 한층 더 풀리는 느낌에 집중해라.
- 발의 느낌에 주의를 기울이고, 발바닥이 바닥에 닿는 감각에 집중해라. 발의 무게와 압력, 떨림, 체온을 느껴라. 발가락을 쭉 뻗어라. 발에

서 위로 올라와 다시 의자에 기댄 다리에 감각을 집중해라. 다리의 압력과 맥박, 무거움, 혹은 가벼움을 느껴라.

- 척추의 맨 아래부터 위까지 의식하면서 의자에 기대어 있는 등의 감각에 집중해라.

- 이제 배에 의식을 집중해라. 배에 힘이 들어가 있으면 빼라. 숨을 들이쉬어라.

- 손의 감각에 집중해라. 손에 힘이 들어가 있거나 손을 꽉 쥐고 있는가? 그렇다면 힘을 빼라. 손가락의 감각을 하나씩 따로 느껴라.

- 팔의 감각에 집중해라. 팔의 느낌이 어떤지 살펴라. 일부러 늘어뜨리지는 말고 어깨에 힘을 빼라.

- 목과 목구멍에 의식을 집중해라. 턱을 아래로 조금 당겨 척추를 늘려라. 긴장을 풀고 턱의 힘을 빼라. 혀가 입천장에 붙어 있다면 떼라. 얼굴과 얼굴 근육은 물론이고 안구도 힘을 빼라.

- 머리 꼭대기로 의식을 옮겨라. 잠시 쉬다가 머리 꼭대기에서 척추의 맨 아래로 의식을 이동시킨 뒤, 몸 전체로 의식을 확장해라. 몸 전체를 통일되고 연결되어 있으며 숨을 쉬는 하나의 독립된 개체로 인식해라.

- 셋을 세며 심호흡을 한 다음 눈을 떠라.

어떤 느낌이었는지 적어라. 긴장이 느껴지는 부위가 있었는가?

몸의 한쪽이 다른 한쪽보다 더 긴장되어 있었는가? 의식적으로 긴장을 풀려고 노력하면 긴장이 풀렸는가?

내수용성 감각

외부 세계를 경험하게 해주는 주된 신체 감각, 즉 시각, 청각, 미각, 후각, 촉각을 모르는 사람은 없을 것이다. '내수용성 감각'은 다르다. 몸 안에서 벌어지는 일을 느끼고 이해하게 해주는, 오감에 비해 덜 알려진 감각이다. 내수용성 감각 덕분에 인간은 자신의 몸을 '읽을' 수 있다. 내수용성 감각이 있기에 배고픔과 갈증, 체온부터 심박수, 소화 상태에 이르기까지 몸이 보내는 신호를 감지할 수 있는 것이다.

내수용성 감각에 문제가 있는 아이들은 배고프거나 덥거나 춥거나 목마를 때를 잘 감지하지 못한다. 식사를 마칠 때쯤 감지되는 배부른 느낌과 화장실에 가고 싶은 느낌을 떠올려보라. 이런 신호는 대부분 정확히 '읽을' 수 있지만, 늘 작동하고 있는데도 간과하기 쉬운 미묘한 느낌도 있다. 가령 일을 하다 에너지가 떨어지는 느낌이 들어 쉬거나, 배우자에게 고함을 치고 후회할 말을 할 것 같아 싸우는 도중에 자리를 피하는 것은 미묘한 내부의 느낌을 감지한 덕분이다.

경험은 내수용성 감각에 영향을 미친다. 성욕이나 식욕 감퇴를 비롯해 몸이 보내는 신호를 정확히 해석하는 능력은 다양한 유형의 감정을 인지하거나 무시했던 경험에 따라 달라진다.[1]

건강과 감정, 행복을 대하는 가족의 태도가 내수용성 감각에 영향을 미친다는 뜻이다. '표정 변화가 거의 없는', 다시 말해 감정을 좀처럼 드러내지 않는 부모는 아이가 감정적으로 반응하면, '괜찮아'나 '유난 떨지 마.', '잔말 말고 그냥 해.'라는 말로 아이의 감정을 묵살한다. 그동안 코칭한 의뢰인들을 돌이켜보면, 그런 부모 밑에서 자란 사람은 신체적으로나 정신적으로 상처를 입어도 상처를 암시하는 신호를 잘 읽지 못했다. 다른 일을 먼저 처리하느라 몸의 신호를 무시하며 살아온 사람은 몸과 마음의 숨은 연결 고리를 이해하기 어렵다.

몸이 보내는 내면의 신호를 포착하고 그에 반응하지 못하는 것은 몸의 내부 상태와 단절되었을 때 나타나는 전형적인 증상이다. 뇌는 몸에서 뇌간, 시상, 뇌섬엽, 체성 감각 피질, 전대상 피질과 같은 하위 신경 영역으로 전달되는 신호를 끊임없이 통합해, '너무 덥다'처럼 단순한 피드백부터 '기분이 좋다'나 '긴장된다'처럼 일반적이고 복잡한 피드백에 이르기까지 몸의 생리 상태에 대한 세부적 피드백을 제공한다. 이 과정은 체온과 혈압과 같은 활력 징후를 건강한 상태로 유지하는 데 도움이 되며, 몸의 신호에 집중할수록 뇌와 몸이 더 밀접하게 연결된다는 점에서 잠재적으로는 자기 인식을 높여준다.

내수용성 감각으로 포착된 신호는 심장, 혈액, 폐, 피부를 비롯해 위장계, 비뇨 생식계, 내분비계, 면역계와 관련된 다수의 신경 경로를 통해 뇌에 전달된다. 내수용성 감각이 고도로 발달된 사람은 심지어 증상이 나타나기 며칠 전에 면역계의 감각이 작동해 감기에 걸릴 조짐을 느낀다. 아프기 며칠 전 뚜렷한 증상은 없지만 어딘가 아플 것 같은 느낌을 희미하게 감지한 적이 있을 것이다. 예전에는 순전히 직관 때문인 줄 알았지만, 이제는 내수용성 감각이 작동한 덕분이라는 사실이 밝혀졌다. 우리의 몸은 맥박수가 조금 올라가거나 머릿속이 안개처럼 뿌옇게 되거나 목구멍 뒤쪽이 따끔거리는 등 다양한 미세 신호를 보내 면역계가 부지런히 작동하고 있다는 사실을 알린다. 뇌는 이 모든 신호를 받아 문제가 생겼다는 경보를 울린다. 어떻게 반응하느냐는 우리에게 달렸다. 경보를 감지해 보충제를 추가로 복용하고 수분을 충분히 섭취하고 수면 시간을 늘릴 수도 있고, 경보를 무시하고 계속 몸을 혹사할 수도 있다.

하필 계획한 휴가를 떠나는 첫날에 독감이나 장염에 걸리는, 이른바 '휴가 후유증'을 앓아본 적이 있을 것이다. 이는 우리가 몸이 뇌에 보낸 메시지를 무시하거나 읽지 못한 탓에 억눌려 있던 면역계가 방어벽이 낮아진 틈을 타 복수에 나섰음을 알려주는 중요한 경보 신호다. 역으로, 스트레스와 불안이 병적으로는 아무런 이상이 없는데도 심신의 고통을 유발하기도 한다. 그래서 나는 가끔 나 자신에게 다음과 같은 질문을 던지며 자기 대화를 나눈다. '지금 내 몸이 아프거나 편치 않은 이유가 뭘까? 스트레스 때문일까?'

내수용성 감각이 뇌와 몸의 신경 경로를 사용하는 방식은 오감이 눈과 귀, 혀를 시각과 청각, 미각을 담당하는 뇌 부위와 연결하는 신경 경로를 사용하는 방식과 매우 흡사하다. 더 많은 연구가 필요한 복잡하고 신비로운 감각이긴 하나, 내수용성 감각을 탐구하면 뇌와 몸의 연결 고리를 강화하고 건강과 행복을 증진하며 소스의 잠재력을 키울 수 있다.[2] 몸 살피기 훈련이 자기계발에 꼭 필요한 요소인 것은 이 때문이다.

삶이 극적으로 달라진 앤디

언론계 종사자인 앤디는 36세의 남성으로 폐렴을 앓고 난 뒤 성인 천식 증세가 생겨 안색이 창백하고 아파 보였다. 건물 한쪽 끝에서 반대쪽 끝까지 걷기만 했는데 숨이 찬 적이 있을 정도였다. 앤디는 근무 시간이 긴 데다, 자기 몫의 회사 주식으로 번 수익금으로 가족이 함께 살 꿈의 집을 구입했으나 그 집이 시골에 있어서 출퇴근 하는 데 세 시간이나 걸렸다. 그의 표현을 빌리자면 '황금 수갑'을 찬 탓에 퇴사하고 싶어도 그럴 수 없는 앤디는 3년이 다 되도록 자기 몸을 혹사하고 있었다. 어떻게 해야 잠시 숨을 고르며 현재 상황을 점검할 수 있겠느냐고 묻자, 앤디는 "병원에 또 입원하면 쉬겠죠."라고 말하며 울음을 터뜨렸다.

앤디는 예전에 취미로 즐겼던 장거리 사이클 경주 이야기를 자주 했는데 그때마다 안색이 환해졌다. 그러나 지금은 빡빡한 업무 일정과 긴 통근 시간 때문에 취미 생활을 할 여유가 없었다. 그에게 주말은 가족과 함께 하는 신성한 시간이었으므로, 사이클 훈련을 하려고 아이들과 몇 시간씩 떨어져 있는 건 그의 선택지에 없었다. 금전적 여유가 되니 사무실 근처에 주중에 지낼 작은 아파트를 얻으면 어떻겠느냐고 제안했지만, 앤디는 일주일에 닷새나 아내와 어린 아이들과 떨어져 지내는 건 상상조차 할 수 없다고 반박했다.

그러나 6주 뒤에 다시 만났을 때 앤디는 새 사람이 되어 있었다! 창백했던 피부에 생기가 돌았고 발걸음은 활기찼으며 평온한 분위기가 감돌았다. 어떻게 된 일인지 묻자, 앤디는 6주 전 나와 대화를 나눈 날 밤 내가 한 제안을 아내에게 말했다고 했다. 그러자 아내는 앤디의 말이 떨어지기 무섭게 집안일은 어떻게든 혼자 꾸려가겠으니 당장 런던에 아파트를 얻으라고 재촉했다. 결국 앤디는 런던에 아파트를 얻었고 남는 시간을 이용해 업무 효율을 높인 덕분에 금요일마다 일찍 퇴근할 수 있었고, 주중에는 매일 출근하기 전에 장거리 라이딩을 즐길 수 있었다. 그뿐 아니라 전에 하던 명상 수련도 다시 시작했다. 앤디는 열여덟 살 때 1년 동안 인도에서 산 덕분에 다양한 명상법을 나보다 더 잘 알았다! 이후 앤디는 몸과 마음을 재정비해 세상의 기준에 맞추기보다 자신에게 진정으로 중요한 가치를 따르는 삶을 살 수 있게 되었다. 드디어 자기 몸에 귀를 기울인 덕분에 건강뿐 아니라 취미 생활까지 되찾은 것이다.

몸의 신호 '읽는' 법 배우기

그렇다면 어떻게 해야 내수용성 감각을 키울 수 있을까? 노력하면 키울 수 있기는 할까? 타고난 감각은 아닐까? 사실 내수용성 감각은 요가처럼 생체 자기 제어(심박수나 체온, 혈압 등 자율신경의 생리적 변수를 부분적으로 조절하는 기술)가 필요한 운동을 평소 많이 하지 않은 사람은 이해하기 어려우며, 자기 몸의 현재 상태에 집중해야 강해지는 감각이다. 그러나 노력하면 얼마든지 개발할 수 있다.

흔히 우리는 길을 걸으면서 주변 풍경을 꼼꼼히 보지 않고 지나친다. 수년 째 걸어 다닌 길이라도 평소에 특별히 주의를 기울이지 않으면 길 주변의 모습을 머릿속에 재현하기 어렵다. 내수용성 감각도 마찬가지다. 눈꺼풀 떨림이나 하지 불안 증후군, 가슴 두근거림 등의 증상을 무시하지 말고, 그 증상들이 무엇을 의미하는지 호기심을 가져라. 근육 경련이나 편두통이 마그네슘 수치가 낮을 때 발생하는 것처럼 과학적으로 설명할 수 있는 증상도 있을 것이고, 본인에게만 해당되는 특별한 의미를 지니고 있어 해석을 해야 하는 증상도 있을 것이다. 가령 내 친구는 일을 너무 무리해서 했거나 몸에 필요한 영양소를 충분히 섭취하지 않으면 꼭 구내염이 생긴다. 스트레스를 받으면 몸에 독소가 쌓여 꼭 어깨가 뭉치는 사촌도 있다. 나도 그렇다!

나는 지금껏 의식적으로 내 몸을 읽는 연습을 해왔다. 덕분에 지금은 내 몸이 드러나지 않게 보내는 신호를 능숙하게 알아보고 해석한다. 몸이 아플 때는 아프기 며칠 전부터 몸의 어딘가가 정상이 아니라는 느낌이 강하게 든다. 목구멍이 약간 따끔거리거나 귓속이 조금 아프거나 하면, 나는 따뜻한 물에 마누카 꿀과 레몬, 생강을 탄 음료를 잔뜩 마시고 회복에 도움이 되는 요가를 하고 일찍 잠자리에 든다. 모두 신경 내분비계의 균형을 맞추고 피로가 쌓이면 저하돼 면역력을 떨어뜨리는 부신 기능을 정상으로 돌리는 데 도움이 되는 조치들이다. 이 조치들을 취하고 나면, 대체로 크게 앓지 않고 지나간다.

나는 누구나 자기 몸을 이해하고 몸의 신호를 뇌에 전달해 더 나은 선택을 할 능력을 타고났다고 믿는다. 가령 해산물을 먹고 입술이 얼얼한 사람은 갑각류에 민감하고, 피자를 먹고 속이 더부룩한 사람은 밀가루나 글루텐에 알레르기가 있을 가능성이 크다. 여러분은 몸이 어떤 신호를 보낼 때 스트레스, 혹은 거북하거나 몸이 불편한 느낌을 받는가? 몸의 신호를 읽을 줄 알면 자기만의 자기 관리 전략을 빠르게 더 잘 실행할 수 있으며, 멈추라는 신호를 받고도 계속 몸을 혹사하는 실수를 저지르지 않을 수 있다.

심리적 문제는 누구나 겪을 수 있으며 문제가 생기면 원인을 파악해 해결할 방법을 찾아야 한다. 그런데 간혹 호르몬 불균형과 같은 신체 기능 이상이 심리적 문제의 근본 원인일 때가 있다. 이럴 때는 불균형을 바로잡으면 된다. 혈당이 떨어져 판단력이 흐려지면 간식을 먹거나 비타민이 부족하면 보충제를 섭취하면 심각한 질병을 미연에 방지할 수 있다.

몸의 신호에 주목한 야스민

상점 판매원인 야스민은 평소였다면 신경도 쓰지 않았을 사마귀에 관심을 기울여 악성 종양을 발견했다. 자가 검진법을 다룬 아침 텔레비전 프로그램을 보다가 몸이 보내는 신호에 더 주의를 기울이라는 나의 조언을 떠올린 덕분이었다.

조기에 발견해 천만다행이었지만, 이 일로 경각심이 생긴 야스민은 자신의 몸과 뇌의 연관성에 관심을 기울였다. 그 뒤로 야스민은 마음의 평화를 얻고 체중을 감량했으며 식단을 바꾸었을 뿐 아니라 건강에 좋은 새로운 식습관에 도전했다.

또한 운동량을 늘리고 자기 마음을 챙기는 생활 방식을 따랐다. 이 경험은 자기 관리와 몸 살피기를 대하는 야스민의 태도를 획기적으로 바꾸어놓았다.

그러나 반드시 치명적인 질병에 걸려야 깨달음을 얻을 수 있는 건 아니다. 지금 당장 자기 몸의 신호에 주의를 기울여라. 194쪽에서 배운 몸 살피기 훈련부터 시작하라. 음식과 기분, 배변에 관한 일기를 써도 좋다. 일주일간 매일 음식과 기분(1단계에서 5단계까지 등급을 매겨라), 배변 상태를 기록하라. 간단해 보이지만 끝까지 해보면, 내 몸이 어떻게 작동하고 작동 속도를 높이고 늦추는 요소가 무엇인지에 대해 뜻밖의 깨달음을 얻게 될 것이다.

정서 상태를 보여주는 몸

내수용성 감각은 주로 신체적 자기 인식과 관련이 있지만(흉통이 반복되는데도 무시하고 스트레스가 높고 건강에 해로운 생활 방식을 유지하던 과거의 내 환자들이 기억난다), 정서적 자기 인식과도 관련이 있다. 사실, 몸의 증상은 지적 사고나 논리가 끼어들어 해석하려 들기 전에 심리 상태를 가장 잘, 가장 빨리 보여주는 지표다.

이른바 '감정을 잘 느끼지 못하는' 사람은 개인적으로나 직업적으로 인간관계를 맺을 때 여러 방면으로 어려움을 겪는다. 그런 사람은 두통이 생겨도 무시하고 넘어가고, 자기도 모르는 사이에 동료를 소외시키거나 애인을 속상하게 만든다. 또한 강력한 방어기제가 작동해 자기 몸의 통증이나 슬픔과 같은 감정을 느끼지 못할 뿐 아니라 타인, 심지어 가장 가까운 사람들의 감정에 부적절하게 반응한다. 현실을 부정하거나 교묘하게 상대를 공격하거나 블랙 유머를 구사하거나 현실 도피성 중독에 빠지기도 한다. 연구에 따르면, 통증에 대한 저항력은 스트레스를 유발하는 감정을 견디는 능력과 직접적인 관련이 있으며, 이 관계는 삶의 여러 영역에서 드러난다.[3] 몸이 어딘가에 부딪치거나 피부가 까졌을 때 어떻게 반응하는가? 혹은 침을 맞을 때 얼마나 아픔을 느끼는가? 본인의 경험에 비춰볼 때, 통증에 대한 저항력과 스트레스나 실망감에 대한 반응 사이에 관계가 있는 것 같은가?

자기주장을 하기가 어렵거나, 자신이 어떤 기분이고 무엇을 생각하고 무엇을 원하는지 잘 모르겠거나, 이 모든 것을 말로는 도저히 표현할 수 없었던 적이 있을 것이다. 사람들은 흔히 "아무도 내 말을 안 들어."라고 불평하거나 대립이나 곤란한 대화를 의도적으로 피하지만, 사실 '건강한 갈등'은 많은 문제를 해결해준다. 방치하면 오히려 곪아서 커질 뿐이다. 용기를 내 소신을 밝히거나 오해를 풀어야 하는 인간관계가 있는가? 적극적으로 의견을 낼 때와 침묵할 때 각각 어떤 결과가 따를지 생각해보라.

몸을 돌봐라

　　　　　　　　뇌와 몸이 밀접하게 연결될수록 뇌의 집행 기능, 즉 고차원적 사고가 활발해진다는 데 동의하는 학자들이 많아지고 있다. 어찌 보면 이는 당연하다. 내수용성 감각은 오감을 종합적으로 인지해 특정 순간에 느낀 기분을 전체적으로 파악하는 고차원적 능력에 의존하기 때문이다. 실제로 내수용성 감각은 육체적 건강뿐 아니라 정신적 건강과 관련이 있는 것으로 밝혀졌다. 2017년에 시행된 어느 연구에 따르면, 마음챙김을 하는 사고방식을 타고난 사람과 내수용성 감각이 발달된 사람은 공통점이 많았다.[4] 이처럼 내수용성 감각은 자기 인식 능력과 몸의 회복력, 에너지의 근간을 이루는 요소로 급부상하고 있다.

　　내가 고안한 뇌 민첩성 모델의 여섯 가지 신경 경로는 모두 에너지의 원활한 공급을 필요로 한다. 에너지가 있어야 자기 인식 능력과 감정 조절 능력을 유지할 수 있고, 피곤하고 마음이 어수선할 때도 의욕을 잃지 않을 수 있으며, 누구를 믿어야 할지 모를 때 자신의 직관을 믿을 수 있다. 또한 틀에 박힌 삶에 독창적인 생각을 불어넣고, 인생의 목표를 정하며, 상황이 힘들어져도 그 목표에 매진할 수 있다. 이 모든 것은 몸에서 시작된다. 심신이 조화를 이뤄 에너지가 넘치는 기분 좋은 날에는 잠이 부족하거나 끼니를 챙기지 못한 날에는 불가능해 보였던 일을 해낼 수 있다.

몸 상태를 무시해 손해를 입었던 적이 있는가? 가장 최근에 자신의 몸과 마음을 정성껏 돌보았던 적이 있는가? 얼마나 자주 몸과 마음을 돌보는가?

다음 장에서는 감정과 신체 반응의 조화를 이뤄 원시적인 뇌에 숨은 지혜와 장 뉴런, 즉 직관을 활용하는 법을 배울 것이다.

The Source

Chapter 08

직관:
육감을 믿어라

말없이 조용한 목소리가 있다. 그 소리에 귀를 기울여라.

루미|Rumi

    여러분은 직관을 얼마나 믿는가? 직관에 주의를 기울이는가? 아니면 의심이 자꾸 드는데도 무시하고 강행하는가? '육감'의 존재를 믿는가? 임원들을 코칭할 때 내가 직관의 중요성을 강조하면 대부분 처음에는 회의적인 태도를 보인다. '비논리적'이라고 생각하기 때문이다. 하지만 직관은 현명한 의사 결정과 날카로운 자기 인식을 비롯한 모든 사고 과정의 필수 요소다. 이번 장에서는 직관을 개발하는 것이 삶의 질을 높이는 데 왜 중요한지, 건강한 장내 미생물군이 긍정적 사고에 얼마나 큰 도움이 되는지 알아볼 것이다.

장과 뇌의 연관성

올해 초 나는 예전에 코칭했던 의뢰인을 6년 만에 만나 함께 점심 식사를 했다. 그 사이에 나는 새로운 인연을 만나 재혼을 한 상태였다. 의뢰인은 나를 보자마자 "어떻게 된 거예요? 생기가 넘치네요!"라고 말했다. 무슨 뜻이냐고 묻자, 그 의뢰인은 6년 전의 나는 어딘가 문제가 있어 보였다며 이렇게 말했다. "그때는 에너지가 60퍼센트쯤 차 있었는데, 지금은 꽉 차 보여요."

내가 그 의뢰인에게 사적인 이야기를 한 적은 한 번도 없으니, 순전히 짐작만으로 맞힌 게 분명했다. 나는 그에게 그의 직관이 옳았다고 말했다. 실제로 그와 상담을 할 당시에 나는 개인적으로 힘든 시기를 보내고 있었다. 겉모습은 아무 이상이 없었겠지만 떨어진 에너지는 감출 수 없었을 것이다.

우리는 늘 타인을 상대할 때 '육감'을 느낀다. 직관은 진실을 '감지'하게 해주고 의식적 사고로는 자각하지 못하는 에너지를 느끼게 해준다. 최근 들어 육감을 '제2의 뇌'로 여기는 담론이 유행하고 있지만, 이는 진실을 오도할 뿐 도움이 되지 않는다. 육감은 제2의 뇌가 아니라 자율 신경계의 주요 구성 요소 중 하나인 장 신경계와 연결되어 있으며, 호흡과 심장 박동처럼 무의식적으로 작동한다.

육감은 다른 계통과 연결되어 있으나 독자적으로 존재하는 계통으로, 다양한 방식으로 뇌에 신호를 보낸다. 가령 가장 가까운 사람들을 상대할 때 감지되는 느낌을 내면의 소리의 형태로 뇌에 전달한다.

육감의 과학적 근거

장과 뇌의 연관성은 19세기 중반 관련 학계에서 상당한 논란을 일으킨 주제였다. 그러나 최근에 시행된 신경 생리학자들의 연구 결과, 내장의 벽을 뒤덮고 있는 수백만 개의 뉴런과 대뇌 변연계 사이에 의사 결정의 필수 요소인 복잡한 통신 체계가 존재한다는 사실이 밝혀졌다.[1] 뇌 영상을 촬영해 보면 소화기와 변연계를 연결하는 신경 경로가 명백히 드러난다. 앞서 살펴보았듯, 변연계는 감정을 경험하고 표현하는 방식을 좌우하며 습관과 행동 패턴이 저장되는 곳이다. 따라서 소화기와 뇌를 연결하는 시스템은 소화기 계통의 기능뿐 아니라 동기를 부여하고 직관적 지혜를 끌어내는 복잡한 뇌의 기능이 원활하게 작동하도록 돕는 역할을 한다.

간단히 말해, 직관은 장 건강과 밀접한 관련이 있다. 식단 관리와 영양 보충, 스트레스 관리 등 소화기 계통의 건강을 좌우하는 자기 관리 요인들은 직관에 중요한 영향을 미친다. 연구 결과, 한 달간 양질의 활생균을 섭취해 장내 미생물군의 균형을 되찾기만 했는데도 부정적 사고가 줄어들었다. 네덜란드에서 시행된 이 연구에 따르면, 활생균 보충제를 섭취한 피험자들은 슬픈 기분을 느끼는 '인지 반응'이 감소했다.[2] 나는 시차 증후군으로도 장내 미생물군의 균형이 깨지므로 장거리 여행 시 활생균을 챙겨 먹는다. 간단하게 건강을 챙길 수 있는 데다 풍요의 관점을 키우는 데도 도움이 되니 일석이조의 효과를 거둘 수 있다. 감기에 걸리거나 어딘가가 아프면 사고가 느려지듯, 장에 영양이 부족하거나 염증이 생기거나 과부하가 걸리면 직관이 흐려진다.

여러분은 장 건강과 직관의 관계를 이미 알고 있었는가? 병에 걸리지 않도록 평소에 장 건강을 관리하고 있는가? 그렇지 않다면, 금방 효과를 볼 수 있는 쉬운 방법을 몇 가지 소개하겠다.

우선 붉은 고기와 가공 식품, 설탕 함량이 높은 음식을 덜 섭취하면 장의 염증을 줄일 수 있다. 또한 글루텐이나 락토스에 알레르기가 있다면, 캐피어(코카서스 지역의 전통 발효유)나 사우어크라우트(독일식 김치), 김치와 같은 음식 혹은 활생균 보충제를 섭취하라.

한 달 동안 매일 양질의 활생균 보충제를 섭취해보라. 장에 좋은 박테리아를 5천만 종 이상 함유한 제품으로 골라라. (요구르트 음료보다는, 활생균이 위산으로 죽지 않고 소장까지 도달하는 액상이나 캡슐 형태의 보충제가 훨씬 낫다) 활생균의 섭취가 사고의 질에 어떤 영향을 미치는지 기록하라.

한 가지 확실한 건 장과 뇌의 연결 고리는 왠지 신비롭게 느껴지는, 이른바 '제6의 감각'과는 거리가 멀다는 점이다. 나는 의뢰인이 직관을 무시하려 하면 앞서 소개한 연구 결과를 들려준다. 과학적 근거를 들면, 보통은 왜 장과 뇌의 연결을 강화하는 법을 실행에 옮기고 내면의 목소리에 귀를 기울이는 법을 배워야 하는지 납득한다.

이런 의뢰인들은 과도한 출장과 불규칙적인 식습관, 운동 부족, 수분 섭취 부족 등의 이유로 소화 장애를 앓고 있는 경우가 흔하다. 자기 관리에 소홀하면서도 몸과 마음이 기름을 잘 친 기계처럼 여전히 잘 작동해주길 기대하기 때문이다. 이런 경우, 나는 제일 먼저 자기 자신을 혹사하고 있으며 계속 방치하면 신경 생리학적으로 심각한 결과를 초래하게 되리라는 사실을 인정하게 한다.

게다가 장내 미생물군과 면역계가 연결되어 있어, 골수에서 생산되는 면역 세포의 질이 장내 박테리아의 질 및 다양성에 비례한다는 사실을 입증하는 연구가 많아지고 있다.[3] 더 많은 연구가 필요하긴 하지만, 장내 미생물과 면역계의 연관성은 면역력과 회복탄력성, 최적의 뇌 성능이 상호 연결되어 있다는 사실을 이해하는 데 있어 매우 중요하며 흥미로운 연구 주제다.

장과 기분

장과 뇌의 연결과 관련해 주목해야 할 또 다른 사실이 있다. 바로 소화관에서 신경 전달 물질이 만들어진다는 점이다. 주로 뇌에서 작동하는 세로토닌은 무려 90퍼센트가 장에서 생산된다. 세로토닌은 다양한 역할을 한다. 뇌에서는 기분을 조절하는 '행복' 호르몬으로, 장에서는 주변 신경 세포의 변화를 유도하는 측분비 조절 물질로 기능한다. 세로토닌의 이와 같은 기능은 인슐린 생산량을 조절해 체중 감소 효과가 있는 것으로 드러났다. 따라서 적절한 운동과 균형 잡힌 식사처럼 자기 관리에 도움이 되는 생활 습관은 장내 세로토닌 생산을 촉진해 기분이 좋아지게 하는 파급 효과를 일으킨다.

자기 관리는 스트레스 증상을 억제하는 데 있어 가장 중요한 요소다. 연구 결과, 뇌는 스트레스 수준에 관한 정보를 끊임없이 장으로 전달하는 것으로 드러났다.[4] 스트레스를 받으면 뇌는 교감 신경 섬유를 통해 장에 신호를 전달한다. 그러면 장은 혈액을 덜 공급해 소화에 쓰이는 에너지를 줄인다. 따라서 스트레스가 계속되면 장의 자원이 고갈돼 식욕 저하부터 복부 팽만감, 설사나 변비는 물론 더 심한 증상이 나타나기도 한다. 창자벽이 약해지고 면역 세포에서 몸과 뇌의 스트레스 역치를 낮추는 신호 물질이 다량 분비된다. 이 과정을 거치면 부정적 감정이 습관화된다. 장이 건강하지 않다는 건 스트레스의 원인이 사라지고 한참 뒤에 그 영향이 드러난 것이다.

이 사실을 인정하고 몸을 증상을 감지하게 되면, 자신의 스트레스 수준을 주시하고 면역력을 최적의 상태로 유지하며 직관을 키울 수 있다. 그러면 고된 업무나 과도한 사교 활동 후의 휴식을 중요시하는

건 물론이고, 뇌 손상을 정신 질환으로 착각하는 심각한 실수를 방지
할 수 있게 된다.

잊지 못할 교훈을 남긴 재클린

나는 심리적 요인에 의해 발생한 것으로 보이는 증상을 진
단할 때 환자의 몸 상태를 살피지 않는 것이 얼마나 위험한지
늘 마음에 새기고 살아왔다. 버뮤다에서 정신과 의사로 일할
때 재클린이라는 젊은 여성이 신경정신과 실습생인 친구와 함
께 진료를 받으러 온 적이 있다.

친구의 말에 따르면, 재클린은 몇 주 전부터 성격이 심하게
달라졌다고 했다. 원래 소심하고 내성적이었는데, 갑자기 감정
의 기복이 심해졌고 툭하면 울고 따지는 등 그녀답지 않은 행
동을 했다.

친구는 다른 병원은 받아주지 않는다며 그날 당장 재클린을
정신병동에 입원시켜 달라고 고집을 피웠다. 재클린의 성격이
너무 변해 가족과 친구들이 더는 참을 수 없는 지경에 이르렀
다는 게 이유였다. 그러나 나는 무언가 석연치 않은 느낌이 들
어 지금 바로 입원하는 건 불가능하다고 설명하고 응급실로
돌려보냈다. 그렇게 재클린과 친구는 불만스러운 표정으로 진

료실을 떠났다.

몇 시간 뒤 응급실에서 재클린과 관련해 전화가 한 통 걸려왔다. 응급실 의사들은 너무 바빠서 인계 받은 환자의 상태를 일일이 보고하지 않는데, 이상했다. 나는 재클린을 정신병동에 입원시키라고 설득하려는 전화일 거라고 짐작했다. 놀랍게도 내 짐작은 빗나갔다.

듣자 하니, 재클린은 3주 전에 머리에 작은 부상을 입은 적이 있었다. 그때 두개골 안에 피가 고여 뇌를 압박하기 시작했고(경막하혈종), 성격이 바뀐 것은 그 때문이었다. 담당 의사는 내가 그녀를 정신병동에 입원시켰다면 뇌 영상을 촬영할 기회가 없었을 테고, 그랬다면 재클린은 내 병동에서 사망했을 거라고 했다. 내 평생 결코 잊지 못할 전화였다.

직관의 경고를 들은 덕분에 평소라면 무시했을 증상을 깨달은 적이 있는가? 가장 최근에 육감을 강하게 느껴 그대로 따른 적이 있는가? 자기 판단을 믿을 때가 더 많은가, 갈등과 혼란을 겪거나 남의 조언을 구할 때가 더 많은가?

몸의 신호에 귀를 기울이는 것은 물론이고, 건강과 관련되지 않더라도 육감은 따르는 것이 좋다. 재클린의 친구와 나는 무언가 잘못

됐다는 걸 직감했다. 아이가 있다면 어떤 느낌인지 알 것이고, 아이가 없다면 본인이 직접 느껴보았을 것이다. 그런 경험이 없더라도 이번 기회에 이 놀라운 힘의 존재를 인정하라. 그 힘을 키우고 믿어라.

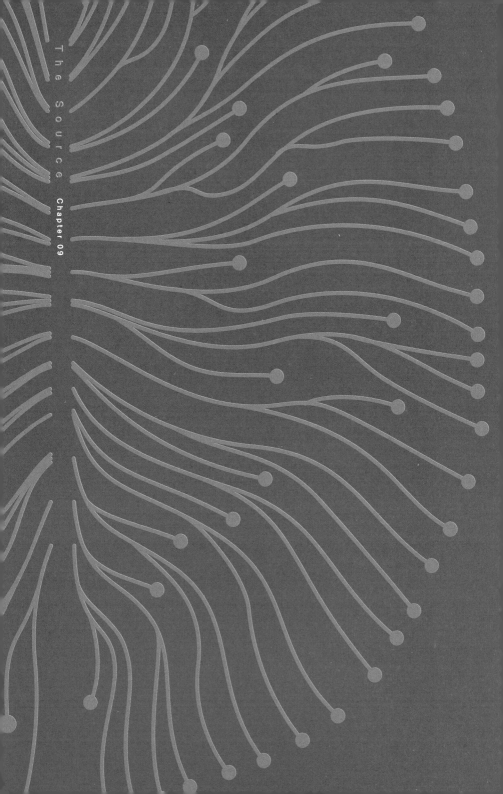

The Source

Chapter 09

09 ————————

동기 부여: 회복탄력성을 유지해 목표를 달성하라

삶의 이유를 아는 사람은 삶의 방식은 어떻게든 견딜 수 있다.

니체ㅣNietzsche

 수면욕과 배고픔, 갈증, 생식욕은 인간에게 동기를 부여하는 기본 욕구다. 타인을 돕고, 지적 호기심을 채우고, 돈을 벌고, 혁신하고자 하는 욕구도 동기를 부여한다. 두려움과 복수심, 분노, 중독과 같은 부정적 동기 요인도 있다. 동기 요인 중에는 자각하기 쉬운 요인도 있고, 버림받을까 봐 두려워하는 유기 공포나 완벽해지려는 욕구처럼 잘 드러나지 않아 의식하기 어려운 요인도 있다.

 동기가 부여되면 어려운 상황에 직면해도 포기하지 않는 끈기가 생기고, 여기에 회복탄력성이 더해지면 역경이 닥쳐도 딛고 일어설

뿐 아니라 같은 상황이 또 벌어지더라도 더 잘 대처할 수 있게 된다. 삶의 '이유'를 확실히 알고 있는 사람, 즉 동기가 있는 사람은 희망을 가로막는 장애물이 나타나더라도 비관하지 않는다. 패배주의에 빠지지 않는다는 뜻이다. 그러니 진심으로 소스를 극대화하고 뇌의 회복 탄력성을 높이고 싶다면 자신의 동기 요인부터 알아야 한다.

삶의 목적: X 요인

일본의 오키나와는 장수하는 노인이 많기로 유명한 지역이다. 학자들은 오키나와 주민들의 장수 비결을 찾기 위해 그들의 생활 방식을 연구했다. 연구 결과, 오키나와 주민들은 일본어로는 '이키가이', 해석하면 '아침에 눈을 뜨는 이유'를 확실히 인식하고 있었다. 목적의식, 즉 사는 '이유'가 있었던 것이다.[1]

뚜렷한 목적의식은 행복하고 건강한 삶과 밀접한 관련이 있다. 목적의식이 있으면 목표 지향성이 생긴다. 특정한 결과를 얻고 싶다는 동기가 부여돼 어려움에 직면해도 포기하지 않는다는 뜻이다. 목적의식은 복잡한 무의식 상태에서 발생하며 생존과 직결되어 있다. 따라서 목적의식이 있는 사람은 문자 메시지 중독이나 알코올 중독, 식이 장애 등 목표에서 멀어지게 만드는 자기 파괴적 습관이나 중독에

THE SOURCE, 부의 원천

쉽게 빠지지 않는다. 목적의식이 강할수록 목표에 가까워질 때 뇌가 느끼는 보상은 다른 모든 쾌락을 능가한다.

목적의식이 강하게 깔려 있으면 삶을 거시적 관점으로 보기 때문에 도중에 맞닥뜨리는 작은 시련에 좌절하지 않는다. 이는 매우 귀중한 자산이다. 목적의식이 강한 사람은 열정적이다. 나도 "열정을 따르면 성공할 것이다."라는 스티브 잡스의 말을 처음 들었을 때, 이미 큰 성공을 거둔 사람이니 쉽게 할 수 있는 조언이라고 생각했다. 그러나 직업을 바꾸고 그 말이 사실임을 경험한 뒤로는 그 말을 굳게 믿게 되었다.

성공을 갈망하는 젊은이들이 대학에서 무엇을 공부해야 하고 어떤 직업을 선택해야 하는지 물으면, 나도 스티브 잡스와 같은 조언을 한다. 힘들 때 의욕을 잃지 않게 해주는 건 열정이기 때문이다. 열정은 내면의 목표가 발현된 결과다. 마음 깊이 열정이 깔리지 않은 상태에서 돈이나 재물을 목표로 삼는 것은 엄청난 실수다. 직업상 나는 특정한 삶의 방식을 유지하기 위해 억지로 일을 하다 위기가 닥쳤을 때 그 사실을 깨닫고 후회하는 사람들을 수없이 많이 만난다. 이러한 삶은 오래 지속될 수 없다. 의미와 목적이 없는 삶을 살다 보면 육체적으로나 정신적, 정서적으로 문제가 생겨 결국 탈진하게 된다.

그동안 만난 사람들을 돌아보면, 의욕과 회복탄력성이 높은 사람은 대부분 어린 시절의 트라우마를 극복했다. 나는 힘들 때마다 넬슨 만델라Nelson Mandela나 홀로코스트 생존자인 빅터 프랭클Viktor Frankl처럼 역경을 극복한 위인들을 떠올리며 내가 겪고 있는 문제가 얼마나 사소한지 되새긴다. 길을 잃었거나 빛이 비치는 터널의 끝이 보이지 않는 느낌이 들 때 만델라의 글이나 연설을 읽고 나면 기분이 좋아진다. 다음은 좋은 감정이 흘러넘치게 하려면 부정적인 감정을 놓아야 한다는 내용이 담긴 만델라의 글이다.

자유로 향하는 출구를 향해 걸어가면서 나는 내 안의 응어리와 증오를 이곳에 두고 가지 않으면 영영 감옥을 벗어나지 못하리라는 걸 알았다.

트라우마를 극복하면 회복탄력성이 높아지는 것은 우연이 아니다. 사별이나 이혼, 오랜 삶의 터전과 가족, 친구들을 떠나야 하는 상황 등 존재를 위협하는 역경을 극복하고 나면 뜻밖의 시련이 닥쳐도 굴하지 않는 강한 투지가 내면화된다.

실패는 풍요의 사고방식과 신경 가소성을 통해 '미완'으로 재해석되고 소스를 고갈시키기보다는 키우는 재료로 쓰일 때 우리를 더 강하게 만들어준다. 지극히 상투적이고 진부한 말이지만, 실패의 힘을 경시하면 안 된다는 진리는 여전히 유효하다.

동기 요인을 제대로 파악하려면 먼저 자기 자신에게 완전히 솔직해져야 한다. 나는 어떤 삶을 살고 싶고 왜 그런 삶을 원하는가? 씨 앗을 심듯 뇌에 이 질문을 심고 싹이 트길 기다려라. 마음 한구석에서 수많은 심리 작용이 일어나 13장에서 다룰 액션 보드의 토대가 만들 어질 것이다. 혼자 하기 어렵다면 전문가의 상담을 받거나 관련 워크 숍이나 수련회에 참석해 도움을 받아라.

동기 부여의 기복

동기가 사라지면 어떤 기분이 드는지는 나 도 잘 안다. 의사를 그만둘 때쯤 나에게도 일어난 일이기 때문이다. 당시는 시간이 갈수록 의욕이 줄어들고 직업을 바꿔야 한다는 생각이 깊어지던 시기였다. 에너지가 고갈되는 느낌이었고 의업에 종사하는 것으로는 진정한 자아실현을 할 수 없을 것만 같았다. 불안이 스멀스 멀 밀려들었다. 처음에는 동료 의사들을 보며 위로를 삼았다. 원래 의 사는 피로와 과로에 시달리는 법이라고 자위했다. 그러나 나의 직관 은 그게 전부가 아니라고 계속 신호를 보냈다.

내수용성 감각이 작동한 덕분에 나는 내 몸이 보내는 신호를 읽 을 수 있었다. 늘 피곤했고 제 할 일을 다하지 않는 동료들이 원망스 러웠고 지적 호기심이 사라졌다. 무엇보다 10년이나 20년쯤 뒤에도 정신과 의사로 일하는 모습이 머릿속에 그려지지 않았다. 그것은 내가 진정으로 원하는 미래가 아니었다. 애초에 정신 의학을 공부한 이유이자 나에게 중요한 가치인 창의성과 신비로움, 자율성이 등한시되고 있다는 생각을 떨칠 수 없었다.

다시 공부해 코칭 전문가가 되기로 마음먹었을 때, 몇몇 가족과 친구들은 무모한 결정이라며 말렸고 나도 위험 부담이 큰 결정이라는 걸 알고 있었다. 그러나 직업을 바꾸기로 마음먹자 목표를 꼭 달성하겠다는 의욕이 마구 샘솟았고, 내가 옳은 결정을 내렸다는 확신이 생겼다. 살면서 의욕이 그렇게 넘치기는 처음이었다. 코칭 전문가 수련 과정을 거치면서 경험 많은 임원들을 상대해야 하는 낯선 환경 속에서 자기 회의에 빠질 때 많았지만, 나는 반드시 성공하겠다는 투지를 불태웠다.

지도 교수였던 제인에게 중간 평가를 받을 때 나는 직업을 바꾸고 싶은 마음이 너무도 간절하고 절박해 내내 울음을 멈출 수 없었다. 코칭 전문가로는 절대 성공하지 못할 테니 다시 의료계로 돌아가라는 말을 들을 것만 같았다. 그러나 제인은 내 말에 귀를 기울이고 공감한 뒤 이렇게 말했다.

"타라, 당신은 지금 아주 잘하고 있어요. 하지만 내가 이렇게 말해도 당신은 믿지 않겠죠."

후에 내가 코칭 전문가로 자리를 잡기 시작했을 때도 제인은 나를 격려했다.

"투지와 간절함이 유독 눈에 띄는 사람이 있는데 당신이 그렇네요."

의사였을 때도 좋은 의사가 될 거라는 말을 자주 들은 터라 인사치레로 넘길 수도 있었다. 그러나 나는 그녀의 칭찬을 겸손을 가장해 뿌리치기보다는 진심으로 받아들였고 교훈을 얻었으며 동력원으로 삼았다. 온 힘을 다해 나를 무너뜨리려 하는 부정적인 내면의 목소리보다 지도 교수의 칭찬에 매달리기로 결심한 것이다. 그 시절의 나는 절대 흔들리지 않겠다는 각오와 꼭 성공하고 말겠다는 투지로 가득했다. 역경의 긍정적 효과에 관한 심리학 이론을 떠올리기도 했다. 어떤 일을 처음 배울 때 느끼는 열등감은 더 열심히 노력해 능숙한 수준에 이르게 해주는 동기 부여 요인이라는 이론이었다. 나는 지금 당장의 시련은 장기적으로 목표 달성에 도움이 되며 시련을 발판으로 삼으면 이상적인 미래를 설계할 수 있다는 사실을 겸허히 받아들였다.

당시 내 안에서 간절함과 투지가 넘쳤던 건 긍정적 감정과 부정적 감정이 조화를 이룬 덕분이었다. 나는 코칭으로 의뢰인을 돕는 일이 너무 즐거웠고 나만의 전문 지식을 바탕으로 의뢰인에게 소중한 조언을 할 수 있다고 굳게 믿었다. 동시에 병원에서 도망치고 싶은 마음도 있었다. 애인이나 배우자와 헤어지는 결심을 할 때도 부정적 감정과 긍정적 감정이 함께 일어난다. 사랑하던 사람과 관계를 끝내는 건 슬프고 속박되는 느낌이 싫기 때문이기도 하지만, 더 행복한 미래를 만들고 나와 같은 가치를 믿고 같은 열망을 가진 사람을 찾고 싶기 때문이다. 안식년을 얻어 아파트를 세주고 여행을 떠나는 것도 힘든 일이나 부부 관계에서 도망치고 싶은 마음 때문일 수도 있지만, 인생을 바꿀 모험을 떠나 새로운 시각을 얻고 싶은 마음 때문이기도 하다. 여름휴가 전에 체중을 줄이는 것도 긍정적 감정에 부정적 감정이 더해져 동기를 부여했기 때문이다(수영복을 입은 모습을 남에게 보이기 두려운 마음과 자기 몸에 자신감을 갖고 싶은 마음이 더해진 결과다).

그럼에도 일부 부정적 동기 요인은 더 커지기 전에 싹을 잘라야 한다. 일상에서 어떤 사람을 만나고 어떤 활동을 할 때 의욕이 떨어지는지 인식하고 조치를 취하면 흔들림 없이 목표에 매진하고 자기 파괴적 습관에 빠지지 않을 수 있다.

부정적 동기 요인을 조심하라

두려움이나 역겨움, 수치심과 같은 강도 높은 생존 감정은 그 자체로 강력한 동기 요인으로 작용한다. 뇌가 가장 강한 추진력을 얻을 때는 생존이 위협받을 때다. 문제는 동굴에서 살던 시절에는 효율적이었던 뇌의 작동 방식이 현대사회에 맞춰 적절히 진화하지 못했다는데 있다. 우리는 흔히 뇌의 생존 기능이 작동한 탓에 수치심이나 슬픔과 같은 감정에 휘둘려 한 선택을 주도적으로 한 선택으로 착각한다. 가령 결혼 생활이 불행한데도 헤어지지 않는 것은 그것이 그럴 만한

THE SOURCE, 부의 원천

이유가 숱하게 있는 '옳은 일'이기 때문이라고 생각한다. 그러나 진짜 동기 요인은 두려움이나 수치심, 즉 혼자가 되기 싫은 마음이다. 더는 열정이 느껴지지 않는 직업이나 만나면 기분이 나빠지는 친구와의 관계를 유지하는 것도 같은 이유 때문이다.

잠재의식 속에서 작동하는 부정적 동기 요인은 대개 의욕이 떨어질 때, 다시 말해 일이 잘 풀리지 않고 목표에 전혀 가까워지는 것 같지 않을 때 서서히 힘을 발휘해 긍정적 노력을 방해한다. 자기 자신을 알고 육감을 믿고 감정을 조절하는 능력을 키우고 현명한 결정을 내리면 내면의 부정적 동기 요인을 포착하고 그 요인을 반박해 더 나은 미래를 만들 수 있다.

집중력을 되찾은 리

20대 후반의 영화 제작자인 리는 극심한 좌절감을 호소하며 나를 찾아왔다. 담당했던 영화 기획이 좌초돼 벽에 부딪친 기분이라고 했다. 다음 일을 잘하려면 딛고 일어나 의욕을 되살려야 한다는 걸 알고 있었지만 실패의 충격이 컸는지 좀처럼 일에 집중하지 못했다. 나는 리에게 집중을 방해하고 의욕을 떨어뜨리는 요인과 의욕을 높여주는 요인을 목록으로 만들라고 했다. 리가 일주일간 일기를 쓰면서 작성한 의욕을 꺾는 요인들은 다음과 같다.

- 소셜 미디어를 확인하며 다른 영화 제작자들과 나를 비교한다.
- 소셜 미디어에 올린 예전 게시물을 멍하니 스크롤해 보며 지금보다 행복했던 때를 회상한다.
- 집에서 일할 때는 집을 꾸미거나 집안일을 하며 딴짓을 한다.
- 데이트 애플리케이션을 켜고 회원들의 프로필을 검색하며 시간을 낭비한다.
- 많이 아끼고 친하지만 본인뿐 아니라 나까지 의욕을 떨어뜨리는 친구를 도와준다.
- 저녁에 술을 너무 많이 마신다.
- 쓸데없는 텔레비전 프로그램을 많이 본다.

다음은 동기를 부여하는 요인들이다.

- 영감을 주는 새로 나온 영화를 본다.
- 예전에 지도를 받았던 멘토에게 연락해 조언을 구하고 만나서 함께 커피를 마신다.
- 명상을 한다.
- 전자 기기의 알림 소리를 모두 끄고 오전 내내 새로운 아이디어를

짠다.

- 전시회를 보러 간다.
- 달리기를 한다.

언제 산만해지고 무엇을 하면 집중이 유지되는지 확실히 깨달은 리는 생활 방식을 바꾸기로 결심했다. 한동안은 의욕이 떨어질 때마다 목록을 다시 들여다보며 각오를 다져야 했지만, 나중에는 자기도 모르게 동기를 부여하는 행동을 하게 되었고 의욕을 떨어뜨리는 행동은 규칙을 정해 자제했다. 리의 전언에 따르면, 여전히 노력 중이지만 노력할수록 점점 더 실천하기가 쉬워지고 있다고 한다.

일기장의 두 면을 펼쳐 비슷한 목록을 작성해보고, 지금 당장 바꿀 수 있는 습관이 있는지 보라.

소셜 미디어는 영감을 줄 수도 있고 집중에 방해가 될 수도 있다. 나도 소셜 미디어를 즐기지만 어느 정도는 경계를 정해야 한다. 낮시간에 특별한 이유 없이 스마트폰을 확인하고 싶어진다면, 휴대전화의 애플리케이션을 삭제해 확인할 거리가 없게 만들어라. 삭제한 애플리케이션은 태블릿 PC 에 깔고 저녁에 정독해라. 다수의 연구에 따르면, 온라인 활동에 너무 많은 시간을 쏟으면 정신 건강에 나쁜 영향을 미치는 것으로 드러났다.[2] 정신 건강을 위해 스스로 규칙을 정해 인터넷 접속을 제한해라. 목표 달성에 방해가 되는 요인은 그것이 무엇이든 관리할 필요가 있다.

균형감: 동기 부여의
침묵의 파트너

스트레스를 받을 때는 균형 감각을 갖고 인생을 장기적 관점으로 보는 것이 좋다. 현재 자신의 위치와 도달하고 싶은 위치의 간극이 너무 크게 느껴질 때는 특히 그렇다. 누구나 살면서 사별이나 실연, 경제적 어려움과 같은 시련에 봉착한다. 시련은 자연스러운 삶의 일부다. 그럴 때는 맞닥뜨린 문제를 균형감 있는 관점으로 인식하고 나보다 더 힘든 사람은 늘 있기 마련이라는 사실을 되새기는 것이 현명하다. 나보다 훨씬 더 잘 사는 사람도 늘 있지만, 그럼에도 내 삶이 최악은 아님을 명심해야 한다. 최악이라고 느껴질 때가 종종 있더라도 말이다!

가령 이 책을 살 돈이 있고 책을 볼 수 있고 자기계발에 집중할

THE SOURCE, 부의 원천

시간이 있다는 것만으로도 여러분은 이미 혜택 받은 사람이다. 지구 상의 대다수가 그와 같은 혜택을 누리지 못하고 있다. 앞서도 잠시 다뤘지만, 역사상 수많은 사람들이 노예 제도나 인종 차별 정책, 홀로 코스트 등 요즘 사람들은 상상조차 할 수 없는 시련을 견뎠다. 그러니 그럴 마음만 먹는다면, 누구나 자신의 삶에 감사하며 살 수 있다.

나는 '5년 뒤에도 이 문제가 이렇게 중요할까?'라는 질문을 자주 한다. 균형감은 시간의 상대성을 인지하고 내 문제를 타인의 경험에 비춰볼 때 얻을 수 있다. 지금은 매우 중요하게 느껴지는 문제도, 대부분의 경우 답은 '별로 중요하지 않을 것이다.'나 '하나도 중요하지 않을 것이다.'로 나온다. 균형감을 얻는 또 다른 방법은 동생이나 과거의 내가 같은 문제를 겪고 있다면 어떤 조언을 해줄지 생각해보는 것이다. 문제를 나 자신이 아니라 내가 아끼는 사람과 연관 지어 생각하면 관점이 달라져 뇌가 훨씬 더 쉽게 문제를 처리할 수 있다. 문제를 객관적으로 바라보면 뇌가 위협을 덜 느껴 더 나은 결정을 내릴 수 있다는 뜻이다.

반면에, 빈곤선이나 그 이하의 수준으로 사는 사람이 지구상에 수두룩하다는 사실 때문에 자신의 문제가 이른바 '제1세계 문제'라 불리는 사소한 문제라는 데에 죄책감을 느끼는 경우도 있다. 그럴 때 나는 상상 속 상황이든 실제 상황이든 뇌의 정서 반응이 똑같듯, 어떤 문제든 당사자에게는 모두 똑같이 어렵게 느껴진다고 의뢰인을 안심

시킨다. 나도 슈퍼우먼처럼 완벽해야 한다는 강박에 시달릴 때는 내가 의뢰인에게 하는 조언을 떠올린다. 나는 건강 문제에 가정 문제, 업무 스트레스까지 시달리는 의뢰인이 오면 한 사람이 감당할 수 있는 문제에는 한도가 있다고 조언한다! 균형감이 있으면 자기 자신에게 더 관대해질 수 있다. 특히 효과적인 대처 전략과 이 책의 접근법을 주도적으로 쓰면 더 큰 효과를 볼 수 있다.

균형감이 있는 사람은 교훈을 얻고 실수가 반복되지 않도록 뇌를 훈련하지 않으면 실수는 실수로 남을 뿐이라는 사실을 안다. 삶이 계속 나를 못살게 구는 것 같을 때는 내가 뱀처럼 반복적으로 허물을 벗는 모습을 시각화하면 도움이 된다. 살면서 이 과정을 몇 번이고 거쳐야 할 테지만, 어려운 시기를 극복하고 교훈을 얻으면 그때마다 새사람으로 다시 태어날 수 있다.

행동으로 옮겨라

균형 잡힌 삶을 살든 건강을 돌보든 직업을 바꾸든, 목표나 의도가 무엇인지는 중요하지 않다. 중요한 건 동기 부여이며 동기가 부여되어야 상상한 내용을 행동으로 옮길 수 있다. 꿈이 현실이 되길 바란다면 그에 도움이 되는 행동을 당장 시작해야 한다. 또한 인내심과 집중력은 물론이고 목표에 도달할 때까지 포기하지 않는 회복탄력성이 필요하다. 여러분은 자신의 진짜 목표와 그 목표에 가까워지기 위해 해야 할 일, 도중에 맞닥뜨릴지도 모를 장애물이 무엇인지 정확히 알고 있는가?

의욕은 풍요의 원칙과(50쪽) 나에게 목표를 달성할 잠재력이 이미 있다는 사실을 굳게 믿을 때 강해진다. 누구나 돈과 사랑, 성공을 성취할 수 있다고 믿는 사람은 잠재력을 갉아먹는 '결핍'의 사고방식에 따라 행동하지 않는다. 풍요의 사고방식은 동기 부여에 있어 가장 중요한 요소이며, 이는 이 책의 독자들이 반드시 되새겨야 할 사실이다. 풍요의 사고방식은 가능성의 범위를 확장한다. 풍요를 실현하기 위해서는 풍요로움이 깃들 공간을 확보해야 한다. 그러려면 때로는 직장을 그만두거나 인간관계를 정리하는 등 대담한 도약을 하고, 때로는 눈에 띄지 않는 작은 변화들을 모아 큰 변화를 도모해야 한다.

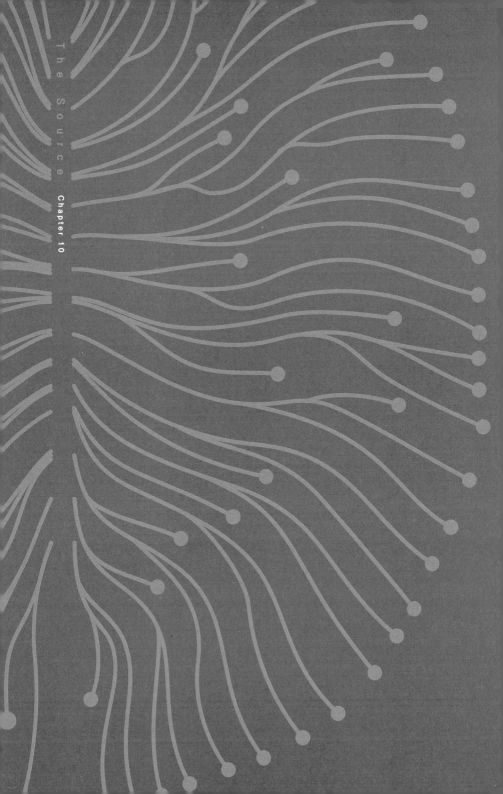

The Source

Chapter 10

논리:
현명한 결정을 내려라

인간이 할 수 있는 가장 큰 실수는
실수하는 것을 두려워하는 것이다.

엘버트 허버드Elbert Hubbard

예전에는 논리적 사고력은 타고난다고 믿음이 지배적이었다. '논리적인 뇌'를 갖고 태어나거나 그렇지 않거나, 둘 중 하나라고 믿었다. 부모와 교사는 아이의 뇌가 어느 쪽인지 속단했고, 아이는 자라서도 좋은 쪽으로든 나쁜 쪽으로든 자신의 뇌에 대한 고정관념에서 벗어나지 못했다.

우리는 흔히 과학과 수학에 소질이 있는 사람이 예술에 소질이 있는 사람보다 더 논리적이고 분석적이라고 생각한다. 현대사회는 논리력과 분석력은 지나치게 과대평가하고, 창의력과 직관력, 공감 능력은 경시한다. 후자의 능력은 왠지 만만하게 느껴지는 '소프트 스킬'이라고 부를 정도다. 그러나 정신병동의 환자든 평범한 사람이든 엄청난 성공을 이룬 사람이든 누구나 논리력과 분석력보다 '소프트 스킬'이 익히기 훨씬 어렵다고 느낀다.

소프트 스킬이 더 정교하고 복잡하기 때문일 수도 있고, 어릴 때부터 논리적으로 생각하도록 배운 탓일 수도 있다. 어느 쪽이든 행복하고 성공적인 삶을 살고 싶다면, 특히 인공 지능과 기계 학습(인간의 학습 능력을 컴퓨터에서 실현하려는 기술이나 방법−옮긴이)이 활발히 연구되고 있는 요즘 시대에는, 직관을 믿고 감정을 조절하고 미래를 스스로 개척하는 데 에너지를 쏟아야 한다.

이 책을 읽고 이해하는 독자들은 이미 논리력을 충분히 갖췄지만 강렬한 감정이나 무의식적 편향이 논리력을 어떻게 떨어뜨리는지 이해하면 논리적 사고 능력을 한층 높일 수 있을 것이다.

좌뇌와 우뇌에
관한 속설

뇌의 좌우 기능이 다르다는 신경학계의 속설은 오랫동안 다수의 성격 검사와 자기계발서, 팀워크 향상 활동의 근거가 되었다. 그러나 과학의 발전으로 뇌의 구조가 더 많이 밝혀지면서 이 속설은 신빙성을 잃었다. 뇌의 잠재력을 끌어내고 논리적 사고를 방해하는 장애물을 뛰어넘으려면 뇌를 좌뇌와 우뇌로 구분지어 생각하기보다는 하나의 유기적 시스템으로 바라보아야 한다.

과거에는 논리적이거나 분석적인 사고는 좌뇌에서, 창의적이거나 정서적인 사고는 우뇌에서 발생한다고 믿었다. 그러나 신경과학계의 최근 연구 결과에 따르면, 정교한 의사 결정을 할 때 뇌는 좌뇌와 우뇌를 종합적으로 활용한다. 복잡한 문제를 고민하며 의사 결정을 하는 사람들의 뇌 영상을 촬영한 결과, 관련이 없어 보이는 서로 다른 뇌 부위들이 동시에 활성화되었다. 모든 정보는 뇌의 왼쪽에서 오른쪽으로, 뒤에서 앞으로, 아래에서 위로 흐르거나, 그 반대로 흐른다. 뇌가 민첩하고 건강할수록 뇌의 각 부위는 더 밀접하게 연결된다.

분석적 사고는 좌뇌에서, 창의적 사고는 우뇌에서 이뤄진다는 속설은 전혀 사실이 아니다. 창의적인 사람들이 우뇌를 더 많이 쓰고 논리적인 사람들은 좌뇌를 더 많이 쓴다거나 왼손잡이가 더 창의적이라는 속설도 마찬가지다. 2013년 유타대학교의 연구진은 기능적 자기 공명 영상(fMRI) 장치(뇌의 각 부위의 혈중 산소치를 측정해 어떤 부위가 활성화되었는지 보여주는 장치)로 7세 이상 29세 이하의 피험자 1천 명의 뇌 영상을 촬영했다. 결과를 분석하니, 창의적 사고와 분석적 사고 모두 좌뇌와 우뇌의 영역들이 서로 연결되어야 가능한 것으로 드러났다.[1] 좌뇌와 우뇌 모두 똑같이 활성화되었고 신경망과 세포 간의 연결

방식도 두 뇌가 거의 비슷했다.

건강한 뇌 속을 들여다보는 기술은 비교적 최근에 개발된 기술이다. 예전에는 뇌 질환 환자들을 대상으로 실험을 해 뇌의 작동 방식에 관한 정보를 모아야 했다. 1960년대에는 조현병 치료의 일환으로 뇌량(좌우 대뇌 반구를 연결하는 다리)을 절제한 환자들을 연구해 언어 능력이나 연산 능력, 예술적 직관을 담당하는 뇌가 어느 쪽인지 밝혀내기도 했다. 맞는 부분이 없지는 않았으나, 이 연구 결과는 잘못된 것으로 드러났다. 건강한 뇌를 관찰하는 fMRI 기술이 개발된 뒤로, 뇌에서 시스템과 네트워크, 좌뇌와 우뇌의 교차 연결 및 수평적 통합이 복합적이고 역동적으로 작동한다는 사실이 입증되었기 때문이다.

논리의 위험

뇌는 어떤 상황에 논리를 적용할 때 원인과 결과의 '규칙', 즉 모든 행동에는 결과가 따른다는 원칙을 근거로 삼는다. 이 원칙이 건강하고 긍정적으로 적용될 때 우리는 자기 행동에 책임을 지고 실수를 하더라도 자책하지 않고 교훈을 얻는다. 그러나 부정적으로 적용되면 위험을 회피하고 지나치게 몸을 사리게 된다.

우리는 흔히 논리적 결정을 무모하고 성급한 결정의 반대 개념으로 여겨, 위험을 감수해야 할 때는 논리적 사고가 방해가 될 거라고 생각한다. 그러나 사실 논리는 신중하게 고민한 뒤 위험을 감수하는 건강한 행위를 뒷받침하고 장려하는 도구로 쓰여야 한다. 논리적 사고를 활용하면 감수할 가치가 있는 위험을 알아보는 능력을 키울 수 있고, 뻔하지 않고 과감한 선택을 해 발전할 수 있으며, 안정감과 안도감을 포기하지 않고도 성장할 수 있다.

중요한 결정의 긍정적인 면과 부정적인 면을 가늠할 때는 너무 오래, 너무 많은 생각을 하느라 교착 상태에 빠지는 한이 있더라도 논리적 사고를 포기하지 않아야 한다. 보통 결정을 내리고 나면 걱정한 것만큼 심각한 상황은 벌어지지 않는다. 중요한 건 결정을 내리고 그 결정을 실행에 옮기느냐다.

논리적인 의사 결정은 복잡하고 정교하며 에너지가 매우 많이 소모되는 과정이다. 결정에 이르는 숙고 과정에도 에너지가 소모되지만, 가장 많은 정신력이 소비될 때는 바로 결정을 내리는 순간이다. 일상적으로 불필요한 선택의 횟수를 줄이면(입는 것, 먹는 것, 보는 것, 소셜 미디어의 댓글 등을 고르는 선택), 더 중요한 결정을 내릴 때 쓰일 에너지를 아낄 수 있다. 가령 아침마다 정해진 일정을 따르거나 전날 밤에 다음날 입을 옷을 고르는 '선택 축소'를 하면 지적 능력을 사소한 일에 허비하지 않아도 된다.

논리적 사고를 삶의 모든 영역에 끊임없이 적용할 필요는 없다는 사실도 명심하라. 직장 동료이면서 개인적으로도 친분이 있는 사람들을 떠올려보라. 일할 때는 늘 현명한 결정을 내리지만, 자신에게 해가 되는 친구를 계속 만나거나 가족과의 관계가 좋지 않아 스트레스를 받거나 자녀가 소외감을 느끼게 만드는 등 개인적으로는 나쁜 결정을 내리는 사람이 있지 않은가?

업무 능력은 뛰어나지만 사생활은 엉망진창인 사람은 수도 없이 많다. 이는 논리적 사고력과 감정 조절 능력이 늘 비례하지는 않는다는 사실을 보여준다. 소스를 극대화하려면 두 신경 경로에 모두 공을 들여야 한다. 쉬운 지름길은 없으며 하나의 경로가 강하다고 다른 하나의 결핍이 저절로 메워지지는 않는다.

패턴 인식과 뇌

논리적 사고로 결정을 내리면 뇌에서 어떤 일이 일어날까? 이상적으로는, 신체적, 정신적, 정서적, 영적 신경 경로가 서로 조화를 이루며 적절하게 작동할 것이다. 그러나 실제로는 신경 경로들이 불협화음을 일으키므로 뇌는 어떤 경로가 더 중요한지 순위를 매긴다. 여과 과정을 거쳐 위험 부담을 감수할 경우 발생할 부정적 결과를 최소화하는 것이다.

해결책을 찾기 어려운 까다로운 상황에 직면할 때 뇌는 패턴 인식 체계를 작동시킨다. 패턴 인식은 뇌의 여러 부위에서 받은 정보를 통합하고 과거에 비슷한 결정을 내렸던 기억을 떠올리는 복잡한 과정이다. 패턴 인식 체계가 작동하면 뇌는 대뇌 피질을 동원해 가능한 선택들을 하나씩 합리적으로 살피고 현재 상황을 과거의 상황과 대조하며 최선의 답을 내려 애쓴다.

먼저 '이 선택은 주어진 데이터에 입각해 합리적인가?'라고 물은 다음, '옳은 선택이라는 느낌이 드는가?'라고 물어 변연계의 반응을 살핀다. 또한 논리적 사고를 활용해 체스 선수가 몇 수 앞을 내다보듯 '…… 하면 어떨까?' 하고 가상의 시나리오를 떠올리며 각각의 선택에 따를 잠재적 결과를 계산한다.

이때 정서적 가치 부여 체계가 작동하는데, 이 체계는 과거나 현재의 정보를 강조하는 형광펜 역할을 한다. 정서적 가치 부여는 과거의 기억, 즉 어떤 일이 일어났고 그 일의 결과는 무엇이며 나의 반응 행동이 어떻게 성공이나 실패로 이어졌는지에 대한 정서적 반응에서 비롯된다. 각각의 기억에 스며든 과거의 감정은 현재 상황을 논리적으로 판단할 때 판단의 근거가 된다.

직관은 현재 상황에 대한 논리적 및 정서적 답을 지지하거나 반대한다. 뇌는 이 모든 과정을 거쳐 위험 부담이 가장 적은 선택을 하지만, '더 나은' 결정을 내릴 수 있지 않았을까 하는 의심은 영영 사라지지 않는다. 따라서 어떤 결정을 내리든, 결정에 이르는 과정이 아무리 논리적이었다 하더라도, 감정의 영향을 벗어날 수는 없다.

뇌가 어떤 상황에 정서적 가치를 부여하는 것을 막을 방법은 없으며, 의사 결정 과정에서 감정은 가장 중요한 요소다. 감정을 이해하는 뇌 부위에 손상을 입으면 객관적 분석 능력이 정상이더라도 의사 결정 속도가 늦어진다는 연구 결과가 있을 정도다.[2] 논리적 사고가 제대로 기능하려면 다른 사고 모드, 특히 정서적 사고와 균형을 이루어야 한다.

논리적 사고가 딴 길로 새지 않게 할 방법이 없지는 않다. 소스를 파수꾼으로 세워 정서적 가치 부여에 건설적으로 이의를 제기하고 과거의 경험을 바탕으로 한 추론이 합리적인지 점검하는 등 '패턴 인식' 체계를 계속 주시하면 된다.

패턴 인식은 정상적으로 작동할 때도 있지만, 심각한 역효과를 낼 때도 있다. 세 명의 경영 전문가가 집필한 저서, 《확신하는 그 순간에 다시 생각하라 Think Again: Why Good Leaders Make Bad Decisions and How to Keep It From Happening to You》에는 각 분야의 유능한 지도자들이 내린 잘못된 결정 84건이 분석되어 있다.[3] 이 책에 따르면, 지도자들이 과거의 경험을 상기시키는 상황에 직면했을 때 성급한 결론을 내리면 대부분 위험한 결과가 초래되었다. 그들이 내린 결론은 본인들은 논리적이라고 생각했지만, 실제로는 위험하고 잘못된 판단이었다.

영리하고 빈틈없는 사람들도 결정을 내릴 때 종합적으로 사고하지 못할 때가 있다. 자기만의 관점을 지나치게 고수하거나 정서 지능이 부족하거나 강력한 무의식적 편향이 작동한 탓이다. 이 문제는 오래 지속된 관계에서도 나타난다. 특히 이혼을 했고 한쪽, 혹은 양쪽 다 마음의 상처가 아물지 않았지만 자녀 때문에 어쩔 수 없이 '상처를 준' 상대방과 교류해야 하는 상황에서 자주 발생한다.

행동방식과 사고방식이 고정되면 새로운 시각으로 상황을 인식하기 어려워진다. 자기 생각이 옳다는 믿음을 고집하거나 특정 관계에서 '부양자'나 '보호자', '어른' 등 자기가 맡은 역할을 고수한다. 이럴 때 논리는 뒷전으로 물러나고 대신 그 자리에 편견이 들어선다. 잘못된 논리가 뇌를 장악하는 것이다.

이는 '자기도 모르는 사이에 벌어지는 일'이라 더욱 위험하다. 사고의 균형을 되찾으려면 엄청난 의지력을 발휘해야 하고 감정 조율 및 자기 인식에 의식적으로 공을 들여야 하지만, 불가능한 일은 아니다.

가짜 논리 포착하기

똑똑하다는 사람들도 그렇게 엄청난 실수를 하고 편견을 진실로 착각한다면, 어떻게 해야 가짜 '논리'와 진짜를 구별할 수 있을까? 나는 비판적 사고에서 가장 중요한 것은 남이 아닌 내 생각의 신빙성을 판단하는 것이라고 생각한다. 그러려면 먼저 현재 상황을 판단하는 데 영향을 미칠 과거의 비슷한 상황을 의식적으로 떠올려야 한다. 그런 뒤 다음의 질문을 하면서 두 상황을 비교하면 된다.

- 두 상황은 무엇이 다른가?
- 나는 과거의 상황을 정확히 해석하고 있는가?
- 현재 상황을 다른 관점에서 생각해볼 수는 없는가?

이렇게 하면 균형이 깨진 사고를 바로잡고 상황을 속단하지 않을 수 있다.

논리적 사고가 제대로 작동하면 문제를 유연하고 융통성 있게 분석할 수 있다. 논리적 사고는 'A는 B다.'라고 생각하는 일차원적 사고와 대조되는 다차원적 사고다. 여러 요소를 통합적으로 고려하는 논리적 사고를 잘 활용하면 문제 해결 능력이 높아진다. 신경 가소성의 관점에서 말하자면, 잘 쓰지 않는 신경 경로들을 깨워 최대한의 힘을 발휘하게 하려면 새로운 상황에 직면할 때마다 논리와 이성을 활용하는 연습을 해야 한다.

의사 결정을 담당하는 신경 경로와 논리가 작동하는 방식은 주변 사람들과 가정환경, 새롭게 습득한 정보 등 일상적으로 접하는 세계의 영향을 끊임없이 받는다. 논리적 사고의 균형을 잡는 것은 자기 하기 나름이라는 뜻이다.

여러분은 논리적 사고가 필요한 중요한 결정을 내릴 때 무엇을 잘하고 무엇을 못하는가?

이 책의 내용을 받아들이기만 해도 논리적 사고력을 평소와 다르게 활용해 더 현명한 결정을 내릴 수 있을 것이다. 물론 이 책의 제안과 훈련법을 실행에 옮겨 지속적인 변화를 이끌어내는 것은 독자들의 몫이다.

The Source

Chapter 11

11 ⎯⎯⎯⎯⎯⎯⎯⎯⎯⎯⎯⎯⎯⎯⎯⎯⎯

창의성: 이상적인
미래를 설계하라

⎯⎯⎯⎯⎯⎯⎯⎯⎯⎯⎯⎯⎯⎯⎯⎯⎯⎯⎯⎯⎯⎯⎯⎯⎯⎯⎯⎯

"너는 그림을 그릴 능력이 없어."라고 말하는 내면의 목소리가
들린다면, 무슨 수를 써서라도 그림을 그려라.
그러면 목소리가 잠잠해질 것이다.

빈센트 반 고흐Vincent van Gogh

꿈을 현실로 만들려면 비전이 필요하다. 여기서 비전은 원하는
삶을 상상하는 눈뿐 아니라 주변에 늘 존재하고 원하는 미래를 앞당
겨줄 기회를 포착하는 눈을 의미한다. 그런 점에서, 창의성은 단순히
예술에 대한 소질이나 새로운 아이디어를 내는 능력이 아니라 주변의
자극을 통제해 뇌를 자기 뜻대로 통제함으로써 주도적으로 미래를 설
계하는 능력이다. 창의성이 높은 사람은 우리 주변에 숱하게 많다. 빅
토리아Victoria와 데이비드 베컴David Beckham 부부, 마일리 사이러스Miley Cyrus,
마크 월버그Mark Wahlberg, 앤젤리나 졸리Angelina Jolie, 리아나Rihanna, 킴 카다

시안Kim Kardashian, 저스틴 팀버레이크Justin Timberlake, 아놀드 슈워제네거Arnold Schwarzenegger처럼 새로운 재능을 개발해 정체성을 바꾼 유명인이나, 에이브러햄 링컨Abraham Lincoln, 넬슨 만델라Nelson Mandela, 간디Gandhi, 마리 퀴리Marie Curie, 테레사 수녀Mother Teresa, 마틴 루터 킹Martin Luther King, 에멀린 팽크허스트Emmeline Pankhurst처럼 획기적인 업적으로 세상을 바꾼 위인들이 그 예다.

창의성이 높은 사람은 자유롭다. 소스를 최대치로 끌어내 상상하는 삶을 현실로 만든다. 잠든 신경 경로를 깨워 의외의 방식으로 활용하며 끌어당김의 법칙과 시각화로 소망을 이룬다.

창의적인 뇌는 대조되는 생각을 조합해 예상 밖의 새로운 생각을 만들어낸다. 혁신하고 상상하고 개선하고 재고하는 능력은 인간의 뇌가 지닌 막강한 능력이다. 진화 단계상 가장 최근에 생겼지만 시간상으로는 생긴 지 아주 오래된 능력이기도 하다. 어떤 상황이나 문제를 분석할 때 뇌의 모든 영역을 활용하고 창의력을 100퍼센트 쏟으면 남들은 한계를 볼 때 가능성을 발견할 수 있다. 예전에 파티에서 만난 올림픽 요트 메달리스트는 이렇게 말했다.

"바닷가에서 수평선을 내다볼 때 사람들은 흔히 끝을 봅니다. 하지만 저는 시작을 보죠."

이처럼 창의력이 높은 사람은 같은 현상을 다르게 해석할 수 있다.

창의력을 높이려면 자기만의 독특한 생각이나 해석을 중요시하고 표현할 수 있도록 일정 수준 이상의 자신감을 키워야 한다. 대부분의 의뢰인들은 내 이런 제안을 부담스러워하며 이렇게 말한다.

"저는 창의적인 사람이 아닌데요."

참으로 답답하고 애석한 반응이 아닐 수 없다. 우리는 대부분 학교에서 창의성을 '예술과 관련된 타고난 재능'이라는 매우 좁은 의미로 정의하는 교육을 받는다. 그래서 '논리적인 뇌'처럼, 창의성도 타고나는 능력이라고 믿는다. 나도 학창 시절에 그림을 잘 못 그려 창의성이 떨어진다는 말을 들었다. 나뿐 아니라 한 세대 전체가 창의성에 대한 잘못된 신화로 고통받았다.

이 신화의 피해자들은 섣불리 사업을 시작하거나 원하는 스타일의 옷을 마음대로 입지 못했을 것이다. 우리는 흔히 위대한 예술가들은 특출난 재능을 타고났을 거라고 속단한다. 하지만 조금 더 깊이 들여다보면, 위대한 예술가들도 끈기와 회복탄력성, 자기 확신에 기회를 포착하는 능력이 더해져 성공을 '이루어 낸' 경우가 많다. 그러니 창의성에 관한 기존의 통념에서 벗어나라. 창의성은 예술이나 문화와 관련된 소질만이 아니라, 미래를 창조하고 현재에 집중하며 자기 삶의 주인이 되는 능력이다.

창의성의 과학적 근거

요즘 신경과학계에서는 창의적 사고의 특징을 주제로 다양한 연구가 진행 중이다. 하버드대학교의 연구진은 최근 아이디어의 발상과 관련된 뇌 연결성의 패턴을 밝혀냈다.[1] 연구진은 피험자들의 뇌 영상을 촬영하면서 양말이나 비누, 껌 포장지과 같은 일상 용품의 새로운 쓰임새를 생각해내라고 주문했다. 일부 피험자들은 일상적이고 평범한 쓰임새가 머릿속을 가득 채워, 발을 덮거나 비눗방울을 불거나 껌을 담는 등 진부한 답변밖에 하지 못했다. 반면에 독창적인 사고를 한 피험자들은 뇌의 세 가지 네트워크, 즉 딴생각과 집중적 사고, 선택적 주의가 강하게 연결되어, 정수 시스템이나 봉투 봉인용 밀랍 도장, 안테나선처럼 창의적인 아이디어를 떠올렸다.

부정적인 필터링을 멈춰라

딴생각과 집중적 사고, 선택적 주의는 연습으로 강화할 수 있다. 집중력을 떨어뜨리는 요소가 없는 시간과 공간을 정해 적극적으로 딴생각을 하면 새로운 아이디어와 관점을 얻을 수 있다. 또한 소망과 희망, 꿈에 의식적으로 초점을 맞추면, 즉 집중적 사고를 하면 뇌는 원하는 결과를 낳을 기회를 더 효과적으로 포착할 수 있다. 집중적 사고는 액션 보드와 시각화로 이룰 수 있다. 선택적 주의와 필터링 기술도 훈련이 필요하다. 뇌는 당면한 목적에 맞지 않는 생각은 걸러내고 '엉

뚱'하거나 틀렸다고 느껴지는 생각은 무의식적으로 검열한다. 9장에서 살펴보았듯, '이유'는 중요하다. 선택적 주의를 훈련할 때는 '하지 못할 이유'를 생각해야 한다. 새로운 업무에 지원하거나 친구들이 주선한 소개팅에 나가지 못할 이유가 있는가? 오랫동안 미뤄온 새로운 취미 생활을 시작하지 못할 이유가 있는가? 다른 주제에 집중하고 있을 때 불현듯 새로운 기획 아이디어가 떠오를 때는 일단 적어두고 나중에 검토하라. 고민 중인 문제를 180도 다른 관점으로 생각하는 것도 좋다. 어떤 생각을 무시하고 넘기고 싶을 때는 유익한 생각을 놓치고 있는 건 아닌지 자문해보라. 결핍이 아닌 풍요의 관점으로 생각하라.

짧은 시간에 최대한 많은 아이디어를 떠올리고 그중 하나를 건지는 '래피드 프로토타이핑'이라는 훈련을 해도 좋다. '나중에, 혹은 다른 상황에서 시도해볼 만한' 아이디어는 일단 제쳐두고 현재 상황에 딱 들어맞는 아이디어를 건질 때까지 계속 머리를 굴리는 훈련이다. 내가 처음 창업을 고려할 때 창업 경험이 많은 전남편의 삼촌도 이와 비슷한 방법을 제안했다. 가능한 사업 100가지를 목록으로 만들면 지금 당장 실행 가능한 사업을 하나는 건질 수 있을 거라고 했다. 100개의 아이디어를 모두 검토하는 데 2년이 걸렸지만, 목록을 만드는 순간 나는 병원을 그만두는 위험을 감수할 가치가 있는 일은 코칭 사업뿐임을 직감했다. 흥분도 되고 긴장도 됐지만, 무엇보다 온 힘을 다해 이 사업을 성공시키면 내가 원하는 미래를 만들 수 있으리라는 확신이 들었다.

빨간 펜 사고를 멈춰라

창의력이 높은 친구 중에 무일푼으로 시작해 번듯한 브랜드를 일군 사업가가 한 명 있다. 그 친구는 항상 획기적인 아이디어를 내고 새로운 제도를 구상한다. 친구의 남편도 마찬가지다. 내가 비결을 묻자 친구의 답은 간단했다.

"우리 집 사전에 '나쁜 생각'이라는 단어는 없어."

친구는 자신과 남편뿐 아니라 아이들도 어떤 생각이든 거리낌 없이 탐구한다고 했다. 그러다 보면 자연스럽게 좋은 아이디어가 수면 위로 떠오른다는 것이다. 좋은지 나쁜지 따져보기도 전에 본인이나 타인의 생각을 짓밟는 것은 아무런 도움이 되지 않는다.

마음을 열고 다양한 생각과 가능성을 탐구하면, 창의성이 발현되어 뜻밖의 상황에서 기회를 포착할 수 있다. 언제 기회를 잡고 언제 이의를 제기할지, 혹은 밀고 나갈지 감지할 수 있다는 뜻이다. 창의성이 발현되면 직관력이 커지고 사고가 유연해져 평소라면 그냥 지나쳤을지도 모를 가능성을 알아볼 수 있다.

작가 커트 보니것 Kurt Vonnegut 은 다음과 같은 말을 남겼다.

우리는 끊임없이 절벽에서 뛰어내려, 추락하는 동안 날개가 돋아나게 해야 한다.

창의성의 본질을 강조하는 글이다. 창의성은 부수적으로 달린 장식이 아니라, 고난과 시련을 극복해 날개를 펼치게 해주는 유용한 능력이다. 누군들 이 능력을 갖추고 싶지 않겠는가!

당신은 이미 창의적이다!

아직도 자신이 창의적이지 않다는 생각이 든다면 자신과 주변을 돌아보라. 창의적이지 않다면 집을 꾸미거나 직업을 구하지 못할 것이다. 결혼을 하거나 아이를 낳아 기르지도, 음식을 만들거나 대화의 주제를 정하지도 못할 것이다. 손님이 오면 친절하게 대접하거나 정원을 꾸미지도, 친구를 사귀지도 못할 것이다. 창의성의 예는 들자면 끝도 없다. 창의적인 취미 생활은 말할 것도 없고 말이다. 그럼에도 여전히 창의성이 부족하다고 느껴진다면 새로운 일을 시도해보라! 152쪽에서 살펴보았듯, 새로운 활동은 신경 가소성을 촉진한다. 자신의 창의력과 창의력이 발휘되는 방식에 대한 선입견이 이제 달라졌는가? 인간은 누구나 창의성을 갖고 태어난다. 그러니 타고난 능력을 과감히 발휘해 궁극적인 자기표현, 즉 진정으로 원하는 삶을 찾아라. 장기적인 비전을 정하고 비전이 실현되는 과정을 지켜보라. 다음 장에서는 창의성을 원동력으로 삼아 비전을 실현하는 데 도움이 될 훈련법을 배워볼 것이다.

4부
운명을 바꾸는 4주의 실천

드디어 흥미진진한 4부에 도달했다! 지금까지 우리는 이 책의 근거가 되는 이론을 살펴보고, 뇌의 신경 경로가 어떻게 진화했으며 어떻게 하면 신경 가소성의 힘을 활용해 신경 경로를 강화할 수 있는지 배웠다. 또한 풍요의 사고방식이 불러올 엄청난 변화와 시각화를 통해 이상적인 미래를 현실로 만드는 과정을 알아보았다. 이제 이 모든 이론을 실행에 옮겨 진정한 목표를 실현해보자.

목표가 일이든 사랑이든 전반적인 자기계발이든, 우선 기존의 고착된 신경 경로를 끊어야 한다. 그러려면 소스를 극대화하는 간단한 훈련과 다소 어려운 훈련을 시행해 사고방식에 변화를 줘야 한다.

앞으로 4단계 프로그램을 거치며 각각의 단계에 맞는 훈련법을 배울 것이다. 짧게는 4주, 길게는 4개월이 걸리는 프로그램이니 각자에게 맞는 속도로 진행하라. 단, 의미 있는 통찰과 결실을 얻었다는 확신이 들기 전에는 다음 단계로 넘어가지 마라. 필요하다면, 다음 단계로 넘어가서도 이전 단계의 훈련을 함께 진행하라.

4단계 프로그램은 행동의 지속적인 변화는 4단계를 거쳐 발생한다는 인지 과학의 원칙을 바탕으로 고안되었다.

- 1단계 : 자각하기(무의식을 의식화하고 뇌의 자동 조종 장치를 끄는 단계). 여기까지 읽은 독자라면 이미 이 단계에 대해 많은 생각을 했을 것이다. 그리고 바라건대, 변화하겠다는 의욕이 샘솟고 있을 것이다. 12장의 훈련법을 따르면 자기 인식이 한층 깊어져 변화가 가장 시급한 행동과 사고방식을 정확히 집어낼 수 있을 것이다.

- 2단계(13장) : 1단계에서 모은 재료를 활용하는 단계다. 이 단계에서는 강력한 액션 보드를 만들어 비전을 설계하고 목표를 정할 것이다.

- 3단계 : 주의 집중하기(14장). 상상한 미래를 현실로 만들려면 행동을 취해야 한다. 새로운 행동을 연습하고 새로운 방식으로 생각하도록 훈련하려면 현재에 더 집중하고 마음챙김과 시각화를 통해 나에게 중요한 일에 에너지를 쏟아야 한다.

- 4단계 : 의도적으로 연습하기(반복, 15장)는 매우 중요한 마지막 단계로, 이 단계에서는 소스를 구성하는 다양한 요소를 모두 개발하고 행

복과 성공을 부르는 뇌 친화적 습관을 들여 소스의 풍요로운 잠재력을 남김없이 실현할 것이다.

깊이 뿌리박힌 신념 체계를 새로운 사고방식으로 덮으면 자아가 재정립될 것이다. 그러면 시시때때로 들이닥치는 삶의 충격에 더 잘 대처하고 원하는 목표를 더 많이 이룰 수 있다.

그동안의 코칭 경험을 돌아보면, 4단계 프로그램의 효과는 시간이 갈수록 눈덩이 굴리듯 커졌다. 스스로 일군 변화를 피부로 느끼기 시작하면 엄청난 동기가 부여되고, 끝까지 목표에 매진할 원동력이 생긴다. 또한 풍요의 관점과 실현의 원칙에 따라 살면, 긍정적 변화를 일구고 지속할 힘이 자기 안에 이미 있다는 믿음이 점점 커진다.

여러분도 4단계 프로그램을 따른다면, 소스가 여러분의 운명을 개척하는 과정을 경외와 흥분의 눈길로 지켜보게 될 것이다.

12 _____

1단계 자각하기:
무의식적으로 하던 행동을 멈춰라

_____

당신이 무의식을 의식화할 때까지 무의식은 당신의 삶을
조종할 것이며, 당신은 그것을 운명이라 부를 것이다.

카를 융Carl Jung

카를 융의 이 글은 내가 아주 좋아하는 인용문이다. 밝은 미래를
앞당기는 소스의 잠재력과 소스의 핵심을 암시하는 구절이기 때문이
다. 지금부터 여러 가지 훈련과 시각화를 통해 소스를 극대화해 잠재의
식을 의식의 영역으로 끌어올릴 것이다. 그러려면 내면에 완전히 집중
할 수 있도록 조용하고 평화로운 시간과 장소를 확보하는 것이 좋다.

　　2장에서 살펴보았듯, 뇌는 중요한 사건이든 사소한 사건이든, 어
떤 사건을 실제로 경험할 때와 머릿속에 생생하게 그릴 때의 차이를
놀라울 정도로 인지하지 못한다. 이번 장에서 소개할 훈련을 따라하

면 생생한 시각화를 통해 원하는 미래를 뇌 깊숙이 새길 수 있을 것이다. 시각화를 하면 소스가 풍요로운 현실을 상상으로 미리 경험하므로, 기회를 포착하고 가능한 수준의 위험을 감수하며 상상한 현실이 실제로 이루어지게 하는 방향으로 뇌가 작동한다. 일기장을 늘 가까이에 두고 아래의 훈련들을 따라하면서 깨달은 점을 기록하라.

인간관계와 '각인'

어릴 때 최초로 맺는 애착관계는 가족과 사랑, '자기 자신'에 대한 '본보기'를 형성한다. 애착과 경험, 믿음 등의 본보기가 내면화되면 살면서 마주하는 다른 인간관계나 상황에 그 본보기가 '각인'된다. 자극과 반응이 시간이 갈수록 뇌에서 얼마나 긴밀하게 연결되는지 보여주는 또 다른 증거다. 어떤 경험을 자주 하면, 신경 가소성이 작동하고 시냅스 수가 늘어나면서 그 경험과 관련된 신경 경로가 뇌 속에 형성된다. 이후 뇌가 새로운 상황이나 인간관계를 이미 신경 경로가 형성된 과거의 경험과 '비슷하다'고 인지하면 패턴 인식 체계가 활성화된다.

음식이나 폭력, 비판과 같은 자극에 대한 반응은 사람마다 다르다. 자라면서 겪은 경험이 저마다 다르기 때문이다. 풍족하지 않은 가정에서 자란 사람은 음식을 남기는 것을 극도로 꺼리는 경우가 많다.

반면에 음식을 자주 남기고 남은 음식은 절대 먹지 않는 사람들도 있다. 폭력을 휘두르는 사람과 관계를 끊지 못하는 건 그런 관계에 익숙하기 때문이다. 조언을 건설적으로 받아들이는 사람이 있는 반면, 아주 사소한 비판에도 마음을 완전히 닫아버리는 사람도 있다. 여러분의 뇌에 각인된 패턴은 풍요의 사고를 촉진하는가? 잠재력을 가로막고 자멸을 자초하는 패턴이 있지는 않은가?

각인 과정을 이해하면 '과거'의 내가 현재와 미래를 얼마나 많이 좌우하는지 알 수 있다. 업무 관계나 친구 관계, 애정 관계 등 현재의 인간관계가 어떻게 과거, 특히 어린 시절에 습관화된 반응을 촉발하는지도 설명할 수 있다.

과거의 유령 인식하고 운명 바꾸기

어릴 때 맺는 애착관계와 가정환경은 뇌의 신경 경로와 자아상뿐 아니라 일련의 기대치를 형성해, 새롭게 관계를 맺거나 새로운 상황에 직면할 때 그 기대치를 투영하게 만든다. 과거의 '유령'에 발목이 잡혀 있고 거기에서 벗어나려면, 제일 먼저 과거의 유령이 소스의 기능에 어떤 영향을 미치는지 알아야 한다.

일기장의 빈 면을 펼치고 어린 시절의 기억을 떠올려라. 어릴 때 가족이나 가까운 사람들과의 관계에서 아래의 단어들이 어떤 의미를 지녔는지 적어라.

- 역할 : 가정에서 내 '역할'은 무엇이었는가? 다른 식구들의 '역할'은 무엇이었고 그들과 어떤 관계를 맺었는가?

  ('중개자', '희생양', '중재자', '반항아', '엄마 대리')

- 비밀 : 어린 시절 가족이 쉬쉬하던 비밀이 있었는가? 누가 비밀을 감추려 했는가? 그 비밀은 나의 성장 과정에 어떤 영향을 미쳤는가?

  ('가족 중 누구도 레이 삼촌의 음주 문제를 입에 올리지 않았다.')

- 믿음 : 어릴 때 가족이 최우선시했던 믿음은 무엇인가? 암묵적이거나 의심의 여지 없이 따라야 했던 규칙이 있었는가? 의견이 다를 때 다툼이나 갈등이 발생했는가?

  ('공든 탑은 무너지지 않는다.', '뿌린 대로 거둔다.')

- 가치 : 다른 무엇보다 중요시한 가족의 핵심 '가치'는 무엇이었는가? 그 가치가 나에게 영향을 미쳤는가?

  ('정직', '근면', '친절', '성공', '자기표현', '지적 능력')

- 경계 : 내 가족은 경계에 어떤 태도를 보였는가?

  ('우리 가족은 범법 행위나 규칙과 약속을 깨는 행위, 온갖 범죄 행위를 용납하지 않았다.')

과거의 '유령'을 분석하고 그 유령이 지금의 나에게 어떤 영향을 미치고 있는지 고찰하는 일은 미처 몰랐던 사실을 밝혀주는 유익한 과정이다. 습관적으로 과거의 '유령'에 사로잡혀 살고 있지는 않은가? 그 때문에 본인의 꿈과 어긋나는 '규칙'을 따르고 있지는 않은가? 떠오르는 생각을 모두 일기장에 적어라. 일상에서 과거의 유령이 힘을 발휘하면 바로 알아차릴 수 있도록 일기장에 적은 내용을 늘 염두에 둬라. 유령이 나타나는 방식도 일기장에 적어라. 사소한 부분부터 바꿔 과거의 유령과 같은 무의식적 반응을 의식적으로 조절하라. 미래의 주인이 되는 첫발을 떼게 될 것이다.

중재자 역할에서 벗어난 클로이

세 자녀를 키우는 30대 여성 클로이도 이 훈련을 했다. 어릴 때 가정에서 '중재자'였던 클로이는 결혼해 아이를 낳고 나서도 남편과 시동생뿐 아니라 아이들 사이에 벌어지는 논쟁을 중재하는 역할을 떠맡았다.

코칭을 시작할 때 클로이는 감정적으로 완전히 지쳐 있었다. 장기간 가족 모두를 일일이 챙기느라 한계에 다다랐고 더는 이 상태를 지속할 수 없다는 사실을 깨달았다고 했다. 나는 클로이에게 자기도 모르게 떠맡았던 역할을 자각한 뒤 의식적으로 경계를 재설정해야 한다고 조언했다.

클로이는 자기 행동의 문제점을 파악해 바꾸기도 해야 했지만, 갑작스러운 변화에 놀란 가족의 저항도 극복해야 했다. 클로이가 중재를 멈추자 처음에는 의견 충돌이 격화되었다. 아이들은 엄마의 관심을 끌고 엄마에게 다시 예전의 역할을 떠맡기려고 나쁜 행동의 강도를 점점 더 높였다.

"애들이 다른 형제자매를 곤란에 빠트리려고 거짓말을 해요. 가끔이 아니라 늘 그래요. 형제자매의 반응을 과장해서 고자질하죠. 큰아이는 제가 더는 자기를 사랑하지 않는다는 말까지 하더군요."

클로이는 아이들을 앉혀놓고 속상한 일이 있을 때마다 엄마에게 달려오는 것은 문제를 해결하는 데 전혀 도움이 되지 않는다고 설명했다. 현실에서는 누군가와 의견이 충돌하면 스스로 해결해야 한다고 말했다. 결국 아이들은 클로이에게 불평하는 대신 스스로 문제를 해결하기 시작했다. 클로이의 가정에 평화가 찾아온 것이다.

클로이는 아이들이 자신에게 계속 중재자 역할을 맡기려고 벌인 신경전도 끔찍이 싫었지만, 아이들이 어른이 되어서도 지금의 해로운 관계를 인간관계의 본보기로 삼을 수 있다는 사실에 큰 충격을 받았다. 클로이는 사랑하는 아이들을 위해 단호하게 대처했을 뿐 아니라 심리 요법을 배워 아이들을 도왔다. 나중에는 건강한 경계를 정하는 법을 주변 사람들에게 조언해주기도 했다.

복잡하게 얽혀 있고 행동에 영향을 미치는 뇌의 네트워크를 적기에 적절한 방법으로 제어하는 것은 결코 쉬운 일이 아니다. 세상과 세상 속의 내 위치를 이해하는 사고방식의 패턴을 파악하려면 먼저 과거에 그 패턴이 어떻게 각인되었는지 돌아보아야 한다. 과거의 습관화된 사고방식이 나의 미래에 영향을 미치지 않도록, 그 사고방식이 어떻게 현재의 삶을 통제하고 제약하는지 구체적으로 살펴보자.

부정적 믿음 점검하기

앞서 우리는 현재의 부정적 사고 패턴에 영향을 미치는, 어린 시절의 요인들을 살펴보았다. 그중 믿음을 더 자세히 살펴보고 부정적 믿음이 현재 내 삶에 어떤 영향을 미치고 어떤 관련이 있는지 분석해보자.

1. 일기장의 빈 면을 펼치고 페이지를 세로로 삼등분하라. 첫 번째 칸에는 자기 자신에 대한 부정적 믿음을 최대 여섯 개까지 적어라. 자기 자신이나 가까운 사람들에 대해 늘 하는 이야기나 본인이 느끼기에 창피하거나 쓸모없는 행동, 혹은 반응을 적으면 된다.
   ('나는 창의적인 편이 아니야.', '나는 사람을 사귀는 게 힘들어.', '나는 ……가 아니야.', '나는 ……을 할 수 없어.')

2. 첫 번째 칸에 적은 문장을 하나씩 살펴보고 '이 믿음이 옳다고 생각하는 근거는 무엇인가?'라는 질문에 답하라. 두 번째 칸에 '근거'를 적어라.

3. 세 번째 칸에는 근거를 반박할 증거를 적어라. 두 번째 칸의 근거는 모두 객관적으로 '사실'인가? 과거의 경험에 비추어 각각의 근거를 충분히 분석하라. 반박할 증거가 있지만 그 증거를 믿지 않는다면 왜 그런지 생각해보라.

4. 이제 첫 번째 칸에 적은 부정적 믿음들이 나의 행복에 얼마나 도움이 되는지 자문해보라.

이 믿음들이 내 삶에 어떤 도움이 되는지, 내 행동과 행복에 어떤 영향을 미치는지 생각해보라. 계속 그 믿음들을 고수하고 싶은가? 아니라면, 이제 놓을 수 있겠는가? 어떻게 해야 놓을 수 있을 것 같은가? 처음에 정한 의도와 장기적 목표를 떠올리고(49쪽) 부정적 믿음을 긍정적으로 바꾸면 장기적 목표를 달성하는 데 얼마나 도움이 될지 시각화하라.

이 훈련을 하고 나면 수고했다는 의미로 자신에게 상을 줘라. 좋아하는 활동을 하며 자기만의 시간을 보내라. 마음 깊이 자리 잡은 부정적 생각을 직시하고 열린 마음으로 그 생각을 분석하기란 쉬운 일이 아니다. 같이 있으면 기분이 좋아지고 만나고 싶은 친구나 가족이 있

THE SOURCE, 부의 원천

다면 함께 즐거운 시간을 보내라.

　다음으로, 자신의 성격 중 가장 마음에 드는 면을 목록으로 만들어 일기장에 적어라. '나는 나의 독립심/창의성/친절함/예민한 성격이 마음에 든다.'와 같이 쓸 수 있다. 이 목록을 자주 읽어라. 그리고 잠재력의 발현을 가로막는 부정적인 믿음이 떠오를 때마다 이미 그 믿음을 깼다는 사실을 상기시켜라. 자기 자신의 생각을 반박하는 이 기술을 자주 쓰다 보면 자연스럽게 몸에 배는 순간이 올 것이다.

　4단계 프로그램을 거치는 동안 '결핍'의 사고방식이 작동하려 하거나 부정적인 내면의 목소리가 들려오면, 자신의 장점 목록을 보며 자신감과 위안을 얻어라.

실패를
재인식하기

　　　　　　　사람들은 흔히 타인보다 자기 자신에게 훨씬 더 가혹한 평가를 내린다. 그러나 실패로 여겼던 일이 사실은 변화와 성공의 계기였음이 드러나는 경우는 수도 없이 많다. 시험에 떨어지거나 정리 해고를 당했지만 이를 계기로 성공적인 경력 전환을 하거나, 헤어질 때는 슬펐지만 끝낼 때가 된 관계를 정리할 수 있었던 경우가 그 예다. 그럼에도 일이 벌어진 당시에는 뜻밖의 전개에 당황한 나머지 해당 사건을 발전의 계기가 아닌 실패로 성급하게 단정 짓는다.

이럴 때는 기본으로 돌아가 '실수'에서 무엇을 배울 수 있을지에만 집중해야 소스의 힘을 키울 수 있다. 물론 교훈을 남긴 실수는 실수가 아니다.

실패한 뒤에는 미처 고려하지 않았던 대안을 시도해보라. 일이나 인간관계를 위태롭게 하지 않는, 위험 부담이 낮은 대안부터 시작하라. 새로운 대안이 현재로서는 효과가 없을 것 같으면 나중에 쓸모가 있을지 모르니 일단 보류하고 곧바로 다음 대안으로 넘어가라.

'빨리, 자주 실패하라.'는 많은 사업가와 넷플릭스나 페이스북과 같은 성공한 IT 기업의 좌우명이다. 할 일 목록에 엉뚱하고 독창적인 항목을 포함시켜라. 새로운 머리 모양을 하거나 평소와 달리 안경을 쓰는 등 일상에 작은 변화를 줘라. 규칙과 격식을 중시하는 직장을 다니면 창의적인 사람을, 창의적인 분위기의 직장에 다니면 그 반대 성향의 사람을 만나라. 친구를 만나면 커피를 마시는 대신 몰입형 미술 전시회에 가거나 산책을 하라.

성취 목록 만들기

살면서 간절히 바랐던 소원을 모두 일기장에 적어라. 아내나 엄마, 남편이나 아빠가 되고 싶다거나, 자기 '목소리'를 내거나 창의적인 방식으로 자기표현을 하고 싶다거나, 자기 분야에서 부나 성공을 이루고 싶다는 등의 소원을 적어라. 그중에 이미 이룬 소원은 밑줄을 그어라. 지금까지 이룬 소원을 보며 성취감을 만끽해라.

오랜 시간 갈망했지만 너무 멀게 느껴져 이미 이루었다는 사실을 깨닫지 못한 소원도 있을 것이다. '나는 아이들에게 사랑을 받고 사랑을 주는 새엄마/새아빠다', 또는 '나는 성공적이고 안정적인 사업체를 설립했다'는 사실을 인정하라. 혹은 소원은 아니었지만 자신의 인내심과 역량, 기술, 투지를 보여주는 성과가 있다면 기록하라.

감사 목록 만들기

일기장의 두 면을 펼쳐 한가운데에 작지만 선명한 글씨체로 '나의 풍요로운 삶'이라고 적어라. 새로운 습관이 자리 잡는 데 걸리는 몇 달 동안 이 두 면에 감사한 일을 적어라. 감사하는 태도를 가지면 소스를 풍요의 사고에 맞춰 키울 수 있다. 끌어당김의 법칙은 원하는 것을 이미 갖고 있다고 믿을 때 작동한다. 감사 목록에 항목을 추가하는 것은 뇌가 좋은 일이 생기는 순간을 더 잘 의식하게 만들 수 있는 효과적인 방법이다. 할 수 있을 때마다 항목을 추가하라. 매일 일기를 쓸 때 감사한 일을 하나씩 적어도 좋다.

'다음에 할 일'을 찾느라 바쁘다는 이유로 무언가를 깨닫거나 성취하는 순간, 또는 잠깐 동안의 기쁨을 무시하고 넘어가지 마라. 매 순간 자기 자신의 자질뿐 아니라 주변 사람들과 직면한 상황, 뜻밖의 행운에 감사하라. 그러면 뇌의 가치 부여 체계가 작동해 나중에 긍정적인 성과와 행복한 생각을 떠올리기가 쉬워진다. 이 훈련을 자주 하면 점점 풍요의 사고방식에 익숙해질 것이다.

일기를 써라

4단계 프로그램의 혜택을 극대화하려면 일상적으로 벌어지는 사건과 만나는 사람들에 대한 생각과 반응을 일기장에 매일 적는 것이 좋다. 길게 적을 필요는 없지만 자신의 감정과 동기, 행동에 대한 생각을 솔직하게 적어야 한다.

오늘밤 잠자리에 들기 전에 몇 분만 시간을 내 오늘 하루에 대한 생각을 일기장에 적어라. 그런 다음, 오늘 한 일 중에 소스를 키우고 이상적인 미래를 만드는 데 도움이 된 긍정적 행동을 세 가지 적어라. 타인의 관점으로 문제를 생각해 정서 지능을 높인 일부터 산책하며 마음챙김 명상을 하거나 저녁을 먹고 휴대전화 대신 소설책을 집어 든 일에 이르기까지 무엇이든 좋다.

언제 에너지가 충전되는지, 언제 주의가 산만해지고 에너지가 고갈되는지도 적어라. 자주 직면하는 문제 상황을 해결할 새로운 전략을 찾아라. '다음에 또 아무개를 만나 자신감이 떨어지면, 혹은 다음에 또 직장에서 실수를 하면 지금까지와는 달리 ×를 할 것이다.'와 같이 적으면 된다. 하루 동안 겪은 사소한 '실패'에 대해 적어도 좋다. 할 말이 있는데 하지 않았거나, 누군가의 불친절한 행동을 보고만 있었거나, 딴짓을 하느라 할 일을 하지 못한 일 등을 떠올려라. 다음에 또 그런 일이 생기면 어떻게 해야 할까? 뇌의 자동 조종 장치를 끄고 뇌의 기본 설정에 의문을 제기하라. 내일 또 같은 상황이 발생하면 하고 싶은 이상적인 행동을 시각화하고 실행에 옮겨라.

일주일에 한 번씩 그 주에 이루고 싶은 세 가지 목표를 정해 일기장에 적어라. 애정 관계를 비롯한 인간관계, 일, 자기계발과 관련해 달성하고 싶은 목표를 정하라. 장기적 목표를 이루는 데 도움이 되며 이루기 쉬운 작은 목표여야 한다. 장기적 목표가 어떤 형태여야 하는지는 독자들도 이미 파악했을 테지만 13~15장에서 더 자세히 다룰 것이다. 주간 목표의 예는 다음과 같다.

- 인간관계 : 동료/배우자의 말을 더 자주 경청하도록 노력한다.

  (장기적 목표 : 정서 지능과 공감 능력을 개발해 나에게 가장 중요한 인간관계를 강화한다.)

- 일 : 내 생각을 더 많이 밝히거나 내 분야의 멘토를 찾는다.

  (장기적 목표 : 내 사업을 시작한다.)

- 자기계발 : 긍정적 자기암시문을 반복해서 말해 자존감을 높인다.

  (장기적 목표 : 자기비판을 멈추고 내가 한 선택에 자부심과 만족감을 느낀다.)

주간 목표로 삶이 긍정적으로 바뀌기 시작하면 점점 더 많은 변화를 추구하고 싶어질 것이다. 가정과 직장에서는 물론 출퇴근하는 동안에도 전보다 더 과감한 태도를 취할 것이다. '이사를 해야 할까?', '세입자 생활을 청산하고 내 집을 사야 할까?', '퇴직 준비를 해야 할까?', '재택근무를 할까?', '직장에서 가까운 곳으로 이사해야 할까?' 등 지금 자신에게 중요한 질문을 해보라.

남은 단계들을 거치며 이상적인 미래를 시각화하면 이 질문들에 대한 답이 저절로 나올 것이다. 일기장은 이 여정을 기록하고 인생의 다른 가능성을 탐색하는 데 도움이 되니, 적극 활용하라.

자각하기 점검표

• '과거의 유령 인식하고 운명 바꾸기'와 '부정적 믿음 점검하기' 훈련을 (263쪽과 267쪽) 마치고 결과를 일기장에 적었다.

• 성취 목록을 만들고 감사 목록을 쓰기 시작했다.

• 일기를 매일 썼고 매주 주간 목표 세 가지를 정했다.

점검표의 임무를 모두 완수해 긍정적 에너지가 가득 느껴지고 자신의 장점에만 집중하면, '액션 보드 만들기' 단계로 넘어갈 훌륭한 발판이 마련된다.

부정적 믿음 분석하기

내가 느끼는 나의 부정적인 모습은 무엇인가?	이 믿음이 옳다고 생각하는 근거는 무엇인가?	두 번째 칸의 근거는 모두 객관적으로 '사실'인가?
①_____	①_____	①_____
②_____	②_____	②_____
③_____	③_____	③_____
④_____	④_____	④_____
⑤_____	⑤_____	⑤_____
⑥_____	⑥_____	⑥_____

부정적 믿음들이 나의 행복에 도움이 된다고 생각하는가?

_____

_____

_____

나의 장점 목록

• 나는 _____이 마음에 든다.

• 나는 _____이 마음에 든다.

• 나는 _____이 마음에 든다.

13

2단계 액션 보드:
간절히 원하는 소원을 붙여라

정말 위대한 사람은 잘하면 영광스러운 업적을 거둘 것이요,
못하면 실패할 것임을 알고, 실패하더라도 대담하게 도전하며,
승리도 패배도 모르는 냉정하고 소심한 영혼들과는
어깨를 나란히 하지 않는 사람이다.

시어도어 루스벨트Theodore Roosevelt

이제 액션 보드를 만들 차례다. 반복적으로 관심을 쏟아야 효과를 볼 수 있는 과정이라, 액션 보드를 만들 때는 길게는 일주일까지 공을 들이는 것이 좋다. 시간을 충분히 들여 진실되고 의욕을 북돋으며 나의 가장 간절한 소원을 정확히 반영한 보드를 만들어야 한다. 마음에 드는 긍정적 이미지를 아무거나 골라 성급하게 붙여서는 안 된다. 액션 보드는 내가 진정으로 바라는 삶의 현재와 미래 모습을 상징해야 한다.

액션 보드란
무엇인가?

액션 보드는 내가 간절히 바라는 모든 것을 대변하는 이미지의 모음이다. 흔히 드림 보드나 비전 보드라 불리지만 나는 '액션 보드'라는 용어를 선호한다. 우리가 만들고자 하는 것은 단순히 외국에 별장을 짓거나 엄청난 돈을 버는 등의 허황된 꿈을 이루는 수단이 아니라, 나의 '액션', 즉 나의 행동으로 실현할 꿈을 상징하는, 영감의 원천이기 때문이다. 액션 보드를 만들 때는 긍정적 욕구에 강렬한 감정이 뒷받침된 행동과 에너지를 결합해야 한다.

액션 보드를 만들면 마음속 깊이 갈망하는 꿈이 이미지로 구체화된다. 액션 보드를 만들었다고 소원이 저절로 이루어지는 것은 아니다. 갑자기 마법처럼 떼돈을 벌거나, 내 마음을 사로잡는 이상적인 배우자가 나타나거나, 몸매나 자신감이 확 바뀌지는 않는다. 액션 보드를 만드는 것은 간절히 이루고 싶은 삶의 목표에 가까워질 기회가 나타날 때마다 그 기회를 놓치지 않도록 뇌를 단련하고, 꿈을 현실로 만들기 위한 조치를 취하기 위해서다. 가령 액션 보드에 체중 감량이나 균형 잡힌 몸매와 관련된 이미지를 붙이면, 그 이미지는 체육관에 가거나 요가를 하거나 식단을 바꾸게 하는 자극제 역할을 한다.

결혼이나 임신, 승진처럼 내 뜻대로 되지 않는 소원도 액션 보드를 보며 할 일 목록에서 순위가 높은 일들, 즉 바로 실행 가능한 일을 하다 보면 자연스레 이루어지기 시작할 것이다. 액션 보드는 수동적이 아니라 적극적으로 활용해야 한다. 원하는 미래를 시각화하면서 얻은 영감을 지금 당장 행동으로 옮겨야 한다!

이미 여러 차례 언급했지만, 액션 보드는 소스의 힘을 최대치로 끌어내고 그 힘으로 미래를 상상하고 창조하는 과정에서 매우 중요한 부분을 차지한다. 이번 장에서는 액션 보드를 만드는 과정과 원하는 삶을 가장 효과적으로 '상징'할 이미지를 고르는 법, 완성된 액션 보드로 최대의 효과를 얻는 법을 살펴볼 것이다.

앞서 자주 언급했듯 우선 액션 보드에 쓸 이미지를 모아야 한다. 액션 보드는 놀랍도록 강력한 도구다. 이미지는 의식을 거치지 않고 곧바로 뇌의 시각 중추로 이동한다. 뇌의 필터링 시스템에 의해 편집되거나 삭제될 수 없다는 뜻이다. 이미지는 감정을 자극하고 상징적이라 보는 사람에게 에너지를 불어넣고 행동을 유도한다. 글로 쓴 '개인적 목표'나 '할 일' 목록에 비해, 액션 보드는 뇌와 행동방식에 훨씬 더 큰 영향을 미친다. 처음에는 액션 보드가 낯설고 유치하게 느껴질 수 있지만, 시간이 지날수록 시각화와 액션 보드를 만드는 행위가 자연스럽게 느껴질 것이다. 반복할수록 뇌에 두 활동과 관련된 신경 경로가 형성되고 강화되기 때문이다.

이번 장에서는 향후 12~18개월 내에 이루고 싶은 꿈을 대변하며 소스를 작동시켜 그 꿈을 실현하게 할, 자신만의 액션 보드를 만드는 법을 알아볼 것이다. 장담하건대, 액션 보드를 잘 활용하면 분명 삶을 바꿀 수 있다. 다만 변화가 느려 답답하고 길을 잃은 듯 느껴질 때가 종종 있을 것이다. 진전이 너무 없다고 느껴지면, 1장과 9장에서 다룬 인내심의 원칙을 떠올려라. 꿈을 이루는 과정에서 기복을 극복하는 능력은 액션 보드의 내용 못지않게 그 사람의 정체성을 대변한다.

나의 액션 보드

액션 보드는 내가 코칭 사업을 시작할 때 매우 중요한 역할을 했다. 독자들도 같은 효과를 보길 바라는 마음으로 나의 경험담을 소개하겠다. 나는 몇 차례 수정을 거치고 7년을 공을 들인 뒤에야 내가 원하는 삶을 완벽하게 대변하며 끊임없이 의욕을 고취하는 액션 보드를 만들 수 있었다. 그만큼 액션 보드를 만들 때는 인내심이 중요하다. 도중에 틈틈이 작은 목표를 이루기도 했지만, 삶의 전환점이 되고 오늘날 이 책을 쓸 수 있게 해준 건 2015년 말에 새해를 맞으며 만든 액션 보드였다.

7년 전인 2008년 말은 내가 프리랜서 코칭 전문가로 일하기 시작한 지 얼마 되지 않았을 때였다. 당시 나는 액션 보드에 원하는 수입의 구체적인 액수를 붙였다. 나에게 필요하고 실현 가능한 수준의 액수였다. 그런데 잉글랜드 북부의 싸구려 호텔에서 묵으면서 비수기의 저렴한 요금제를 이용해 기차를 타고 오가며 함께 일했던 동료 코칭 전문가 케이트가 금액을 더 높게 잡으라고 조언했다. 케이트는 내가 처음 생각한 액수의 두 배에 달하는 숫자를 붙이라고 했다. 그녀만큼 낙관적이지 않았던 나는 그렇게 많은 돈을 벌 자신이 없었지만 그렇게만 된다면 정말 좋을 것 같아 그녀가 제안한 숫자를 붙였다. 그리고 다음해에 나는 정확히 케이트가 제안한 액수만큼 벌었다.

어느 해에는 장신구 브랜드의 신문 전면 광고에 털에서 윤기가 흐르는 아름다운 말 한 마리가 발로 물을 차는 모습을 찍은 이미지가 실렸는데, 그 이미지를 액션 보드에 붙였다. 당시 나는 내가 하는 일이 관습적인 사고방식을 깨는 안정적이고 탄탄한 사업체로 성장하길 바랐다. 그 해에 나는 프리랜서 생활을 접고 유한 책임 회사를 설립했다. 얼마 뒤에는 MIT 슬론경영대학원의 교수가 되었고, 작가로 상을 탔으며, 세계 최초로 코린티아 호텔 런던 전속 신경학자가 되었다. 또한 사고방식과 관련된 리더십 강연 요청이 쇄도해 자주 외국으로 출장을 다녔다. 물론 이때는 꽤 값비싼 숙소와 교통편을 이용했다. 내가 말 사진을 고를 때만 해도 꿈조차 꾸지 못한 일이 현실이 된 것이다!

2014년에는 이혼으로 인한 정서적 불안을 회피하려고 일에 빠져 살았다는 걸 깨닫고, 사업과 여행에 관한 이미지만 가득할 뻔했던 액션 보드에 작은 하트 모양을 붙였다. 외적으로는 모두 잘 풀리고 있는 듯 보였지만, 내면을 들여다보면 나는 아직 과거에 머물러 있었고 사랑할 준비가 되지 않았다.

2015년 말, 나는 자기 탐구와 요가 수련회, 장기간의 디지털 디톡스(각종 전자기기와 인터넷, SNS 등에 대한 중독으로부터 벗어나기 위한 심신 치유 행위), 부정적인 사람들과의 관계 정리, 풍요의 사고방식과 시각화 실천하기를 통해 사고방식을 근본적으로 바꾸었다. 2016년 새해를 앞둔 12월에는 강한 목적의식을 갖고 완전히 새로운 액션 보드를 만들었다. 그전까지는 이전 해의 액션 보드에 몇 가지를 추가하기만 했지만 그때는 예전 보드를 아예 버리고 새로 만들었다. 보드의 왼쪽 상단 모서리에 약혼반지 사진을 붙였고 가운데에는 다음과 같은 잡지 광고 문구를 붙였다(깊이 공감되는 문구가 있으면 이미지가 아니더라도 가끔 붙인다). '기쁨은 어느 날 갑자기 찾아온다'라는 문구였다.

2016년 2월, 나는 요하네스버그에서 런던으로 가는 비행기에서 지금의 남편을 만났다. '어느 날 갑자기'에 딱 들어맞는 만남이었다. 그로부터 9개월 뒤 나는 청혼을 받았다. 우리는 둘 다 다시는 결혼을 하지 않겠다고 마음먹은 뒤로 나는 9년째, 남편은 17년째 그 신념을 고수하고 있었다. 나를 만난 뒤로 남편은(만나는 사람마다 붙들고!) 인생의 황혼기에 진정한 첫사랑을 찾았다고 말한다. 남편의 무한한 기쁨을 느끼고 공유하면서 나는 마음 깊이 간절히 바라는 소원은 나이를 막론하고 누구나 이룰 수 있다고 믿게 되었다.

시작하는 법

액션 보드는 뇌를 제어해 인생을 설계하는 작업을 가시화한 결과물이다. 총천연색의 액션 보드를 내 손으로 직접 만들어 매일 보면 촉각, 시각, 감정, 직관, 동기 부여 등 다수의 신경 경로가 활성화된다. 글로 된 소원 목록을 읽거나 가끔 목표를 떠올릴 때보다 간절히 바라는 소원이 훨씬 효과적으로 신경 경로에 전달되는 것이다. 액션 보드는 선택적 주의와 행동 변화와 관련된 신경 가소성을 활용해 원하는 결과를 얻는 도구다.

액션 보드는 A4 사이즈부터 대형 포스터 사이즈까지 다양한 크기로 만들 수 있다. 두꺼운 종이 외에 필요한 준비물은 잡지 또는 이미지를 얻을 자료, 가위, 풀 또는 스프레이 접착제뿐이다. 이미지는 인터넷에서 찾아도 되지만 손으로 만질 수 있는 자료에서 찾는 것이 훨씬 효과적이다. 또한 필요한 이미지를 다 찾은 것 같을 때도 다시 잡지를 뒤지거나 새로운 자료를 찾아라.

액션 보드를 만드는 과정은 서두르지 않고 한 걸음 물러나 생각하며 미세 조정을 할수록 효과가 크다. 뇌의 시각 중추에 강력한 영향을 미치려면 이미지만 붙여라. 숫자도 가능하지만 글자는 피하는 것이 좋다(물론 마음 깊이 공감이 가는 문구나 인용문은 써도 좋다). 예외적으로, 수입이 높아지는 것이 중요한 목표라면 벌고 싶은 정확한 액수를 굵은 활자체로 뽑아 붙여라.

직접적이거나 구체적인 이미지뿐 아니라 이루고 싶은 목표를 은유적으로 표현한 이미지를 써도 좋다. 예를 들어, 이사를 고려할 경우 인테리어 디자인이 근사한 집의 내부 사진을 붙일 수도 있지만, 논리와 의식뿐 아니라 감정과 무의식을 담당하는 뇌 부위를 자극하려면 은유적인 이미지를 쓰는 것이 좋다. 심리적 부담에서 자유로워지는 목표를 떠올리고 싶을 때 풍선 사진을 붙이듯, 자신의 가장 좋은 면을 상기하고 싶다면 그와 관련된 상징적인 이미지를 골라라.

은유적인 이미지는 잠재의식에 메시지를 보내 매우 강력한 효과를 발휘한다. 추상적 사고와 가치 부여 체계(66쪽)를 작동시켜 평소였다면 그냥 지나쳤을지도 모를 기회를 포착해 잡게 해준다. 잠재의식은 현실에서의 경험과 생각을 이해하기 위해 은유를 만들어낸다. 꿈에 가끔 상징물이 나오는 이유다. 따라서 비언어적 이미지를 잘 활용하면 잠재의식을 조종할 수 있다. 또한 은유적 이미지로 구성된 액션 보드는 사적이고 의미가 모호해 타인의 눈에 띄는 장소에 걸어도 부담스럽지 않다.

육감을 따르라

우선 모은 이미지를 바닥이나 책상에 두고 주제별로 분류하라. 그런 다음 육감에 의지해 이미지들을 보드에 배치하되 아직 풀로 붙이지는 마라. 가장 중요한 이미지는 가운데와 상단, 혹은 둘 중 한 곳에 놓아라. 일, 사랑, 건강, 여행 등 주제별로 보드의 구역을 나누고 각 구역에 맞는 이미지를 배치하라. 각각의 구역은 완전히 떨어뜨려도 되고 서로 맞닿게 하거나 연결해도 된다. 삶이 더 여유로워지길 바란다면 너무 많은 이미지를 붙이지 마라.

1차 배치가 끝나면 보드를 전체적으로 살펴봐라. 자리를 떠나 잠시 쉬었다가 다시 보드를 봐라. 처음에는 끌렸지만 다시 보니 왠지 어색하게 느껴지는 이미지가 있다면 빼라. 다시 잡지를 뒤져 처음에는 눈에 띄지 않았지만 다시 보니 끌리는 이미지를 찾아라. 찾은 이미지는 보드의 빈 자리에 배치하라. 2차 배치가 끝나면 최소 만 하루 동안 (바람이나 애완동물, 아이들이 드나들지 않는!) 안전한 곳에 보드를 둬라.

다음날 또는 기회가 될 때 보드를 다시 살펴봐라. 마지막으로 이미지를 빼거나 더한 뒤 풀로 붙일 준비를 하라! 최종적으로 붙이기 전에 믿을 만한 사람에게 보여주고, 다음과 같은 질문을 해 달라고 부탁하라. '진정으로 원하는 목표인가?', '본인의 역량에 맞게 목표를 충분히 높게 잡았는가?', '미처 붙이지 않은 소원은 없는가?' 질문에 모두 답했다면, 보드에 이미지를 붙이고 보드를 둘 완벽한 장소를 찾아라.

액션 보드를 두기 좋은 장소
액션 보드는 적어도 매일 한 번은 보는, 내 눈에 가장 잘 띄는 곳에 둬야 한다. 가장 좋은 장소는 매일 밤 잠들기 전에 볼 수 있는 침대 옆이나 아침에 옷을 꺼낼 때마다 보게 되는 옷장 문 안쪽이다(특히 셰어 하우스에 살거나 다른 사람에게 액션 보드를 보이고 싶지 않을 때 두기 좋은 장소다). 자신의 액션 보드가 자랑스럽고 감출 게 없다면 드러내도 좋지만, 그건 늘 가능하지도 않고 바람직하지도 않다.

액션 보드를 침대 옆에 두는 것이 좋은 건 잠들기 전에 볼 수 있기 때문이다. 각성에서 수면으로 넘어가는 과도기를 입면 상태라 한다. 상위 인지나 자각몽과 같은 정신 현상은 바로 이 '의식의 문턱' 단계에서 발생하는데 이때는 무언가의 영향을 받기 쉬운 상태가 된다. 잠들기 직전에 반복적인 활동, 특히 새로운 활동에 의식적으로 집중하면, 그 활동이 꿈의 주된 이미지가 된다. 이른바 '테트리스 효과' 때문이다(1980년대의 비디오 게임에 유래된 용어로, 어떤 활동에 많은 시간을 들이고 주의를 기울이면 그 활동이 사고와 심상, 꿈에 패턴을 형성하는 현상을 지칭한다). 테트리스 효과는 깨어 있을 때 주의를 집중해야 할 대상을 잠재의식에 각인하는 또 다른 방법이다.

새로움은 뇌에 강력한 영향을 미친다. 불을 끄고 잠자리에 들기 전에 액션 보드를 주의 깊게 보면서 주문이나 긍정적 자기암시문을 되뇌거나(318~320쪽), 보드에 붙인 은유적 이미지가 의미하는 바를 소리 내어 말하라. 액션 보드를 만들고 1개월이 지날 때까지는 이 의식을 자주 행하라. 이후에는 흘낏 보기만 해도 보드의 이미지가 잠재의식에 스며들 것이다.

액션 보드를 남의 눈에 띄지 않게 하되 자주 보고 싶다면, 스마트 폰으로 찍어 본인 컴퓨터의 화면 보호기에 뜨도록 설정하라. 온라인 상에서 보드를 만들 수도 있다. 핀터레스트와 같은 온라인 플랫폼으 로 액션 보드를 만들어 비공개 보드로 저장하면 스마트폰이나 태블릿 PC로 자주 볼 수 있다. 그러나 온라인상의 액션 보드는 뇌의 신경 경 로에 마법을 걸려면 특별히 더 자주 들여다봐야 한다.

액션 보드를 만들기 좋은 때

액션 보드를 만들기 가장 좋은 때는 바로 지금이다! 아니면 생일 이나 새해 첫날, 새 학년을 맞아 새로운 프로젝트를 시작할 때, 인생 에서 새로운 전기를 맞을 때 만들어도 좋다. 한 번도 만들어본 적 없 거나 오랜만이라면 지금 당장 만들어 올해 또는 내년이 끝날 때까지 걸어둬라. 그런 뒤 정기적으로 보드의 내용을 업데이트하거나 일 년 에 한 번씩 새로 만들어라.

액션 보드의 내용을 꼭 일 년 내내 똑같이 유지할 필요는 없다. 다만 내 경험상, 어떤 소원이 이루어지려면, 다시 말해 뇌의 경로가 강화되어 소망을 현실로 바꾸는 행동이 자연스럽게 나오려면 최소한 일 년의 시간이 필요하다. 그러니 그 시간이 지날 때까지는 인내심과 투지를 균형 있게 유지하라.

성과를
기록하라

액션 보드를 만들었고 보드의 이미지가 잠재의식에 스며들 정도로 자주 들여다보았다면, 액션 보드가 일기장에 적은 목표들과 짝을 이루는 이미지 디렉터리 역할을 하기 시작할 것이다. 앞서 소개한 방법을 따랐다면 여러분의 일기장에는 가장 이루고 싶은 목표와 장기적 목표를 이루는 데 도움이 될 주간 목표가 기록되어 있을 것이다. 액션 보드를 검토할 때마다 이미 현실이 된 목표가 있다면 일기장의 성취 목록에 그 항목을 추가하고 목록이 길어지는 과정을 지켜보라. 성취 목록은 한 해 동안 일이 어떻게 풀리는지에 따라 다르겠지만 보드에 이미지를 보강할지, 제거할지, 추가할지 결정하는 기준이 될 것이다.

액션 보드 점검표
- 꿈꾸는 삶을 정확히 대변하는 이미지로 가득한 강력한 액션 보드를 만들었다.
- 기억을 되살리고 보드의 이미지들이 소스의 힘을 끌어내도록 매일, 가능하면 하루에 여러 번 액션 보드를 보았다.
- 보드에 붙인 이미지가 현실이 되는 모습을 시각화했다.

액션 보드 TO DO LIST

☐ 액션 보드를 만들 때 충분한 시간을 들였는가?

☐ 일, 사랑, 건강, 여행 등 주제별로 보드의 구역을 나누고 각 구역에 맞는 이미지를 배치했는가?

☐ 액션 보드에 붙일 이미지가 진정으로 원하는 목표인가?

☐ 본인의 역량에 맞게 목표를 충분히 높게 잡았는가?

☐ 액션 보드에 미처 붙이지 않은 소원은 없는가?

☐ 액션 보드는 매일 한 번 이상은 보는, 눈에 가장 잘 띄는 곳에 두었는가?

☐ 잠들기 전에 액션 보드를 주의 깊게 보면서 주문이나 긍정적 자기암시문을 되뇌었는가?

☐ 액션 보드를 붙인 후, 현실이 된 목표가 있다면 성취 목록에 그 항목을 추가했는가?

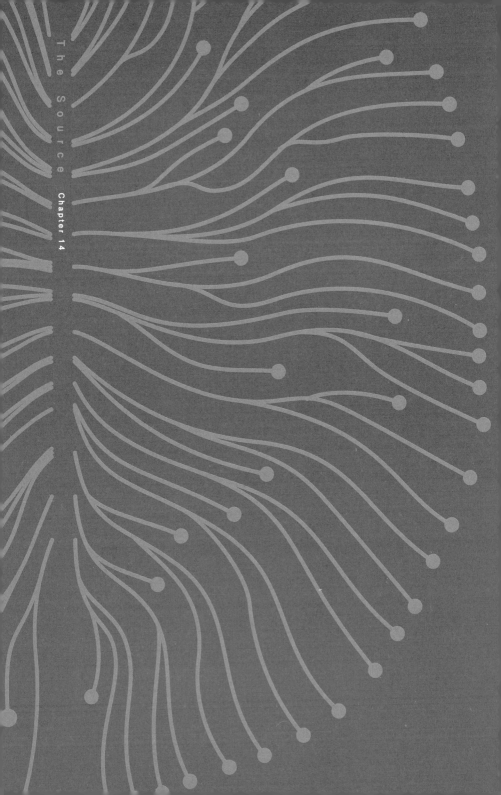

The Source

Chapter 14

3단계 주의 집중하기: 현재에 몰입하라

주의를 집중하는 행위에는 엄청난 힘이 숨어 있다.

디팩 초프라Deepak Chopra

소스를 억제하는 행동과 사고 패턴을 정확히 집어내기 시작했다면, 새로운 사고방식을 훈련할 준비가 된 것이다. 기존의 패턴을 제거하고 새로운 신경 경로를 형성하는 가장 간단한 방법은 현재에 더욱 집중하고 주의를 집중하는 능력을 키우는 것이다. 그러나 이 방법은 말은 쉽지만 실천하기가 어렵다. 이번 단계의 목표는 바로 현존이며, 현존은 규칙적으로 훈련해야 하고 다양한 방식으로 행할 수 있다.

이번 장에서는 풍요의 삶과 더 밝고 행복한 미래로 향하는 여정에서 일탈하지 않는 법을 더 자세히 알아볼 것이다.

현존이란
무엇인가?

간단히 말해, 현존은 지금 이 순간에 하는 경험에 집중하는 행위이다. 이는 명상이나 마음챙김을 비롯한 정신 훈련을 통해 연습할 수 있다.

나는 현존을 개별적인 수련법이라기보다는 하나의 생활 방식으로 본다. 먹고 걸을 때 마음챙김을 하고 타인과 소통할 때 그 사람에게 집중하는 것이 요가나 명상과 같은 공식적인 마음챙김 수련을 행하는 것만큼 중요하다고 생각한다. 그래서 나는 의뢰인들에게 전통적인 명상 수련을 '올바르게' 수행하는 데 집착하지 말고, 간과하기 쉬운 일상적 현존을 마음챙김의 중심으로 삼으라고 조언한다.

그렇긴 하나, 매일 몇 분씩이라도 마음챙김 명상을 하면 뇌를 획기적으로 바꿀 수 있다. 이번 장의 명상법을 잘 따른다면 이번 주가 끝날 때쯤 여러분은 매일 할 수 있는 자기만의 마음챙김 수련법을 찾아 소스를 키울 수 있을 것이다. 그리고 머지않아 수련하기 전과 후의 차이를 체감하게 될 것이다.

현존을 향한 나의 여정

나는 일과 삶에 대한 환멸이 점점 더 커졌고 인생의 방향과 초점을 잃었던 30대 중반에 마음챙김 명상에 관심을 갖기 시작했다. 당시

나는 어떤 일을 할 때 다음에 할 새롭고 흥미로운 활동에 쉽게 마음을 빼앗겨 오랜 시간 집중을 유지하지 못했다. 사실 그때 이미 나는 내가 진정한 자아뿐 아니라 내가 지향하는 가치와 점점 멀어지고 있다는 것을 직감하고 있었다.

마음챙김이 무엇인지는 어릴 때 부모님이 하시는 걸 자주 봐 알고 있었다. 우리집에는 부모님이 향에 불을 붙이고 조용히 앉아 기도하고 명상하거나 호흡 수련을 하는 기도실이 있었다. 매일 마음챙김 수련을 한 부모님과 달리 한 번도 하지 않은 나는 마음챙김을 그저 부모님이 따르시던 다양한 문화적 관습 중 하나라고만 생각했다. 그러다 20대 후반에 친한 친구들과 요가에 관심을 갖기 시작하면서 부모님이 하시던 수련을 떠올렸다. 요가 수업을 받을 때 강사는 가끔 마음챙김을 언급했고, 나도 관심이 생겨 마음챙김의 효능을 깊이 신뢰하는 유명 인사들의 인터뷰를 읽곤 했다. 단, 요가를 마칠 때 짧게 명상을 하는 수준에 머물렀다.

이후 뇌 영상 촬영 기술의 발전으로 과학적 근거가 생기면서 은행이나 헤지 펀드 회사 임원들에게 마음챙김 명상을 권하게 되었고, 그러려면 나부터 수련 경험을 늘려야 했다.

10년 동안 규칙적으로 요가를 했는데도 불구하고, 내가 지하철에 앉아 12분 동안 명상을 할 수 있게 되기까지는 아홉 달이 걸렸고 관련 애플리케이션과 이어폰의 도움도 받아야 했다. 지금은 MIT 슬론경영대학원 수업과 기업체 워크숍에서 명상하는 법을 가르칠 정도가 되었다.

지금은 거의 매일 지하철에서 12분 동안 명상을 하기도 하고, 식사를 할 때마다 마음챙김을 하고 필요할 때마다 호흡에 집중하긴 해도 몇 주 동안 공식적인 명상은 한 번도 하지 않기도 한다. 어쨌든 수년간의 연습을 거친 끝에 아주 피곤하거나 시차증을 겪거나 압박감을 느낄 때 전보다 더 쉽게 명상을 하게 되었고, 시간의 여유가 좀 더 있을 때는 명상으로 스트레스가 많은 시기를 한결 수월하게 넘어갈 수 있게 되었다. 단, 나는 명상을 시간이 될 때 미래에 대비해 뇌를 단련하는 도구로 보기 때문에 시간을 내지 못한다고 죄책감을 느끼지는 않는다.

그래도 명상할 시간이 없어 스트레스를 받을 때는, 수도승이 어느 기업의 임원에게 하루에 한 시간씩 명상을 하라고 조언한 이야기를 떠올린다. 임원이 바쁠 때는 도저히 명상할 시간을 낼 수 없다고 답하자 수도승은 딱 잘라 이렇게 말한다.

"그럴 때는 하루에 두 시간씩 하세요."

내가 늘 가슴에 새기고 사는 역설이다.

현존의 과학적 근거

'현재에 더 집중하는' 연습을 시작하면 놀라

울 정도로 빠르게 마음이 차분해진다. 현재에 몰입하는 연습과 명상 수련을 두세 달만 해도 뇌가 근본적으로 바뀐다. 규칙적인 명상의 놀라운 효과다.

신경과학적 관점으로 볼 때 여기에는 명백한 근거가 있다. 임상 연구에 따르면, 우울증이나 불안, 스트레스, 중독증, 외상 후 스트레스 장애가 있는 환자뿐 아니라 건강한 사람도 마음챙김 명상을 하면 신체적으로나 정신적으로 도움을 얻는 것으로 드러났다. 마음챙김 명상을 한 사람의 뇌 영상을 촬영한 결과, 신경 가소성이 높아져 뇌가 크게 달라져 있었다.[1]

명상을 꾸준히 하면 뇌 표면의 주름이 많아진다. 주름의 변화는 외부 세계의 정보를 처리하고 조절하는 대뇌 피질에서 이루어진다. 매일 몇 분 씩 명상을 하면 삶의 진짜 우선순위가 무엇이고 누군지 또렷이 자각할 수 있고, 그로 인해 '고차원적' 뇌 조절 능력과 회복탄력성이 높아져 더 신중하고 균형 잡힌 사고를 하게 된다. 따라서 소스의 힘을 극대화하고 싶다면 두말할 것 없이 마음챙김 명상을 해야 한다.

나는 A형 행동 유형의 임원들, 즉 긴장도가 높고 성급하고 경쟁적이라 뜬구름 잡는 것 같은 이야기는 무조건 무시하는 임원들을 코칭할 때마다, 미 해병대 대원들을 대상으로 한 연구를 인용한다. 연구 결과, 매일 30분씩 마음챙김 명상을 한 대원들은 명상을 하지 않은 대원들에 비해 강도 높은 전투 훈련을 한 뒤 몸과 마음이 더 빨리 회복되었다.

이후 아프가니스탄 파병을 준비 중인 320명의 해병대 대원들을 대상으로 추적 연구가 실시되었다.[2] 대원 중 절반은 8주 동안 마음챙김 명상을 배웠고 내수용성 감각, 즉 7장에서 다룬, 몸의 신호를 정확히 '읽는' 능력을 과제와 훈련을 통해 키웠다. 덕분에 속이 뒤틀리거나 심박수가 빨라지거나 피부가 따끔거리는 느낌 등의 신체 감각을 더 잘 의식하게 되었다.

대원들이 받은 훈련에는 아프가니스탄의 마을을 흉내 낸 공간에서 치러진 모의 전투도 포함되었다. 모의 전투에서 아프간인을 연기한 배우들은 미 해병대 대원들과 충돌하는 상황을 실감나게 연출했다. 모의 전투 도중과 전투가 끝난 뒤에 연구진은 마음챙김 수련을 받은 대원과 받지 않은 대원들의 혈압과 심박수, 호흡을 관찰했고, 신경화학 물질의 스트레스 반응에 주목했다.

마음챙김 수련을 받은 그룹은 전투 도중과 전투가 끝난 뒤에 더 차분했고 위협이 나타날 때 더 빨리 반응했다. 연구진이 대원들의 뇌를 MRI로 촬영한 결과, 수련을 받은 대원들은 감정 반응과 인지, 내수용성 감각을 통합하는 뇌 영역에서 스트레스 반응 활동이 감소했다. 뇌와 몸의 연결을 강화하니 신체적 및 정신적 혜택이 급격히 늘어난 것이다. 이는 소스의 힘을 끌어내면 생기는 가장 중요한 변화다.

매일 12분만 명상을 해도 상당한 효과를 볼 수 있다는 사실을 입증한 연구도 적지 않다.³ 의뢰인이 마음챙김 명상에 거부감을 느끼면 나는 이렇게 반박한다. 다른 웰빙 수련법처럼 많은 시간을 투자해야 한다면 실행하기 어렵겠지만, 인생을 바꿀 수도 있는 활동을 위해 12분의 시간조차 내지 못하느냐고 말이다. 다행히 이 말에 설득되지 않는 사람은 거의 없다!

나에게 맞는 애플리케이션을 찾아라

바라건대, 마음챙김 명상을 할 일 목록에 있는 항목으로 생각하지 말고, 일주일에 몇 번 시간을 내서 하고 싶은 일로 생각하라. 가장 쉬운 방법은 자신에게 맞는 마음챙김 애플리케이션을 찾는 것이다. 애플리케이션을 설치하면 해야 할 이유가 생긴다. 규칙적으로 명상을 수행할 수 있는 가장 좋은 시간대를 정해 그때마다 애플리케이션을 켜라.

여러 가지 애플리케이션을 시험 삼아 써봐라. 캄Calm, 헤드스페이스Headspace, 부디파이Buddhify 등 많지만 자신에게 맞는 걸 찾으려면 직접 써보아야 한다. 너무 바빠 여유 시간이 '전혀' 없다면 출퇴근 시간을 활용하면 된다. 명상을 지속하는 시간에 너무 집착할 필요는 없다. 연구에 따르면, 지속 시간보다 빈도수가 중요하므로 매일 10분씩 하는 것이 더 오랜 시간, 간헐적으로 하는 것보다 낫다.⁴

간단한 명상법을 찾은 린다

때로는 차분한 음악을 듣기만 해도 감각에 주의를 집중하게 돼 명상과 비슷한 효과를 얻을 수 있다.

코칭을 시작할 때 린다는 스트레스가 심한 상태였다. 말하는 속도가 너무 빨라 눈에 띄게 불안해 보였다. 린다의 정서 상태를 그 자리에서 바로 바꾸기 위해 나는 내 휴대전화에 저장된 클래식 음악을 틀고 그녀에게 눈을 감고 3분 동안 들으라고 했다. 3분이 지나자 린다는 안도의 한숨을 쉬며 마음이 훨씬 편안해졌다고 했고, 실제로 현재에 더 집중하게 된 듯 보였다. 린다는 음악 듣기가 회의를 마치고 새로운 회의를 하기 전이나 업무를 전환할 때 마음챙김의 일환으로 할 수 있는 쉬운 명상법이라는 사실을 깨달았다.

또한 다음 회의를 하기 전에 테이크아웃 커피를 마셔 안 그래도 불안하고 우유부단한 마음 상태를 카페인으로 악화하는 대신, 가장 아끼는 머그잔을 회사에 가져와 그 잔에 허브차를 타서 음미하면 좋을 것 같다는 제안도 했다. 사소하고 간단해 보이지만 매일 머그잔을 채우는 행위를 통해 린다는 현실감을 잃지 않았고 안락한 집을 떠올렸다. 이 자기 관리법은 린다에게 매일 잠시 멈출 시간을 주었다.

마음챙김 명상을 하면 머릿속을 어지럽히는 소음을 없애고 멈춤 버튼을 눌러 감정과 생각을 차분하게 가라앉히고 풍요의 관점으로 사고하게 된다. 마음챙김의 혜택을 추상적인 개념으로서가 아니라 제대로 이해하려면 직접 해보아야 한다.

몸 살피기

몸 살피기는 마음챙김과 현존에 도움이 된다. 일주일 동안 매일 몸 살피기를 하고 느낀 점을 적으라고 했던 7장의 조언이 기억날 것이다. 아직 해보지 않았다면, 지금 바로 해보라. 곧바로 자기 몸의 현재 상태에 집중할 수 있을 것이다.

신체 부위 중 긴장이 느껴지는 부위가 있는가? 몸의 한쪽이 다른 한쪽보다 더 긴장되어 있는가? 의식적으로 긴장을 풀려고 애쓰면 긴장이 풀리는가? 한 주 동안 몸 살피기를 하고 할 때마다 어떤 느낌이었는지 꼭 일기장에 적어라.

몸 살피기를 하면서 두통이나 고통, 체력 저하, 피부 트러블 등 몸을 더 잘 돌보라는 신호가 나타나면 주의를 기울여라. 시간이 지날수록 몸 살피기를 하지 않는 시간에도 자연스럽게 자신의 몸에 집중하게 될 것이다. 몸 살피기는 조용하지만 지속적으로 정신과 몸을 연결해주는 훌륭한 명상법이다.

감각 자극 명상

마음챙김 명상뿐 아니라, 가정이나 센터에서 30~90분 동안 하며 심신을 연결하는 요가도 마음챙김 요법에 추가하면 좋다. 요가를 할 시간을 내기 힘들면, 2~3분 동안 온전히 '현재에 머무는' 명상을 한 뒤 그때의 느낌을 잊지 않도록 일기장에 적어라.

감각 자극은 에너지가 고갈되고 집중이 안 될 때 뇌에 충격을 줘 다시 현재에 집중하게 만드는 효과적인 방법이다. 삶을 풍요롭게 만들고 평온함과 행복감을 높이는 쉽고 즐거운 감각 자극법은 다음과 같다.

- 마음챙김 산책을 하며 하늘과 나뭇잎, 꽃의 색을 관찰해라.
- 차 한 잔을 제대로 음미하며 마셔라.
- 어릴 때 가장 좋아하던 냄새를 지금 사는 집에 재현해라.
- 실내 장식과 옷 스타일에 새로운 질감과 무늬를 시도해라.
- 기분이 좋아지거나 그리운 추억을 상기시키는 음악을 듣거나, 스피닝이나 파이브리듬스(1970년대 말 가브리엘 로스가 창시한 춤 명상) 수업을 들으며 몸과 소통해라.

어떤 감각 자극법이 나와 내 삶에 가장 맞는지는 자연스럽게 알게 될 것이다. 가령 매주 꽃다발을 사서 사무실 책상에 두는 간단한 행위만으로도 업무 시간에 색깔과 향기, 미소를 더할 수 있다.

새로운 경험과 감각 경험, 특히 몰입할 수 있고 뇌의 딴생각 모드가 켜지는 경험은 추상적 사고를 담당하는 기본 네트워크(92쪽)를 작동시킨다.

추상적 사고를 고무하는 활동은 그것이 무엇이든, 소스를 끌어내 너무 많이 생각하고 분석하는 습관이 있다면 그냥 지나쳤을지도 모를 기회를 잡게 해준다.

의도를 실현하라

지금까지 마음챙김 명상이 왜 일상생활에서 신경 가소성을 높이는 강력한 도구인지 살펴보았다. 마음챙김 명상은 제대로 이해하고 수행하면 획기적인 효과를 볼 수 있다. 이제 풍요의 관점으로 자신의 의도와 목표를 다시 살펴보고 실현 계획을 짜보자.

장애물 치우기 훈련

다음에 살펴볼 훈련을 마치고 나면 주간 고정 일과에 포함해야 할 행동이 나올 것이다. 이 훈련이 성공하려면 그 행동을 실행에 옮기도록 강제할 수단이 필요하다. 일기장에 기록하거나 애플리케이션을 활용해도 좋고, 믿을 만한 친구나 배우자에게 정기적으로 진행 상황을 보고해도 좋다.

먼저 초반에 정한 의도와 지금까지 얻은 깨달음을 바탕으로 이상적인 미래를 구상하라. 이상적인 미래의 예는 다음과 같다.

- 나는 내 삶이 자랑스러우며 의심이 내 앞을 가로막게 두지 않는다.
- 나는 건강하고 행복하며 평정심을 잃지 않는다.
- 나는 내가 꿈꾸는 일자리를 얻거나 사업을 시작한다.
- 나는 완벽한 배우자를 만나 가정을 꾸린다.

1. 플립 차트용 종이처럼 큰 종이와 색색의 매직펜을 준비해라. 일기장보다 큰 종이에 쓰는 것이 좋지만, 훈련 결과는 일기장에 적어도 된다. 이상적인 미래의 모습을 정한 뒤 첫 장의 맨 위에 적어라. 이상적인 미래는 의도와 일치할 것이며 삶의 다른 영역에 대해 더 구체적으로 기술해도 좋다.

   예시 : '나는 헌신적이고 애정 어린 관계를 행복하고 안정적으로 유지하고 있다.', '나는 강연 의뢰를 자주 받고 자신 있게 연단에 선다.', '나는 취미 활동을 발판으로 번창하는 사업체를 차렸다.'

2. 이제 첫 장의 나머지 면을 세로로 삼등분해라. 첫 번째 칸의 제목은 '장애물'이다(이 칸을 다 채울 때까지는 다음 두 칸의 제목을 보지 마라). 이 칸에는 이상적인 미래를 가로막을 가능성이 있

는 장애물을 모두 적어라. 최소한 한 면을 다 채우거나 가능하면 한 면을 넘길 정도로 목록을 길게 만들어라. 이 훈련은 성공을 가로막는 장애물을 모두 적어야 최대한의 효과를 볼 수 있다.

예시 : '시간이나 수입이 부족하다.', '수줍음을 너무 많이 탄다.', '너무 귀찮다.', '너무 바쁘다.', '동기 부여가 되지 않는다.'

3. 두 번째 칸의 제목은 '반대 진술'이다. 이 칸에는 첫 번째 칸에 적은 장애물과 극단적으로 대조되는 문장을 적으면 된다. 사실과 전혀 다르더라도 상관없다. 첫 번째 칸의 내용에 따라 다르겠지만, 예시 문장은 다음과 같다.

예시 : '나는 세상의 모든 시간을 다 가졌다.', '나는 돈이 무한대로 있다.', '나는 타인의 생각에 전혀 신경 쓰지 않는다.', '이 일은 즐겁고 쉬울 것이다.', '이 일은 나에게 급선무다.'

이 칸은 밑져야 본전이라는 마음으로 과감하고 즐겁게 채워라. 발전을 가로막는 장애물을 물리치면 뇌가 할 수 있는 일이 더 많아지는데, 이는 세 번째 칸을 채울 단서가 된다.

4. 세 번째 칸의 제목은 '새로운 행동'이다. 이 칸에는 두 번째 칸의 진술이 사실이라면 할 일상적이고 현실적인 행동을 적어라. 신체적 행동뿐 아니라 생각이나 타인과의 상호 작용도 포함된다.

예시 : '일주일에 세 번 데이트할 시간을 낸다.', '전문가의 도움을 받아 이력서를 최신 버전으로 업데이트한다.', '친구들에게 새로운 사람을 소개해 달라는 부탁을 주저 없이 할 수 있도록 친구들과 더 많은 시간을 보낸다.', '웹사이트를 만들어 자기 홍보를 한다.', '데이트에 입고 갈 새 옷을 산다.'

5. 마지막으로 세 번째 칸의 문장을 주제별로 분류하라. 그런 다음, 오늘부터 바로 실행할 수 있는 행동을 두세 가지 골라라. 인맥을 쌓거나 목표 달성에 쏟을 시간을 확보하거나 매일 감사 목록에 항목을 추가하는 등의 행동을 시작할 수 있다. 이제 장애물이 적힌 칸만 찢어내 구겨서 버려라. 훈련을 마치고 일기장에 깨달은 점을 적어라.

과학적 근거를
바탕으로 한 시각화

다음 훈련은 이상적인 나(운수 좋은 날의 나)를 실현하는 원칙을 더욱 심도 깊게 적용한 명상으로, 싱가포르 국립대학교의 연구를 바탕으로 고안되었다.[5] 연구에 따르면, 기존의 통념과 달리 시각화 명상은 종류에 따라 몸과 마음에 서로 다른 효과를 발휘했다. 연구진은 네 종류의 명상법을 연구했는데, 그중 둘은 바즈라야나(금강승불교)의 명상법으로, 자기 자신을 신이나 여신의 힘을 지닌 신성한 존재로 시각화하는 '본존'과 직역하면 '땅에 대한 지식'을 뜻하는 '리그파'다(땅에 발을 딛고 현재에 집중하는 그라운딩 수련은 릭파를 깨우쳐 그 깨우침을 일상에 통합하는 것을 목표로 한다). 나머지 둘은 테라바다(소승불교)의 명상법으로, 하나의 점에 집중하는 '지(止, 사마타)'와 통찰을 얻는 '관(觀, 위파사나)'이다.

연구진은 피험자들에게 이 네 종류의 명상을 시킨 뒤 피험자들의 심전도 및 뇌전도 결과와 인지 검사 결과를 분석했다. 분석 결과 그라운딩 수련과 테라바다 명상을 할 때는 자율신경계의 부교감 신경이 활성화되어 마음이 안정되었다. 그러나 바즈라야나의 시각화 명상을 할 때는 진정 효과는 거의 없고 인지 작업 능력이 즉각적이고 극적으로 높아졌을 뿐 아니라 신체의 활동성과 민첩성이 커졌다. 명상의 종류에 따라 신경 생리학적 반응이 다르게 나타난 것이다.

요가를 비롯해 스트레스를 줄이고 긴장을 풀며 깊은 휴식이나 수면을 유도하는 명상법도 큰 도움이 되지만, 나는 다음에 소개할 시각 명상법도 강력하게 권하고 싶다. 이 명상법은 바즈라야나 명상과 비슷한 기법으로, 뇌가 최상의 수행 능력을 발휘해야 할 때 도움이 된다. 나뿐 아니라 나에게 코칭을 받은 많은 의뢰인이 이 명상법의 효과를 보았다.

한 번의 명상으로 뇌의 능력이 획기적으로 높아졌을 때 그 명상을 규칙적으로 수행하면 지속적으로 효과를 얻을 수 있는지, 시각화의 어떤 요소가 인지 능력 향상에 기여하는지는 아직 밝혀지지 않았지만, 연구가 진행 중이다.

동일시하기 명상

바즈라야나 명상은 티베트 승려들에게는 매우 신성하고 비밀스러운 수련법이라 정해진 훈련과 입회를 통해서만 그 방법을 전수받을 수 있다. 이 책은 종교 서적이 아닐뿐더러 원래 방법대로 하라고 하면 저마다 믿는 종교의 신을 우상으로 삼을 것이다. 그러니 신보다는 역사적 인물이나 동시대 위인처럼 내가 잘 알고 존경하는 사람을 우상으로 골라라. 그 사람이 여자인지 남자인지, 나와 성별이 같은지는 중요하지 않다. 나에게 꼭 필요하며 내가 닮고 싶은 자질이 놀랍도록 뛰어난 사람이기만 하면 된다. 본인의 할머니나 할아버지도 좋고 작가나 운동가, 유명한 기업가도 좋다. 일기장에 그 사람의 이름을 적어라.

1. 조용하고 안전한 장소를 찾아 앉거나 누운 다음 눈을 감아라. 눈을 감기 전에 자신이 고른 우상의 사진을 잠시 보라.
2. 이제 눈을 감은 채로 그 사람이 내 앞에 있다고 상상해라. 그 사람의 생김새를 하나부터 열까지 세세히 떠올리고 그 사람의 존재감을 온몸으로 느껴라.

THE SOURCE, 부의 원천

3. 손을 뻗으면 만질 수 있고 말을 걸 수 있을 것 같은 느낌, 즉 눈을 뜨면 눈앞에 그 사람이 있을 것 같은 느낌이 들 때까지 시각화해라.

4. 이 단계가 익숙해지면 그 사람과 나를 동일시하는 단계로 넘어가라. 그 사람과 머리끝에서 발끝까지 똑같아지는 상상을 해라. 그 사람과 머리카락과 목소리, 자세, 버릇이 똑같을 뿐 아니라 간절히 닮고 싶은 능력도 똑같이 갖춘 자신의 모습을 시각화해라.

5. 한 몸이 된 기분이 들 때까지 그 사람과 이어진 느낌을 온몸으로 느껴라(몇 개월은 연습해야 이 단계에 이를 수 있다).

6. 닮고 싶은 자질이 이미 나에게 있다는 확신이 들고 필요할 때마다 그 느낌을 떠올릴 수 있을 때까지 계속 연습해라.

이 훈련의 궁극적 목적은 시각화를 통해 닮고 싶은 자질이 이미 자기 안에, 소스 깊숙이 있다는 사실을 깨닫는 것이다. 이 명상에 온전히 주의를 집중하면 긍정적 에너지가 몸과 마음에 가득 차오를 것이다.

짐 내려놓기

'결핍'의 사고의 특징인 손실 회피는 뇌의 가장 강력한 기제이자 뇌의 기본 설정이 불신에 맞추어져 있는 이유다. 생존 감정은 애착 감정보다 뇌에 더 강한 영향을 미친다. 손실과 이득이 똑같다 해도 손실의 심리적 효과가 두 배 더 크다는 뜻이다.

따라서 이상적인 삶을 실현하기 위해서는 잠재적 손실의 가치를 너무 높게 잡지 말아야 하며, 변연계가 의식의 최전선, 즉 전전두엽 피질로 보내는 불필요한 적신호를 걸러내도록 뇌를 훈련해야 한다. 안 그러면 적신호에 발목이 잡히기 쉽다. 다음에 소개할 시각화 명상법은 의식 깊숙이 묻혀 있는 부정적 사고를 떨쳐내도록 뇌를 단련하는 기법이다. 이 명상을 할 때는 아래의 글을 소리 내어 읽어 휴대전화에 녹음한 뒤 틀거나, 다른 사람에게 읽어 달라고 부탁하라.

열기구 명상

방해받을 일이 없는 조용하고 평화로운 장소를 찾아라. 심호흡을 네 번 한 뒤, 평소 하는 호흡을 마음속으로 숫자를 세며 열두 번 한 다음 194쪽에서 배운 몸 살피기 명상을 하라.

1. 발끝에서 정수리까지 몸 살피기가 끝나면 어느 여름날 프로방스의 라벤더 꽃밭 가장자리에 서 있는 상상을 해라. 따스한 산들바람이 피부를 간질이고 멀리서 새들의 노랫소리가 들리고 톡 쏘는 라벤더 향기가 콧속에 전해진다. 오감을 활짝 열어 라벤더 꽃밭의 촉감과 냄새, 소리, 풍경, 맛을 느껴라.

THE SOURCE, 부의 원천

2. 저 멀리 초록빛과 자줏빛이 어우러진 꽃밭과 드넓게 펼쳐진 푸른 하늘이 만나는 지평선이 보인다. 지평선의 작은 언덕 위에 열기구가 하나 놓여 있다. 그쪽으로 걸음을 옮겨라. 버드나무 가지로 짠 바구니와 실크로 만든 무지개색 풍선이 모습을 드러낸다.

3. 가까이 가서 보니 열기구가 떠오르지 않도록 네 개의 모래주머니가 바구니에 밧줄로 묶여 있다. 밧줄의 색깔과 모래주머니의 크기에 주목해라. 이 장면에 완전히 몰입해라.

4. 바구니 한쪽에 달린 작은 밧줄 사다리를 타고 올라가 바구니 안으로 들어가라. 조종법은 아주 간단해 보이지만 열기구를 띄우려면 모래주머니를 풀어야 한다.

5. 첫 번째 모래주머니에 묶인 밧줄을 풀려고 보니 주머니에 크고 검은 글씨로 '두려움'이라는 단어가 쓰여 있다. 모래주머니를 풀어 떨어뜨리자 언덕 아래로 굴러 저 멀리 사라진다. 바구니가 살짝 떠오른다.

6. 두 번째 모래주머니에는 붉은 글씨로 '부러움'이라는 단어가 쓰여 있다. 밧줄을 풀어 땅으로 떨어뜨리자 주머니가 터지면서 내용물이 다 쏟아져 나와 공기 중으로 사라진다. 바구니가 한쪽으로 기울어진 채 땅바닥에서 완전히 떨어진다.

7. 세 번째 모래주머니에는 자주색 글자로 '기대'라는 단어가 쓰

여 있다. 밧줄을 풀자 모래주머니가 '쿵' 하는 소리와 함께 땅에 떨어져 사라진다. 열기구가 꽤 높이 공중으로 떠오른다. 열기구를 붙잡고 있는 모래주머니는 이제 하나뿐이다. 네 번째 모래주머니에는 지금 내가 지고 있는 가장 무거운 심리적 부담이 적혀 있다. 주머니에 적힌 글자를 읽어라. 잠시 그 단어를 유심히 본 뒤 모래주머니를 풀어라. 모래주머니가 멀리 사라지면서 열기구가 하늘로 떠오르기 시작하는 모습을 지켜봐라.

8. 열기구를 조종해 원하는 만큼 높게, 혹은 낮게 날아라. 어디로 갈지 정해라. 우주까지 날아갈 수도 있고 바다나 산 위를 떠다닐 수도 있다. 어디든 좋다. 5분 동안 열기구를 타고 날아다니는 모습을 상상해라.

9. 준비가 됐다는 느낌이 들면 천천히 열기구를 착륙시켜라. 해변도 좋고 명상을 처음 시작한 라벤더 꽃밭도 좋다. 어디든 마음에 드는 곳에 열기구를 내려라. 열기구에서 내려 마음의 눈으로 다시 자기 몸을 살펴라. 호흡의 수를 12부터 1까지 거꾸로 세라.

10. 잠시 평소처럼 숨을 쉰 뒤 네 번 심호흡하고 손가락과 발가락을 차례로 꼼지락거려라. 천천히 눈을 뜨고 네 번째 모래주머니와 함께 내려놓은 심리적 부담이 무엇이었는지 일기장에 적어라.

꼭 그럴 필요는 없지만 심리적 부담에서 해방되었을 때의 느낌을 닮은 이미지를 찾아 액션 보드에 붙여도 된다. 아니면 내가 몇 년째 하고 있는 것처럼, 열기구 이미지를 붙여도 좋다. 나에게 열기구는 심리적 부담과 오래되고 쓸모없는 행동 양식, 부정적인 사람들로부터의 해방을 상징한다.

최대한 자주, 특히 모래주머니에 적힌 단어들이 가슴을 짓누를 때마다 이 명상을 하라.

이 훈련으로 시각화를 한층 선명하게 할 수 있게 되면, 액션 보드의 이미지를 활용해 성공을 가로막는 장애물을 뛰어넘어 당당하고 주도적으로 변화를 향한 단계를 밟을 수 있다. 주의를 집중하는 3단계에서 행동으로 옮기는 4단계로 넘어가는 건 바로 이 순간이다.

주의 집중하기 점검표

- 몸 살피기 명상을 일주일간 매일 했고 몸과 마음의 변화를 일기장에 적었다.
- 다양한 마음챙김 애플리케이션을 써보고 나에게 제일 잘 맞는 프로그램을 골라 규칙적으로 마음챙김 명상을 하기 시작했다.
- '감각 자극 명상'과 '장애물 치우기 훈련'을 했다.
- '동일시하기 명상'과 '열기구 명상'을 했다.

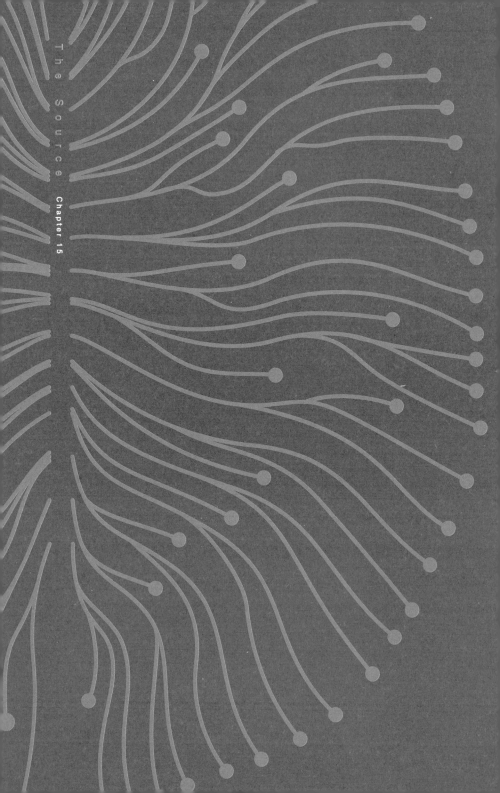

15

4단계 의미 있는 훈련: 꿈꾸는 미래를 실현하라

운명은 스스로 만드는 것이다.

〈터미네이터〉

신경과학 용어로 설명하자면, 뇌의 신경 경로는 상호 연결되어 있고 다차원적이다. 신경 회로를 'A는 B다.' 식의 일차원적 구조로 생각하면 곤란하다. 행동의 조건, 환경, 전염을 비롯한 무수히 많은 요인이 뒤섞여 신경 회로에 영향을 미치기 때문이다. 지금까지 살펴보았듯, 자각하고 변화를 시각화하고 주의를 집중하고 의도적인 연습을 하는 4단계 프로그램은 변화에 접근하는 방식이 다면적이라 각각의 단계가 나머지 단계들을 뒷받침한다. 각 단계의 실천법을 적극적으로 따르면 사고방식과 행동방식을 완전히 바꿀 수 있을 것이다.

1단계를 거치면 뇌의 자동 조종 장치가 시키는 대로 무의식적으로 해오던 행동을 자각함으로써 문제 해결의 첫 단추를 꿸 수 있을 것이다. 2단계와 3단계를 밟고 나면 원하는 미래를 시각화하고 그 미래에 주의를 집중하게 될 것이다.

마지막 단계에서는 원하는 삶에 대한 자각과 새롭게 얻은 집중력을 결합해 소스의 힘을 모두 변화에 쏟을 것이다. 의도적인 연습에 중점을 둔 4단계를 거치면 지금까지 얻은 통찰과 생각을 행동으로 옮김으로써 꿈꾸는 미래를 실현할 수 있다.

의도적인 연습으로 성격을 바꾼 알렉스

40대에 최고 경영자의 자리에 오른 알렉스는 인사 부장의 추천을 받았다며 나에게 코칭을 의뢰했다. 그는 유능한 CEO였지만, 직원들에게는 같이 일하기 어려운 상사였다. 직원들에게 너무 많은 것을 요구하고 업무에 사사건건 관여하는 데다 대인 관계 능력과 공감 능력이 떨어졌기 때문이다. 결국 수년째 쌓여온 불만이 터져 최고 재무 책임자와 최고 기술 책임자가 사직서를 내기에 이르렀다. 코칭을 시작할 때 알렉스는 자신이 바뀔 수 있다는 확신이 전혀 없었다.

"나는 원래 이런 성격이에요. 뭘 해도 바뀌지 않을 겁니다.

나와 일하는 게 싫다면 그건 그 사람들 문제지 내 문제가 아니에요. 나는 할 일을 할 뿐입니다. 최악의 상황을 방지하려면 CEO는 모든 일을 알고 모든 직원을 주시해야 해요. CEO는 나쁜 소식을 전하는 사람이니, 직원들이 나를 싫어하는 건 당연해요. 내가 왜 그런 것까지 신경 써야 하죠?"

나는 훌륭한 지도자가 되기 위해 갖추어야 할 자질은 과소평가되기 쉬운 유연한 사고 능력과 정서 지능이라고 설명했다. 또한 알렉스는 타인에게 연민을 느끼고 관심을 가지는 능력을 개발해야 하며 그러려면 상당한 노력을 기울여야 한다고 했다. 그가 쓰는 부정적 언어와 만사를 자기 뜻대로 해야 직성이 풀리는 성향이 왜 문제인지도 설명했다. 강한 지도자는 사소한 부분까지 꼼꼼히 통제하고 매사에 부정적 측면을 강조해야 한다는 그의 믿음을 반박했다.

결국 알렉스는 정서 지능을 높이기 위한 노력을 시작했다. 직원들을 보다 긍정적으로 평가하고 격려했으며, 그토록 원하던 통제력을 포기하고 매사에 일일이 간섭하는 경영 습관을 고쳤다. 알렉스는 원래 여덟 살짜리와 열 살짜리 아들과 아내는 물론이고 비서와 직원들을 비롯한 모든 주변 사람들과 좋은 관계를 유지하기 위해 늘 노력하던 사람이었다. 물론 고객을 상대하는 능력도 뛰어났다. 나는 그가 변할 수 있다고 확신했고, 알렉스는 사업을 일으킬 때만큼 변화에 온 힘을 쏟았다. 예전에는 농담 삼아 비서에게 비꼬는 말을 던지곤 했지만, 그런 말이 상처가 될 수 있다는 걸 안 뒤로는 더는 하지 않았다.

아이들과 함께 하는 파자마 파티도 전에는 '돌봄 노동'이라고 생각했지만, 이제는 보상으로 느끼기 시작했다. 아빠를 마음 깊이 받아들이는 아이들을 보며 지금까지 얼마나 많은 걸 놓치고 있었는지 깨달았기 때문이다. 알렉스가 변하자 아이들은 심지어 도움이 필요할 때 종종 엄마보다 아빠를 먼저 찾았다. 처음 있는 일이었다.

회사에서는 긍정적 비전을 직원들과 공유했고 직원들의 성과를 축하했다. 임원들에게는 믿음을 보여주고 뒤로 한 걸음 물러났다. 선입견이 없는 신입 사원들은 알렉스를 따뜻하고 재미있는 사람이라고 생각하고 따랐다. 이를 보며 기존의 직원들도 알렉스의 대한 생각을 바꾸었다. 직원들의 달라진 태도에 알렉스는 능력을 더욱 발휘할 수 있었고 그의 성향을 견디지 못했던 임원들과도 관계를 회복했다.

알렉스의 사례는 변화를 가로막는 장애물을 없애고 소스의 풍요로운 에너지를 원동력 삼아 생각과 행동을 획기적으로 바꾸려면, 새

THE SOURCE, 부의 원천

사람으로 태어나겠다는 각오로 포기하지 않고 끝까지 노력해야 한다는 사실을 보여준다. 진정으로 변화를 바라고 노력할 각오가 되어 있다면 누구나 자신의 본바탕을 바꿀 수 있다.

풍요의 적 박멸하기

이제 여러분은 풍요로운 삶으로 향하는 길에 들어섰다. 이 길에서 벗어나지 않으려면 어떻게 해야 할까? 먼저 정말로 바꾸고 싶은 것이 무엇인지 확실히 파악해야 한다. 이는 새로운 의도를 정하기 위해서가 아니라 오랜 사고 및 행동 패턴을 새로운 패턴으로 덮어쓰기 위해서다. 물론 성장에 가속도가 붙으려면 두 요소 모두 중요하다.

앞서 성장을 가로막는 자기 회의와 장애물을 살펴볼 때 바꾸고 싶은 사고나 행동을 일기장에 적었을 것이다. 그 내용을 참고한 뒤 몸매 관리나 새 직장 찾기, 결혼하기 등 오래 전에 정했지만 여전히 달성하지 못한 목표를 다음과 같이 적어라.

1. 일기장에 열과 행이 각각 세 줄인 표를 만들어라. 첫 번째 열의 칸에는 목표를 적어라. 두 번째 열에는 그 목표를 달성하는 데 방해가 되는 행동을 솔직하게 적어라. 세 번째 열에는 이렇게 역효과를 낳는 행동을 계속 하게 만드는 잘못된 믿음을 적어라. 우유부단함이나 무기력을 합리화하는, 마음 깊이 숨겨

진 믿음을 직시하라. 나에게는 상황을 통제할 능력이나 긍정적인 변화를 만들 에너지가 없다고 생각하는 냉소적 믿음일 수도 있고, 나는 원하는 미래를 맞이할 자격이 없다고 생각하는 은밀하고 뿌리깊은 믿음일 수도 있다.

2. 칸을 모두 채우고 나면, 자신의 행동이나 믿음에서 공통적으로 드러나는 패턴을 유심히 살펴봐라. 이 패턴은 유전과 가정환경, 현실의 수많은 선택과 그 선택의 결과에 대한 정서 및 행동 반응이 뒤섞여 만들어진 것이다. 모두 소스의 작동 방식을 좌우하는 요소들이다.

3. 마지막 열에 적힌 잘못된 믿음들이 바로 풍요의 적이다. 어떤 내용인지 살펴보라. 이 믿음을 깨기 위해 무엇을 할 수 있는가? 긍정적 자기암시문을 되뇌어 자기 파괴적인 믿음을 긍정적 믿음으로 덮어쓰거나, 에너지를 충전하는 활동을 할 시간을 더 낼 수 있겠는가? 첫 번째 열에 적힌 목표를 달성하기 위해 이번 주에 완수할 수 있는 행동을 구체적으로 적어라.

긍정적 자기암시문 만들기

'장애물 치우기 훈련'에서(301쪽) 세 번째 칸에 적은 문장이나 영감을 주는 구절, 칭찬, 지금의 나에게 와닿는 주문을 참고해 긍정적 자기암시문을 만들어라.

원하면 많이 만들어도 되지만, 내 경험상 기억하고 따르기 쉽게 만드는 것이 좋으므로 서너 개면 충분하다. 내가 쓰는 긍정적 자기암시문은 다음과 같다.

- '나는 지금 괜찮다.' (에크하르트 톨레Eckhart Tolle의 《지금 이 순간을 살아라》 중에서)
- '모든 것은 운명대로 흘러간다.' (점성술사이자 작가인 린 버크벡Lyn Birkbeck이 한 말)
- '이 또한 지나가리라.' (페르시아 수피교도 시인들이 처음 한 말이나, 영국의 시인 에드워드 피츠제럴드Edward Fitzgerald가 페르시아 우화를 소개하고 에이브러햄 링컨Abraham Lincoln 대통령이 취임 연설에서 인용하면서 널리 알려졌다.)
- '이것은 진짜가 아니다.' (영화 〈다이버전트〉의 주인공 트리스가 두려움을 극복하는 장면에 나온 대사)
- '누구도 지금 나에게 상처를 입힐 수 없다.' (훌륭한 과학자이자 기업가인 내 친구가 한 말)
- 모든 일은 나중에, 때로는 한참 뒤에야 이해가 된다. (내가 한 말)

보다시피 책이나 영화, 친구와의 대화는 물론이고 자아 발견의 여정에서 얻은 통찰을 바탕으로 자기만의 주문을 만들 수 있다. 주문을 외우면 깨달음이 무의식에서 의식의 영역으로 이동할 것이다. 풍요의 사고방식과 관련된 훈련을 하며 새롭게 얻은 통찰을 바탕으로 만든 주문은 소스의 힘을 끌어내는 데 핵심적인 역할을 할 수 있다.

1. 긍정적 자기암시문을 일기장에 적고, 늘 휴대할 수 있도록 휴대전화에 입력하거나 포스트잇에 적어 침대 옆이나 욕실, 부엌 등 잘 보이는 곳에 붙여라.
2. 문구를 하루에 여러 번 의식적으로 되뇌어라. 문구가 현실이 된 장면을 시각화해라.

한계에 도전하라

4단계를 모두 거치면 생각과 행동이 점점 더 크게 변할 것이다. 그러나 신경 가소성을 높이는 작은 조치를 취하고 자동 조종 상태에서 벗어나 삶의 모든 영역에서 변화를 받아들이기만 해도 생각과 행동을 바꿀 수 있다.

실패에 대한 두려움은 사고를 경직시키고 발전을 가로막으며 긍정적 행동을 방해한다. 두려움의 강력한 해독제는 더 많은 실험을 하여 한계에 도전하는 것이다. 건강한 방식으로 위험을 감수하는 데 익숙해지려면 자동 조종 상태와 편안한 상태에서 점점 더 자주 벗어나야 한다. 앞서 실험과 '실패'를 통해 위대한 발견을 한 사례들을 살펴보았지만, 처음부터 꼭 거창한 실험을 할 필요는 없다.

새로운 경험을 하면 신경 가소성이 높아진다. 특히 친구나 배우자와 함께 하면 기분을 북돋는 데 큰 도움이 된다. 새로운 스포츠를 배워도 좋고, 매일 반려견을 산책시킨다면 늘 다니던 공원이 아닌 다른 공원에 가도 좋고, 평소에 잘 읽지 않는 책을 골라도 좋다. 창의력과 통합적 사고 능력은 뇌의 영역들이 교차 연결될 때 발현된다. 경험의 다양성이 커지고 준거틀이 넓어질수록 소스는 한층 풍부해진다.

오늘밤 새로운 조리법으로 한 번도 해보지 않은 음식을 만들어보라. 늘 같은 조리법으로만 요리한다면, TV 요리 프로그램 〈철인 요리왕〉의 요리사들처럼 냉장고와 찬장에 있는 재료만으로 즉흥적인 요리를 해보라. 더 과감해지고 싶다면 손님을 초대해 실험의 결과를 함께 맛보라.

크든 작든 변화를 받아들이면 변화의 힘에 대한 확신이 생겨 현상유지와 안전을 중시하는 편향에서 벗어나는 쪽으로 소스가 작동한다.

나의 유산을 돌아보는 명상

만델라와 간디, 테레사 수녀, 에멀린 팽크허스트와 같은 사람들이 이름을 남긴 건 아이를 낳거나(낳지 않았거나) 이웃의 쇼핑을 돕거나 가족과 친구들을 부양해서가 아니라, 인류 역사에 엄청난 영향을 미쳤기 때문이다. 그러나 아이들을 진실되고 목적의식이 있으며 친절한 사람으로 키우고 주변 사람들을 부양하는 일 또한 더 나은 세상을 만드는 데 도움이 된다. 우리 모두 자녀를 비롯한 가족과 사회적 또는 업무적으로 관계를 맺은 사람들의 뇌가 더 나은 방향으로 작동하도록 도움으로써 세상에 기여할 수 있다. 더 나은 세상을 만들기 위해 지금 내가 하고 있는 일을 돌아보고 어떻게 하면 더 많은 기여를 할 수 있는 지 생각해보자.

1. 자신이 생의 끝자락에 선 노인이 된 모습을 상상해라. 시간을 들여 그 장면에 완전히 몰입해라. 노인이 되었을 때의 느낌과 입고 있는 옷, 앉거나 서 있는 장소를 시각화해라.

2. 이제 자기 자신에게 질문을 던져라. 노인이 된 느낌은 어떤 가? 살면서 성취한 일 중 가장 자랑스러운 일은 무엇인가? 인생에서 가장 기억에 남는 순간은 언제인가? 주변 사람 중에 나에게 가장 중요한 사람은 누구인가?

3. 질문에 대한 답과 그 답이 현재 나의 생활 방식과 내가 꿈꾸는 이상적인 미래에 어떤 영향을 미치는지 적어라. 이 명상으로 새롭게 알아낸 열정과 목표가 있다면 그와 관련된 이미지를 액션 보드에 추가해라. 그리고 그 열정과 목표를 현실로 만들 방법을 찾아라.

소스를 시각화하는 명상

마지막으로 시각화 명상법을 하나 더 배워보자. 소스가 극대화되었을 때의 내 모습을 상상할 수 있는 훌륭한 명상법이니, 하고 싶을 때마다 하라.

1. 몸 살피기 명상(194쪽)을 한 다음 심호흡을 다섯 번 해라. 이제 평소처럼 호흡하며 속으로 1부터 12까지 세라. 들이쉴 때 한 번, 내쉴 때 한 번이다. 들이쉬고 내쉴 때마다 돌계단을 한 칸씩 내려가는 발의 모습을 마음속에 그려라. 가파른 산비탈 면에 문 하나가 허술하게 달려 있다. 당신은 지금 그 문 앞에 서 있다. 문을 열고 안으로 들어가라. 어둠에 익숙해지고 나서 보니 커다란 동굴 안이다. 동굴 안에는 전신이 다 보이는 거울이 다섯 개 있다. 동굴 벽의 색깔을 관찰해라. 창문은 있는지, 거울의 모양이 직사각형이나 타원형, 혹은 다른 모양인지 확인해라.

2. 첫 번째 거울로 걸어가라. 거울에 가장 좋아하는 운동복을 입고 있는 당신의 모습이 비친다. 침착하고 당당한 자세를 취하고 있고 피부는 윤기가 흐르며 몸에는 근육이 적당히 잡혀 있다. 더없이 편안하고 느긋해 보인다. 에너지가 넘치고 평온한 자신의 모습을 충분히 음미해라.

3. 두 번째 거울로 걸어가라. 이 거울에는 속옷만 입고 있는 모습

이 비친다. 납작한 아랫배와 빛나는 눈동자, 매끄러운 머리카락, 탄력 있는 피부가 보기 좋다. 시간과 노력을 투자해 영양과 수분을 충분히 섭취한 덕분에 매우 건강해 보인다. 가장 건강할 때의 당신 모습을 마음의 눈으로 포착해 뇌에 각인해라.

4. 세 번째 거울로 걸어가라. 이 거울에 비친 당신은 직장에서 입는 옷을 완벽하게 빼 입고 있다. 가지고 있는 옷 중에 가장 멋진 양복과 구두일 수도 있고, 외과용 수술복이나 근사하고 단정한 캐주얼 복장일 수도 있다. 거울 속의 당신은 안락하고 안정적으로 보이는 사무실을 배경으로 편안한 자세를 취하고 있다. 성공의 정점에 올라선 게 분명하다. 이 느낌을 잊지 않도록 거울에 비친 자기 모습을 꼼꼼히 살펴라.

5. 네 번째 거울로 걸어가라. 이 거울에 비친 당신은 당신을 사랑하고 당신이 사랑하는 사람들에 둘러싸여 행복하고 여유 있는 표정을 짓고 있다. 편안한 옷을 입고 가장 좋아하는 사교 모임에 참석해 즐거운 시간을 보내고 있다. 기쁨이 가득한 표정으로 소리 내어 웃는다. 모인 사람들 모두 사랑이 넘친다. 행복하고 따뜻한 이 느낌을 놓치지 마라.

6. 다섯 번째 거울로 걸어가라. 이 거울에 비친 당신은 탄탄하고 건강한 몸을 가졌고 자신감이 넘치고 행복하며 주변 사람들에게 사랑받고 자기 분야에서 성공을 이뤘다. 앞서 본 네 개의

거울에 비친 자질을 모두 갖춘 모습이다. 이제 당신이 보고 있는 것은 거울이 아니라 입구다. 입구를 통과해 새로운 삶, 건강하고 행복하고 당당하고 사랑받는 삶으로 걸어 나가라. 이 순간을 최대한 오래 만끽해라.

7. 입구를 나와 처음에 본 돌문을 등지고 선다. 이제 당신의 삶은 영원히 달라졌다. 물론 좋은 변화다.

8. 숨을 쉬며 12부터 1까지 거꾸로 세라. 숨을 쉴 때마다 돌계단을 한 칸씩 올라가는 발의 모습을 마음속에 그려라. 잠시 평소처럼 숨을 쉰 다음 다섯 번 심호흡하고 손가락과 발가락을 차례로 꼼지락거려라. 천천히 눈을 떠라. 이 명상을 하며 느낀 점을 모두 일기장에 적고, 느낀 점을 상징하는 이미지를 찾아 액션 보드에 추가해라.

이것으로 마지막 단계가 모두 끝났다. 의도적인 연습을 하며 새로운 삶을 향한 크고 작은 걸음을 내디뎠다. 이제 막 이 책의 훈련법들을 따르기 시작했으니 결실을 논하기에는 아직 이르지만, 지금까지 이룬 변화를 돌아보라. 자신의 행동과 과거와 현재를 얼마나 인식하고 깨달았는지 돌이켜보라. 일기장에 적힌 내용을 꼼꼼히 읽으면서, 자신의 신경 경로와 동기 부여와 관련해 무엇을 깨달았고 원하는 미래를 만들기 위해 어떤 일을 하고 있는지 돌아보라.

의도적으로 연습하기 점검표

• 풍요의 적을 파악해 적을 무찌를 행동을 세 가지 생각해냈다.

• 목표를 달성하는 과정에서 영감과 동기를 줄 나만의 긍정적 자기암시
  문을 만들었다.

• 한계를 극복하기 위해 정기적으로 새로운 일에 도전하기 시작했다.

• 내가 남길 수 있는 유산을 생각해보았다.

• 내 안의 소스가 극대화되었을 때의 모습을 시각화했다.

실패한 목표 달성하기

당신의 목표는 무엇인가?	목표를 달성하는데 방해가 되는 행동은 무엇인가?	방해가 되는 행동을 계속 하게 만드는 잘못된 믿음이 있다면 무엇인가? (풍요의 적)

긍정적 자기암시문 3문장 외우기

☐ _____

☐ _____

☐ _____

목표를 위해 이번 주에 해야 할 일

☐ _____

☐ _____

☐ _____

내 안의 잠든 뇌를 계속 깨워라

4단계 프로그램을 거치고 액션 보드를 만든 뒤 몇 주 또는 몇 달, 몇 년 만에 액션 보드에 붙인 소원이 정말 이루어졌다는 소식을 전하는 의뢰인은 셀 수 없이 많다. 수많은 의뢰인이 결혼식이나 아기, 신상품, 새 집을 찍은 사진이나 승진 소식을 이메일로 보내온다. 저마다 너무나 근사하게 성공과 행복을 이루어 냈다. 뇌와 몸과 영혼이 삼위일체를 이뤄 소스의 잠재력이 최대치로 발현되었다는 증거다.

계속 상상하고 계속 꿈을 이뤄라. 액션 보드가 현실이 되고 상상한 삶이 실현되기 시작하면 소스의 힘이 더욱더 강해져 해가 갈수록 더 많은 목표를 끌어당길 것이다. 그 경이로운 순간을 만끽해라.

자기 안에 스스로 성장하고 삶을 바꿀 능력이 있음을 인정하고 그 능력을 자랑스럽게 여겨라. 의뢰인들이 내게 "제 삶을 바꿔주셨어요."라고 말하면, 나는 이렇게 답한다.

"감사하지만, 제가 아니라 당신이 바꾼 겁니다."

변화의 원동력은 개개인의 자각과 행동, 믿음이다. 이 책을 읽고 난 직후의 변화를 계속 유지하고 발전시키면서 꿈을 현실로 바꾸기 위한 노력을 게을리하지 않는다면 5년, 10년, 20년 뒤에 어떤 삶을 살고 있을지 상상해보라. 상상 속의 장면을 즐기고 믿어라.

4단계를 차례대로 모두 거쳤다면 이 책의 마지막 문장을 읽어라. 숨을 깊이 들이쉬고 한숨을 쉬듯 길게 몰아 내쉬어라. 온몸의 긴장이 풀리는 것을 느껴라.

드디어 해냈다! 당신은 새로 태어났다. 이제 당신의 삶은 이 책을 집어 들었을 때의 삶과는 완전히 다른 궤적을 그릴 것이다. 이제 당신은 원하는 삶을 끌어당길 수 있고 이 세상의 자원은 모두가 쓰고 남을 만큼 풍요롭다는 사실을 안다. 당신은 놀랍도록 잘 변하고 풍요롭고 민첩한 뇌의 도움을 받아 기회를 포착하고 실로 엄청나고 긍정적인 경험을 끌어당길 것이다. 또한 풍요를 누릴 자격이 있으며 인생의 흥미진진한 모험에 뛰어들어 마음껏 즐길 준비가 되었다. 당신은 뿌리깊은 패턴과 신념 체계의 속박에서 벗어나 사고의 자유를 찾았다. 그것도 힘들이지 않고 완전무결하게, 뇌와 몸, 영혼이 하나 된 상

태로 그 일을 해냈다. 당신은 소스 그 자체이며 자기 인생의
창조자다.

이제 그 무엇도 당신을 막을 수 없다.

Thanks to

먼저 인내심과 이해심, 뛰어난 능력을 발휘해 내 이야기를 책으로 옮기게 해준 조이 맥도널드_{Zoe McDonald}에게 감사 인사를 하고 싶다.

조엘 리켓_{Joel Rickett}과 레아 펠텀_{Leah Feltham}, 케이트 래섬_{Kate Latham}, 캐롤라인 버틀러_{Caroline Butler}, 세라 베니_{Sarah Bennie}, 루시 브라운_{Lucy Brown}, 레이 셔빙턴_{Rae Shirvington}, 베서니 우드_{Bethany Wood}, 앨리스 래섬_{Alice Latham}, 메어리드 로프터스_{Mairead Loftus}, 세리나 나자렛_{Serena Nazareth} 을 비롯한 펭귄 랜덤 하우스 영국의 유능한 직원들과 헬렌 크로퍼드—화이트_{Helen Crawford—White}와 니키 지오파리_{Nicky Gyopari}, 줄리아 캘러웨이_{Julia Kellaway}를 비롯한 에버리의 영업팀 직원들이 없었다면, 최선의 결과물을 내지 못했을 것이다.

이 책이 출간되기까지 아낌없는 지원을 해준 타라 스와트 주식회사의 직원들인 트레이시 데이비스_{Tracy Davis}와 루이즈 맘스트롬_{Louise Malmstrom}, 질리언 제이_{Gillian Jay}, 사라 드바인_{Sara Devine}에게도 감사의 뜻을 전한다.

THE SOURCE, 부의 원천

코린티아 호텔 런던 전속 신경학자가 되지 않았다면 펭귄 랜덤하우스의 조엘과 인연을 맺을 수 없었을 것이다. 당시 호텔에서 함께 일한 직원들, 특히 피오나 해리스Fiona Harris, 리카 렐런Rica Rellon과 토마스 코흐Thomas Koch에게 고마운 마음을 전하고 싶다.

코린티아 전속 신경학자라는 아이디어를 제공해 이 책이 태어나게 해준 줄스 샤펠Jules Chappell과 젠 스테빙Jen Stebbing, 플로라 블래킷-오드Flora Blackett-Ord, 요한나 펨버턴Johanna Pemberton, 줄스에게 나를 소개해주고 나와 내 일을 전폭적으로 지지해준 매슈 라이트Matthew Wright에게도 고맙다고 전하고 싶다.

이 책에 풍부한 사례를 신도록 허락해준 의뢰인과 동료, 환자들에게도 감사의 말을 전하고 싶다.

마지막으로, 집필 기간 동안 예민해진 나를 참고 기다려준 친구들과 가족에게 고마운 마음을 전한다.

《더 소스》를 읽은 독자들에게 진심으로 고맙다는 말을 전하고 싶다. 부디 여러분의 삶도 새롭고 흥미진진한 궤도를 그리게 되었길 바란다. 미래는 삶의 모든 영역에서 무엇을 인식하고 어떤 행동과 생각을 하느냐에 따라 달라진다. 나도 이 책의 단계를 밟고 인생이 완전히 달라졌다!

이 책의 방법을 따라해 꿈이 실현되었다는 소식을 듣는 것만큼 즐거운 일은 없다. 실제로 액션 보드에 붙인 사진 덕분에 놀라운 변화를 이루었다는 소식을 종종 듣는다. 여러분도 소스의 힘을 찬양하게 되었다면 부디 아래의 트위터와 인스타그램 주소로 소식을 들려주길 바란다.

- 트위터 : @TaraSwart
- 인스타그램 : @DrTaraSwart

Open Your Mind,
Change Your Life.

|주|

서문

1. 유발 하라리. 2015. 『사피엔스』. 조현욱 옮김. 김영사.

1장

1. Kahneman, D. and Tversky, A., 1984. Choices, values, and frames. *American Psychologist*, 39(4), pp.341– 50.

2. Simons, D.J. and Levin, D.T., 1998. Failure to detect changes to people during a real-world interaction. *Psychonomic Bulletin & Review*, 5(4), pp.644–9.

3. Ronaldson, A., Molloy, G.J., Wikman, A., Poole, L., Kaski, J.C. and Steptoe, A., 2015. Optimism and recovery after acute coronary syndrome: a clinical cohort study.*Psychosomatic Medicine*, 77(3), p.311.

4. Park, N., Park, M. and Peterson, C., 2010. When is the search for meaning related to life satisfaction? *Applied Psychology: Health and Well-Being*, 2(1), pp.1 –13; Cotton Bronk, K., Hill, P.L., Lapsley, D.K., Talib, T.L. and Finch, H., 2009. Purpose, hope, and life satisfaction in three age groups. *The Journal of Positive Psychology*, 4(6), pp.500–10.

5. McDermott, R., Fowler, J.H. and Christakis, N.A., 2013. Breaking up is hard to do, unless everyone else is doing it too: Social network effects on divorce in a longitudinal sample. *Social Forces*, 92(2), pp.491–519.

6. Christakis, N.A. and Fowler, J.H., 2007. The spread of obesity in a large social network over 32 years. *New England Journal of Medicine*, 357(4), pp.370–9.

7. Sterley, T.L., Baimoukhametova, D., Füzesi, T., Zurek, A.A., Daviu, N., Rasiah, N.P., Rosenegger, D. and Bains, J.S., 2018. Social transmission and buffering of synaptic changes after stress. *Nature Neuroscience*, 21(3), pp.393–403.

2장

1. Clark, B.C., Mahato, N.K., Nakazawa, M., Law, T.D. and Thomas, J.S., 2014. The power of the mind: the cortex as a critical determinant of muscle strength/weakness. *Journal of Neurophysiology*, 112(12), pp.3219–26;
Reiser, M., Büsch, D. and Munzert, J., 2011. Strength gains by motor imagery with different ratios of physical to mental practice. *Frontiers in Psychology*, 2, p.194.
2. Ranganathan, V.K., Siemionow, V., Liu, J.Z., Sahgal, V. and Yue, G.H., 2004. From mental power to muscle power-gaining strength by using the mind. *Neuropsychologia*, 42(7), pp.944–56.

3장

1. Gholipour, B., 2014. Babies' amazing brain growth revealed in new map. *Live Science*. www.livescience.com/47298-babiesamazing-brain-growth.html [accessed 24 September 2018].
2. Live Science Staff, 2010. Baby brain growth reflects human evolution. *Live Science*. www.livescience.com/8394-baby-brain-growth-reflects-human-evolution. html [accessed 24 September 2018]
3. Hirshkowitz, M., Whiton, K., Albert, S.M., Alessi, C., Bruni, O., DonCarlos, L., Hazen, N., Herman, J., Katz, E.S., KheirandishGozal, L. and Neubauer, D.N., 2015. National Sleep Foundation's sleep time duration recommendations: methodology and results summary. *Sleep Health*, 1(1), pp.40–3.
4. Thomas, R., 1999. Britons retarded by 39 winks. *The Guardian*. www.theguardian.com/uk/1999/mar/21/richardthomas.theobserver1 [accessed 7 October 2018].
5. Black, D.S., O'Reilly, G.A., Olmstead, R., Breen, E.C. and Irwin, M.R., 2015. Mindfulness meditation and improvement in sleep quality and daytime impairment among older adults with sleep disturbances: a randomized clinical trial. *JAMA Internal Medicine*, 175(4), pp.494–501.
6. Danziger, S., Levav, J. and Avnaim-Pesso, L., 2011. Extraneous factors in judicial decisions. *Proceedings of the National Academy of Sciences*, 108(17), pp.6889–92.
7. Watson, P., Whale, A., Mears, S.A., Reyner, L.A. and Maughan, R.J., 2015. Mild hypohydration increases the frequency of driver errors during a prolonged,

monotonous driving task. *Physiology & Behavior*, 147, pp. 313—18.

8. Edmonds, C. J., Crombie, R. and Gardner, M. R., 2013. Subjective thirst moderates changes in speed of responding associated with water consumption. *Frontiers in Human Neuroscience*, 7, p. 363.

9. Begley, S., 2007. *Train Your Mind, Change Your Brain: How a new science reveals our extraordinary potential to transform ourselves*. Ballantine Books, p. 66.

10. Alzheimer's Society, n. d. Physical exercise and dementia. www. alzheimers.org. uk/about-dementia/risk-factors-and-prevention/ physical-exercise [accessed 7 October 2018].

11. Voss, M. W., Nagamatsu, L. S., Liu-Ambrose, T. and Kramer, A. F., 2011. Exercise, brain, and cognition across the life span. *Journal of Applied Physiology*, 111(5), pp. 1505—13.

12. Hwang, J., Brothers, R. M., Castelli, D. M., Glowacki, E. M., Chen, Y. T., Salinas, M. M., Kim, J., Jung, Y. and Calvert, H. G., 2016. Acute high-intensity exercise-induced cognitive enhancement and brain-derived neurotrophic factor in young, healthy adults. *Neuroscience Letters*, 630, pp. 247—53.

13. Firth, J., Stubbs, B., Vancampfort, D., Schuch, F., Lagopoulos, J., Rosenbaum, S. and Ward, P. B., 2018. Effect of aerobic exercise on hippocampal volume in humans: a systematic review and metaanalysis. *Neuroimage*, 166, pp. 230—8.

14. Rippon, A., 2016. What I've learned about the science of staying young. *Telegraph*. www. telegraph.co. uk/health-fitness/body/ angela-rippon-what-ive-learned-about-the-science-of-stayingyoung [accessed 2 October 2018].

15. Abbott, J. and Stedman, J., 2005. Primary nitrogen dioxide emissions from road traffic: analysis of monitoring data. *AEA Technology, National Environmental Technology Centre. Report AEAT-1925.*

4장

1. 엘렌 랭어. 2011. 『마음의 시계』. 변용란 옮김. 사이언스북스.
[Alexander , C. N. and Langer, E. J., 1990. Higher Stages of Human Development: Perspectives on adult growth. Oxford University Press.]

2. Taub, E., Ellman, S. J. and Berman, A. J., 1966. Deafferentation in monkeys: effect

on conditioned grasp response. *Science*, 151(3710), pp. 593–4; Taub, E., Goldberg, I. A. and Taub, P., 1975. Deafferentation in monkeys: pointing at a target without visual feedback. *Experimental Neurology*, 46(1), pp. 178–86; Taub, E., Williams, M., Barro, G. and Steiner, S. S., 1978. Comparison of the performance of deafferented and intact monkeys on continuous and fixed ratio schedules of reinforcement. *Experimental Neurology*, 58(1), pp. 1–13.

3. Gaser, C. and Schlaug, G., 2003. Brain structures differ between musicians and non-musicians. *Journal of Neuroscience*, 23(27), pp. 9240–5.

4. Begley, S., 2007. *Train Your Mind, Change Your Brain: How a new science reveals our extraordinary potential to transform ourselves.* Ballantine Books.

5. Woollett, K. and Maguire, E. A., 2011. Acquiring "the Knowledge" of London's layout drives structural brain changes. *Current Biology*, 21(24), pp. 2109–14.

6. Sorrells, S. F., Paredes, M. F., Cebrian-Silla, A., Sandoval, K., Qi, D., Kelley, K. W., James, D., Mayer, S., Chang, J., Auguste, K. I. and Chang, E. F., 2018. Human hippocampal neurogenesis drops sharply in children to undetectable levels in adults. *Nature*, 555(7696), pp. 377–81.

7. Boyd, L. 2015. TEDx Vancouver, Rogers Arena [TEDx Talk].

5장

1. 대니얼 J. 시겔. 2011. 『마음을 여는 기술』. 오혜경 옮김. 21세기북스.

6장

1. 대니얼 골먼. 2008. 『EQ감성지능』. 한창호 옮김. 웅진지식하우스.

2. Killingsworth, M. A. and Gilbert, D. T., 2010. A wandering mind is an unhappy mind. *Science*, 330(6006), p. 932.

3. McLean, K. 2012. The healing art of meditation. *Yale Scientific*. www.yalescientific. org/2012/05/the-healing-art-of-meditation [accessed 24 September 2018].

7장

1. Ainley, V., Tajadura-Jiménez, A., Fotopoulou, A. and Tsakiris, M., 2012. Looking into myself: Changes in interoceptive sensitivity during mirror self-observation. *Psychophysiology*, 49(11), pp.1672–6.

2. Farb, N., Daubenmier, J., Price, C.J., Gard, T., Kerr, C., Dunn, B.D., Klein, A.C., Paulus, M.P. and Mehling, W.E., 2015. Interoception, contemplative practice, and health. *Frontiers in Psychology*, 6, p.763.

3. Lumley, M.A., Cohen, J.L., Borszcz, G.S., Cano, A., Radcliffe, A.M., Porter, L.S., Schubiner, H. and Keefe, F.J., 2011. Pain and emotion: a biopsychosocial review of recent research. *Journal of Clinical Psychology*, 67(9), pp.942–68.

4. Hanley, A.W., Mehling, W.E. and Garland, E.L., 2017. Holding the body in mind: Interoceptive awareness, dispositional mindfulness and psychological well-being. Journal of Psychosomatic Research, 99, pp.13–20.

8장

1. Mayer, E.A., 2011. Gut feelings: the emerging biology of gut-brain communication. *Nature Reviews Neuroscience*, 12(8), pp.453–66.

2. Steenbergen, L., Sellaro, R., van Hemert, S., Bosch, J.A. and Colzato, L.S., 2015. A randomized controlled trial to test the effect of multispecies probiotics on cognitive reactivity to sad mood. *Brain, Behavior, and Immunity*, 48, pp.258–64.

3. Kau, A.L., Ahern, P.P., Griffin, N.W., Goodman, A.L. and Gordon, J.I., 2011. Human nutrition, the gut microbiome and the immune system. Nature, 474(7351), pp.327–36; Kelly, P., 2010. Nutrition, intestinal defence and the microbiome. *Proceedings of the Nutrition Society*, 69(2), pp.261–8; Shi, N., Li, N., Duan, X. and Niu, H., 2017. Interaction between the gut microbiome and mucosal immune system. *Military Medical Research*, 4(1), p.14; Thaiss, C.A., Zmora, N., Levy, M. and Elinav, E., 2016. The microbiome and innate immunity. Nature, 535(7610), pp.65–74; Wu, H.J. and Wu, E., 2012. The role of gut microbiota in immune homeostasis and autoim munity. *Gut Microbes*, 3(1), pp.4–14.

4. Foster, J.A., Rinaman, L. and Cryan, J.F., 2017. Stress & the gutbrain axis: regulation by the microbiome. *Neurobiology of Stress*, 7, pp.124–136.

9장

1. 댄 뷰트너. 2009. 『블루존』. 신승미 옮김. 살림Life.

2. Dokoupil, T., 2012. Is the internet making us crazy What the new research says. Newsweek. www.newsweek.com/internet-makingus-crazy-what-new-research-says-65593 [accessed 3 October 2018]; Twenge, J.M., Joiner, T.E., Rogers, M.L. and Martin, G.N., 2018. Increases in depressive symptoms, suicide-related outcomes, and suicide rates among US adolescents after 2010 and links to increased new media screen time. *Clinical Psychological Science*, 6(1), pp.3 –17; Thomée, S., Dellve, L., Hérenstam, A. and Hagberg, M., 2010. Perceived connections between information and communication technology use and mental symptoms among young adults-a qualitative study. *BMC Public Health*, 10(1), p.66.

10장

1. Nielsen, J.A., Zielinski, B.A., Ferguson, M.A., Lainhart, J.E. and Anderson, J.S., 2013. An evaluation of the left-brain vs. right-brain hypothesis with resting state functional connectivity magnetic resonance imaging. *PloS* One, 8(8), p.e71275.

2. Bechara, A., Damasio, H. and Damasio, A.R., 2000. Emotion, decision making and the orbitofrontal cortex. *Cerebral Cortex*, 10(3), pp.295–307.

3. 조 하이트헤드·앤드루 캠벨·시드니 핑켈스타인. 2009. 『확인하는 그 순간에 다시 생각하라』. 최완규 옮김. 옥당.

11장

1. Beaty, R.E., Kenett, Y.N., Christensen, A.P., Rosenberg, M.D., Benedek, M., Chen, Q., Fink, A., Qiu, J., Kwapil, T.R., Kane, M.J. and Silvia, P.J., 2018. Robust prediction of individual creative ability from brain functional connectivity. *Proceedings of the National Academy of Sciences*, 115(5), pp.1087–92.

14장

1. Gotink, R.A., Meijboom, R., Vernooij, M.W., Smits, M. and Hunink, M.M., 2016.

8-week mindfulness-based stress reduction induces brain changes similar to traditional long-term meditation practice a systematic review. *Brain and Cognition*, 108, pp. 32–41.

2. Johnson, D.C., Thom, N.J., Stanley, E.A., Haase, L., Simmons, A.N., Shih, P.A.B., Thompson, W.K., Potterat, E.G., Minor, T.R. and Paulus, M.P., 2014. Modifying resilience mechanisms in at-risk individuals: a controlled study of mindfulness training in Marines preparing for deployment. *American Journal of Psychiatry*, 171(8), pp. 844–53.

3. Hurley, D., 2014. Breathing in vs. spacing out. *New York Times Magazine*. www.nytimes.com/2014/01/19/magazine/breathing-in- vs-spacing-out.html?_r=0 [accessed 3 October 2018]; Wei, M., 2016. *Harvard Now and Zen: How mindfulness can change your brain and improve your health*. Harvard Health Publications; Rooks, J.D., Morrison, A.B., Goolsarran, M., Rogers, S.L. and Jha, A.P., 2017. "We are talking about practice": the influence of mindfulness vs. relaxation training on athletes' attention and well-being over high-demand intervals. *Journal of Cognitive Enhancement*, 1(2), pp. 141–53.

4. Basso, J.C., McHale, A., Ende, V., Oberlin, D.J. and Suzuki, W.A., 2019. Brief, daily meditation enhances attention, memory, mood, and emotional regulation in non-experienced meditators. *Behavioural Brain Research*, 356, pp. 208–20.

5. Amihai, I. and Kozhevnikov, M., 2014. Arousal vs. relaxation: a comparison of the neurophysiological and cognitive correlates of Vajrayana and Theravada meditative practices. *PloS One*, 9(7), p. e102990.

| 참고문헌 |

- Begley, S., 2007. Train Your Mind, Change Your Brain: How a new science reveals our extraordinary potential to transform ourselves. Ballantine Books.
- 파울로 코엘료. 2001. 『연금술사』. 최정수 옮김. 문학동네.
- 노먼 도이지. 2008. 『기적을 부르는 뇌』. 김미선 옮김. 지호.
- 조 화이트헤드, 앤드루 캠벨, 시드니 핑켈스타인. 2009. 『확신하는 그 순간에 다시 생각하라』. 최완규 옮김. 옥당. (Finkelstein, S., Whitehead, J. and Campbell, A., 2009. Think Again: Why good leaders make bad decisions and how to keep it from happening to you. Harvard Business Review Press.)
- 대니얼 골먼. 2008. 『EQ감성지능』. 한창호 옮김. 웅진지식하우스.
- 찰스 해낼. 2009. 『성공의 문을 여는 마스터키』. 김우열 옮김. 샨티.
- 유발 하라리. 2015. 『사피엔스』. 조현욱 옮김. 김영사.
- 헤르만 헤세. 2002. 『싯다르타』. 박병덕 옮김. 민음사.
- 나폴레온 힐. 2012. 『간절히 생각하라 그러면 부를 얻을 것이다』. 박신현 옮김. 더숲.
- Ibarra, H., 2004. Working Identity: Unconventional strategies for reinventing your career. Harvard Business Review Press.
- 스펜서 존슨. 2015. 『누가 내 치즈를 옮겼을까?』. 이영진 옮김. 진명출판사.
- V. S. 라마찬드란. 2012. 『명령하는 뇌, 착각하는 뇌』. 박방주 옮김. 알키.
- 올리버 색스. 2016. 『아내를 모자로 착각한 남자』. 조석현 옮김. 알마.
- 생 텍쥐페리. 2017. 『어린왕자』. 이정서 옮김. 새움.
- 대니얼 J. 시겔. 2011. 『마음을 여는 기술』. 오혜경 옮김. 21세기북스.
- 에크하르트 톨레. 2008. 『지금 이 순간을 살아라』. 노혜숙, 유영일 옮김. 양문.

| 찾아보기 |

옮긴이 **백지선**

이화여자대학교 영어영문학과를 졸업하였다. KBS, EBS, 케이블 채널에서 다큐, 애니메이션, 외화를 번역하다 글밥 아카데미 수료 후 현재 바른번역 소속 번역가로 활동 중이다. 옮긴 책으로는《스코어 오리지널 인터뷰집》,《죽은 친구의 초대》,《온 파이어》,《시간을 내 편으로 만들어라》,《내 아이를 위한 완벽한 교육법》,《이기적인 아이 항복하는 부모》,《곁에 없어도 함께 할거야》,《무엇이 평범한 그들을 최고로 만들었을까》 등이 있다.

THE SOURCE

부의 원천

1판 1쇄 발행 2019년 9월 5일
1판 4쇄 발행 2021년 9월 1일

지은이 타라 스와트
옮긴이 백지선

발행인 양원석
편집장 김건희
영업마케팅 조아라, 신예은, 이지원
펴낸 곳 ㈜알에이치코리아
주소 서울시 금천구 가산디지털2로 53, 20층 (가산동, 한라시그마밸리)
편집문의 02-6443-8902　　**도서문의** 02-6443-8800
홈페이지 http://rhk.co.kr
등록 2004년 1월 15일 제2-3726호

ISBN 978-89-255-6757-0 (03320)